El sueño que unió la frontera

El sueño que unió la frontera

Mexicanos que triunfan en Estados Unidos

Josefina Vázquez Mota

Ariel

Diseño de portada: Óscar O. González

© 2013, Josefina Vázquez Mota

Derechos reservados

© 2013, Ediciones Culturales Paidós, S.A. de C.V.
Bajo el sello editorial ARIEL M.R.
Avenida Presidente Masarik núm. 111, 2o. piso
Colonia Chapultepec Morales
C.P. 11570, México, D.F.
www.paidos.com.mx

Primera edición: noviembre de 2013
Segunda reimpresión: abril de 2014
ISBN: 978-607-9202-71-2

Impreso en los talleres de Litográfica Argos, S.A. de C.V.
Av. Tlatilco núm. 78, colonia Tlatilco, México, D.F.
Impreso y hecho en México – *Printed and made in Mexico*

A los mexicanos soñadores.
Sobre todo a los que no se conforman sólo con soñar.
A aquellos que para realizar sus sueños, cruzaron fronteras.
A sus hijos, que hoy son dreamers. *A quienes luchan cotidianamente*
para que de la incomprensión, surja el reconocimiento
de los migrantes mexicanos, en nuestro país y en Estados Unidos.

Índice

Apéndice

Agradecimientos

Este libro fue posible gracias a la ayuda y participación de muchas personas e instituciones.

Mi primer agradecimiento es para los entrevistados, cuyos testimonios aparecen a lo largo del libro. Todos ellos destinaron un tiempo valioso, en un espacio de confianza y sinceridad para compartir conmigo su experiencia migratoria, aun aquellos pasajes cuyo recuerdo es triste o doloroso. Mi reconocimiento profundo por abrirme las puertas de sus casas, de sus negocios, de sus experiencias familiares; por expresar sus sentimientos con toda franqueza y crudeza, y sobre todo por ser un ejemplo para sus comunidades y para México, por seguir luchando para que los mexicanos en Estados Unidos sean reconocidos como lo que realmente son: una comunidad próspera, trabajadora y benéfica para Estados Unidos y para México.

A lo largo de la concepción y desarrollo de este libro disfruté de muchas pláticas con personas interesadas en el tema, funcionarios y académicos -todos ellos amigos- que compartieron conmigo de manera desinteresada y con una profunda sabiduría, su conocimiento y experiencia. Les estoy profundamente agradecida. Entre otros, cabe mencionar, en orden alfabético a Oliver Azuara, Salvador Beltrán, David Figueroa, Daniel Hernández, Gustavo Mohar, César Moheno, Luis Rubio, Carlos Sada, Robert Smith, Miguel Székely y Rodolfo Tuirán.

También agradezco el acompañamiento entusiasta y profesional de mis colaboradores cercanos: Horacio Ramírez, Verónica Sánchez, Edith Escobar y Roberto Lomelí y de manera muy especial al Dr. Jorge Santibáñez, destacado especialista en materia migratoria cuya dedicación y experiencia resultaron fundamentales para hacer posible este libro.

Nosotros somos los mexicanos cero, cero, cero, porque llegamos con cero inglés, cero papeles y cero dinero. Empecé lavando platos en un restaurante y ahora soy dueño de ese lugar y de otros dos restaurantes...

**Leopoldo Becerra, inmigrante mexicano en Estados Unidos,
dueño de la cadena de restaurantes Post Oak Grill, en Houston, Texas.**

La contribución de los inmigrantes puede ser vista en cada aspecto de nuestra vida nacional. La vemos en la religión, en la política, en los negocios, en las artes, en la educación y hasta en el atletismo y entretenimiento. No existe ninguna parte de nuestra nación que no haya sido marcada por nuestro antecedente inmigrante. Los inmigrantes han enriquecido y fortalecido la esencia de la vida estadounidense en todos los aspectos.

John F. Kennedy, *A Nation of Immigrants* (*Una nación de Inmigrantes*), 1958

Prólogo

Cuando cruzan la frontera, con papeles o sin ellos, arriesgando su vida y la de su familia, cuando dejan sus pueblos, sus comunidades, a sus familiares y amigos, lo hacen con la fuerza de un sueño que los acompaña: el sueño de una vida mejor, de una vida más digna.

Luego de años de acercarme a las comunidades de mexicanos en Estados Unidos, me he percatado de una dimensión que no es obvia para los estadounidenses ni para los mexicanos y que quizá sea el factor más trascendente de este fenómeno migratorio: el cruce de la frontera le ha abierto oportunidades de desarrollo personal a decenas de miles de personas —quizá más—, brindando un horizonte que en México jamás hubiera sido posible.

Hoy hay un núcleo de empresarios, científicos, médicos y profesores mexicanos o de origen mexicano, que comenzaron como peones en los campos de siembra, sobreviviendo con un dólar al día y que con su talento, esfuerzo y un entorno por demás propicio, se han convertido en triunfadores. Ese es el núcleo al que me avoco en este libro.

El camino no es fácil. Cuando lo emprenden, apenas se despiden de familiares y amigos y cierran la puerta de su casa, empiezan los "problemas". Los prestadores de servicios, algunas autoridades, organizaciones criminales, prácticamente todo aquel que cruza su camino quiere abusar de ellos, extorsionarlos. La frontera se convierte en el primer gran desafío de muchos otros que deberán enfrentar. El sueño mexicano que nace en su país y los acompaña durante toda la experiencia migratoria se convierte en el sueño americano y estas historias de vida darán cuenta de que, en realidad, ambos sueños son uno mismo, que al fusionarse explica el poder que hoy tiene la comunidad de mexicanos en Estados Unidos.

Tuve el privilegio de conocer a fondo la vida, los desafíos, la generosidad y el compromiso de nuestras comunidades mexicanas en Estados Unidos en el año 2001, como funcionaria del gobierno mexicano. Trabajamos juntos para fortalecer y ampliar el programa de remesas comunitarias; clubes y Federaciones de michoacanos, zacatecanos, jaliscienses, en fin, de cada rincón del país, multiplicaban sus esfuerzos para mejorar caminos, escuelas, templos y casas en sus lugares de origen y a la vez, individualmente, brindar un apoyo solidario a otros mexicanos en Estados Unidos. De la mano de nuestra comunidad pude recorrer sus negocios, sus plazas comunitarias de aprendizaje, sus escuelas y centros de encuentro y de trabajo.

Desde ese primer encuentro con liderazgos mexicanos en Chicago, era evidente la enorme incomprensión y desconocimiento que tenemos sobre nuestra comunidad. En algunos casos por olvido y desprecio, en otros por asumir mitos y estereotipos que ellos mismos rechazan y que no corresponden a la realidad, y en casos excepcionales a partir del respeto y conocimiento de sus vidas, de sus invaluables aportaciones y de sus demandas para que en ambos lados de la frontera se les reconozca como ciudadanos.

Decidí escribir este libro porque es urgente que en México y en Estados Unidos reconozcamos la fuerza, la prosperidad y la enorme riqueza que en todos sentidos está generando nuestra comunidad. Que sean sus propias historias de vida las que derrumben los mitos que se han arraigado lastimosamente en la mente y las actitudes de diversos sectores, para que nos enteremos que han logrado una economía más enérgica que la mexicana, aceptando las reglas y las leyes de la economía más poderosa del mundo.

Estas historias son las voces de jóvenes, mujeres y hombres que portando un sueño mexicano cruzaron la frontera y hoy encarnan el sueño americano; que se reconocen orgullosamente mexicanos y a la vez, agradecen las oportunidades que Estados Unidos les ha brindado para realizar sus sueños.

Por supuesto reconozco que no todas las historias son de éxito y que en esta profunda e injustificada incomprensión y desprecio de que son objeto, hay millones de compatriotas que a pesar de su esfuerzo y entrega están lejos de realizar sus sueños. Es justo por esta comunidad que aún quedan pendientes las realizaciones y el respeto en ambos lados de la frontera y es por ello que estas historias se vuelven aún más valiosas, porque demuestran que el éxito es posible partiendo, en la gran mayoría de los casos, como ellos mismos lo expresan, de una base cero: cero papeles, cero dólares y cero inglés. Incluso quienes viven "del otro lado" con muchas limitaciones, consideran que migrar fue la mejor decisión de su vida y ven el futuro con optimismo, seguros de que sus hijos tendrán un mejor mañana. En una abrumadora mayoría, aunque en México no se quiera reconocer, ellos van a permanecer en Estados Unidos.

Este libro documenta cómo se han transformado en médicos brillantes y reconocidos, en científicos que están cambiando la historia, en astronautas que han tocado las estrellas, en mujeres líderes y emprendedoras, en hombres audaces, dueños de negocios y patrimonios considerables y en jóvenes que fueron muy pequeños a los Estados Unidos —hoy conocidos como *dreamers*— que encarnan el sueño americano, que en su mayoría hablan ambos idiomas y se sienten ciudadanos de ambos países. Hoy, con sus padres, piden ser reconocidos como tales.

Hay una prosperidad oculta, una fuerza que ya nadie podrá detener y que nos obliga a hacer un alto en el camino: o damos razón de ella y creamos las condiciones para su reconocimiento y desarrollo más pleno en beneficio de ambos países o promovemos que sigan creciendo los muros y los obstáculos.

Este libro trata sobre los mexicanos en Estados Unidos pero es también una reflexión sobre México. Las historias aquí presentadas demuestran que en México, bajo las condiciones adecuadas, el talento y el espíritu emprendedor no tendrían límites y dan cuenta también del miedo y la resistencia de poderosos grupos que en los Estados Unidos impiden su plena integración y desarrollo.

Me quedo con la mejor parte: con la fe en su trabajo y el optimismo que encontraremos en estas hazañas extraordinarias de vida, porque es la muestra de que los sueños no tienen fronteras ni obstáculos cuando la audacia y el esfuerzo se imponen a cualquier otra circunstancia por adversa que sea.

1

Una nueva visión de los migrantes

Introducción

Por su capacidad de generar riqueza, los mexicanos en Estados Unidos equivalen, en tamaño, a la decimotercera economía del mundo. Su poder de compra supera el Producto Interno Bruto de España y es 30 por ciento superior al de México; según proyecciones de instituciones académicas estadounidenses, serán ellos quienes pagarán las pensiones de los no hispanos en Estados Unidos. Además, son propietarios de un millón de negocios, lo que los convierte en la comunidad que más crece en este rubro. Ellos mismos lo dicen: "Somos el futuro de Estados Unidos."

Como comunidad, de manera creciente juegan un papel fundamental en la economía, el comercio, la educación y la política estadounidense. En México su contribución abarca muchas vías: las remesas que envían constituyen la segunda fuente de ingreso de divisas, después del petróleo y 1.36 millones de hogares dependen directamente de la recepción de éstas. De no ser por ellos, en nuestro país habría diez millones más de pobres y siete millones de desempleados más.[1]

Desde el punto de vista mexicano, lo más impactante del fenómeno migratorio es observar cómo los mexicanos se han convertido en estandartes de lo que en Estados Unidos se conoce como el "sueño americano". Se trata de un proceso complementario; en Estados Unidos la demanda de mano de obra mexicana ha sido una constante desde 1940 y se incrementó considerablemente después de 1970, lo cual detona el proceso migratorio y sirve de plataforma para buscar mejores condiciones de vida.

Ese es el tema central de este libro: los mexicanos exitosos que se han superado, que están transformando a su nuevo país y que no pocas veces están ayudando a cambiar México. Presentaré una faceta de la migración mexicana en la que se da cuenta de cómo los migrantes viven su integración y desarrollo en una nueva sociedad. Explicaré cómo, a partir del esfuerzo cotidiano, estos mexicanos se han abierto espacios en distintas esferas de la sociedad norteamericana de manera exitosa. También describiré cómo nuestros connacionales mantienen vivos sus lazos con México, ya sea en la preservación de su identidad cultural, en sus vínculos familiares o en el envío de remesas. Este libro es un intento por hacer visible las enormes contribuciones del fenómeno de movilidad humana entre México y Estados Unidos. Es en síntesis, un esfuerzo por reconocer los éxitos de los inmigrantes y las oportunidades que este proceso les ha ofrecido.

En el fenómeno migratorio México-Estados Unidos muy pocos observadores reconocen que el cruce de la frontera ha tenido un efecto liberalizador y transformador en la vida de muchos mexicanos. Una vez "del otro lado" estas personas comienzan a descubrir un mundo de oportunidades que nunca antes había sido concebible en sus vidas. Muchos de ellos se han convertido en pudientes empresarios, creadores de oportunidades para otros y en verdaderos pilares de sus comunidades.

Estos mexicanos son representantes de una prosperidad que, ya sea por mitos o estereotipos, ha permanecido oculta en los dos lados

---

1. Para conocer mejor las estadísticas de los mexicanos radicados en Estados Unidos, remito al lector al segundo apartado de este libro.

de la frontera. Este progreso de los connacionales que han dejado el país ha sido indiferente para muchos, en especial para gran parte de los encargados de tomar decisiones en México y Estados Unidos.

A lo largo de los años he observado que los migrantes mexicanos han sido estigmatizados y malinterpretados en las sociedades de destino y de salida. En Estados Unidos, han sido percibidos erróneamente como una carga para la sociedad, ya que supuestamente utilizan servicios educativos o de salud sin que sus aportaciones en pago de impuestos a la economía estadounidense sean consecuentes con ese supuesto gasto. En casos extremos, en el ámbito regional han sido considerados como factores de riesgo y han sido perseguidos por legislaciones locales que prácticamente les dan un trato de delincuentes. Se les ha catalogado como "desplazadores" de la mano de obra nativa, cuando en realidad responden a la demanda de sectores fundamentales en Estados Unidos, contribuyen al equilibrio y la estabilidad del mercado laboral y, a la vez, hacen realidad el "sueño americano".[2] Más que desplazar, los migrantes mexicanos hacen el trabajo que muchos estadounidenses no quieren llevar a cabo.

Una aclaración temprana: mi mirada de esta comunidad no pretende ser ingenua, frívola o simplista. Tampoco trato de generalizar a toda la comunidad mexicana en Estados Unidos a partir de lo que observé en un buen número de inmigrantes exitosos. Si acaso, trato de hacer evidente que aunque es cierto que "no son todos los mexicanos", siempre y cuando existan las oportunidades y éstas sean aprovechadas con esfuerzo, ingenio, dedicación y por supuesto hasta algo de suerte, sí puede "ser cualquiera", sin necesidad de amiguismos, palancas o actos de corrupción.

Tampoco intento decir que para ser exitoso y superar obstáculos hay que salir de México e irse a Estados Unidos. Conozco de cerca mexicanos que nacieron en la pobreza y hoy son empresarios exitosos, sin haber dejado el país.

No ignoro a los cientos de miles de mexicanos que viven en condiciones de pobreza, desigualdad y marginación en Estados Unidos. Un simple dato basta para hacer evidente este hecho: en nuestro

---

2. Entendiendo por ello el desarrollo en una sociedad en libertad que ofrece las mismas oportunidades para todos más allá de su origen social, grupo étnico, religión, sexo, etcétera. Y en virtud del cual es posible abandonar las condiciones socioeconómicas en las que el sujeto nace, a partir de su dedicación, trabajo y esfuerzo.

vecino del norte, 14.3 por ciento de la población vive por debajo de la línea de pobreza. Ese es el caso para 9.9 por ciento de los blancos no hispanos y para 24.9 por ciento de los mexicanos en ese país. Es decir, la desigualdad impacta de manera más importante a los mexicanos.

En México se ha ignorado la problemática migratoria o, en el mejor de los casos, se ha minimizado su importancia; los escasos programas gubernamentales no guardan proporción con la magnitud del proceso y sus impactos. Durante muchos años se ha optado por la omisión como eje de la política en este tema, debido a la utilización política y de carácter discursivo tanto en el ámbito nacional como frente a Estados Unidos. En nuestro país se valoran los aportes de los migrantes mexicanos a la sociedad estadounidense, pero no siempre se reconocen los beneficios para México. Como muestra, Rosa Arreola, esposa de Artemio Arreola, activista social de Chicago, Illinois, me comentó lo siguiente: "Una vez le pregunté a Ernesto Zedillo: '¿Qué va usted a hacer por la gente de acá?' Y él respondió: 'Yo no los mandé, no puedo hacer nada'. ¡No puede ser!"

México no ha aprovechado ni atendido de forma correcta el proceso migratorio a pesar de la voluntad de los inmigrantes por relacionarse con sus comunidades de origen. Mike González, empresario en la industria de la construcción en Chicago y líder comunitario, lo refleja de esta manera: "El gobierno mexicano no estableció desde un principio el desarrollo de liderazgos… los clubes se formaron por dos razones: la necesidad de tener contacto con nuestros pueblos y para apoyar a nuestras familias… la generación que ha mandado remesas ya se está retirando."

De manera implícita, en ambas sociedades —incluso en los sectores favorables a la migración—, se victimiza a los migrantes mexicanos. A lo largo de la historia, se les ha llamado "traidores", "mojados", "braceros" y hasta "héroes no reconocidos".

No obstante, ninguna de estas perspectivas describe cabalmente su realidad. Estas percepciones erróneas o distorsionadas nos han mantenido en una narrativa que impide valorar los costos pero, sobre todo, los enormes beneficios, en términos de desarrollo y de progreso, que esta integración silenciosa del capital humano brinda a ambos países y el amplio potencial que se vislumbra para las próximas décadas.

La migración es un fenómeno social y económico que refleja realidades y expectativas que no siempre son evidentes. El hecho de abandonar un lugar de residencia entraña enormes costos para las personas y familias involucradas. La persona que decide migrar lo hace por múltiples razones que no siempre son comprensibles desde una sola categoría de análisis. Quien opta por migrar lo hace porque percibe mejores oportunidades en su lugar de destino; porque donde se encuentra sus expectativas no son muy atractivas y porque el costo de emprender el penoso tránsito se percibe como menor que los beneficios potenciales de realizarlo.

Sin embargo, aún reconociendo todo lo anterior, la perspectiva que los victimiza no ha permitido valorar de forma correcta todo el potencial individual y colectivo que los migrantes tienen como comunidad. Ellos mismos no se ven reflejados en esa visión. La abrumadora mayoría —incluso los que viven en condiciones difíciles— considera que emigrar fue una decisión correcta, que contribuyen al desarrollo de Estados Unidos y que gracias a la migración se vislumbra un futuro mejor para ellos y para sus hijos. Al respecto opina Kino Arteaga, mexicano de origen humilde y hoy próspero empresario, con quien tuve la oportunidad de platicar:

> Si yo no me hubiera venido para Estados Unidos, no hubiera hecho lo que estoy haciendo ahora, no tendría este trabajo. En México está muy competido. La diferencia es que allá no creen, le falta fe a la gente. Los negocios los hacen pocos: los caciques del pueblo, los de las radiodifusoras, los de los periódicos, la gente que tiene dinero es la que agarra todos los negocios. Aquí no, aquí todos somos iguales... por eso cuando me decidí, hablé a Muzquiz, donde estaba mi familia y les dije: cuenten todo, vendan todo, paguen todo. Fue la mejor decisión que tomé en mi vida.

A pesar del amor que sienten por México, más allá de viajes esporádicos o de pensar en terminar sus días en sus lugares de origen, después de mucho esfuerzo y trabajo la gran mayoría de ellos no tiene planeado regresar.

Ahora bien, los inmigrantes son trascendentales para ambas sociedades. Se han convertido en pilar de ambas economías y, al mismo tiempo, individualmente son personas que no tienen otro propósito que el de ganarse la vida de manera honesta y aprovechar al máximo las oportunidades que se les presentan. Al iniciar su desplazamiento migratorio no ponen en duda su identidad o sus raíces; tampoco buscan violentar regulaciones de otro país, sólo buscan mejores condiciones de vida y desarrollo para ellos y para sus seres queridos.

Este libro está estructurado de la siguiente manera: por un lado, presento cerca de sesenta entrevistas individuales que realicé a inmigrantes exitosos, políticos demócratas y republicanos relacionados con el tema migratorio, académicos y activistas. Por otro lado, intento bosquejar lo que cuantitativamente representan los migrantes mexicanos en Estados Unidos.

Con los relatos de los inmigrantes recabados en este libro se reconoce el éxito que han logrado con el esfuerzo cotidiano, con muchos años de compromiso, dedicación y audacia. Sin duda, los migrantes mexicanos han enfrentado la adversidad, la discriminación y, en muchas ocasiones, un trato indigno en el país al que llegaron buscando una mejor oportunidad. A partir de los relatos aquí descritos, planteo la doble dimensión en la que los migrantes funcionan: integrándose y siendo exitosos en Estados Unidos, pero también reafirmando sus lazos culturales con México, expresando su identidad con orgullo y dignidad. Con estos relatos busco reorientar la perspectiva que sólo ve costos y víctimas en los inmigrantes, hacia una visión que valora y aprecia los beneficios que aportan, y reconoce sus logros individuales y comunitarios.

Al mismo tiempo, sin sacrificar por completo sus vínculos con sus regiones de origen, muestro cómo los mexicanos en Estados Unidos se integran y abrazan al país que para ellos representa la oportunidad de desarrollo. Aprenden su idioma, desarrollan su capacidad emprendedora, compiten bajo las reglas y prácticas que la nueva sociedad les exige, apuestan a la educación de sus hijos y son exitosos.

En este libro, busco mostrar una visión que no los presente como víctimas, sino como actores de desarrollo. De esta forma, pretendo:

(i) presentar casos de integración exitosa de hombres y mujeres mexicanos a la sociedad, la economía y la forma de ser de la sociedad estadounidense;

(ii) demostrar que compiten con las reglas que les establece una nueva sociedad y que en ese contexto son exitosos;

(iii) confirmar que ello no conlleva el olvido, el desprendimiento o, peor aún, el rechazo, a sus orígenes;

(iv) ilustrar la idea de que los mexicanos, como antes fueron los nacionales de otros países, explican y colaboran con éxito en el país que los recibió;

(v) señalar que a pesar de dificultades que enfrentaron por su condición original, en algunos casos —como indocumentados— estos personajes ven el futuro con esperanza.

En suma, este libro busca aportar una mirada objetiva a la experiencia humana de los mexicanos que tuve la oportunidad de entrevistar; aunque apenas son una muestra de otros miles y miles de connacionales con historias similares, representan la prueba fiel de las oportunidades que esta realidad binacional presenta para el desarrollo y bienestar de nuestras sociedades.

Para dar forma al argumento de este libro, planteo en la primera sección una visión desmitificadora del proceso de la inmigración y el desarrollo de los mexicanos en Estados Unidos. Entrelazo los testimonios de algunos de los entrevistados, con datos estadísticos y económicos, que sustentan y permiten apreciar la magnitud de lo que individualmente transmiten los inmigrantes.

En el segundo apartado, me dedico a fortalecer de manera amplia, con cifras estadísticas, demográficas, sociales y económicas, la nueva visión del proceso migratorio.

Finalmente, para aquellos lectores que quieran conocer más de cerca a los entrevistados, incluyo un apéndice dedicado a ellos que consta de un breve perfil de cada uno y las partes que consideré más relevantes de la entrevista. Con un profundo agradecimiento hacia ellos, por el tiempo que me otorgaron, por la apertura que mostraron al compartir conmigo su historia, a veces con pasajes tristes, dolorosos, íntimos, personales, los describo como son hoy en día: exitosos, dignos de un reconocimiento social. Como el lector verá, se trata de inmigrantes muy diversos, dedicados a todo tipo de actividades, provenientes de todos los orígenes y que, sin embargo, comparten un profundo amor por México y por Estados Unidos. Todos tienen un alto sentido de responsabilidad comunitaria, ven al futuro con entusiasmo y optimismo. Todos han superado los obstáculos que se les van apareciendo por ignorancia, incomprensión y omisión, en ambos lados de la frontera.

La migración es un proceso en torno al cual se ha construido una serie de mitos que lo distorsionan y lo presentan como un balance negativo para las sociedades receptoras.

A partir de los testimonios de los propios entrevistados no sólo demostraré que estos mitos se alejan de la realidad, sino que aportaré respuestas a preguntas que todos nos hemos hecho acerca de la migración y los migrantes. Esto lo haré con base en lo que ellos mismos cuentan de sus propias experiencias, sin manipulación alguna y sin ningún sesgo ideológico: ¿por qué en Estados Unidos desarrollan su capacidad emprendedora y en México no?, ¿son víctimas o son emprendedores?, ¿se desvinculan de México o se relacionan de mejor manera con sus comunidades?, ¿la integración en Estados Unidos conlleva la pérdida de identidad cultural y de valores mexicanos?, ¿la experiencia migratoria fortalece su compromiso comunitario o, por el contrario, los hace más individualistas?, ¿la adopción de nuevos estilos de vida y costumbres hace olvidar su forma de vivir como mexicanos o, por el contrario, la fortalece?

Este libro es reflejo de sus voces. He respetado sus expresiones tal y como las compartieron conmigo, a pesar de que en ocasiones pueden parecer fuertes o severas. Anoto la información que me proporcionan y las propuestas que hacen, sin editar ni cambiar en nada dichas afirmaciones, independientemente de que las comparta o no o de la precisión de ellas. Lo hago así porque esas afirmaciones reflejan el sentir de los inmigrantes: ese es su valor.

Estados Unidos se debe a la inmigración

Hoy, cuatro de cada cinco estadounidenses declara que entre sus ancestros hay un inmigrante. Es decir, 80 por ciento de los estadounidenses es producto de la migración. Estados Unidos es un país de inmigrantes. Entre 1820 y 1930 llegaron 4.5 millones de irlandeses; en el siglo XIX, Estados Unidos recibió alrededor de cinco millones de inmigrantes alemanes y en pleno proceso de industrialización llegaron más de veinte millones de "nuevos inmigrantes".[3]

En 1920 ya habían migrado a Estados Unidos cerca de dos millones de judíos y más de cuatro millones de italianos. Como lo afirmó John F. Kennedy, a ninguno de estos fenómenos migratorios se le cuestionó sus bondades ni la enorme contribución que han hecho al desarrollo, la economía, la cultura y la evolución de Estados Unidos. Ciertamente, todas estas migraciones tuvieron su momento adverso, todos ellos enfrentaron en algún punto de la historia el rechazo de algún sector de la sociedad o de legislaciones restrictivas, pero con el paso del tiempo se hicieron indiscutibles sus aportes.

El ex congresista republicano, James Kolbe, enfatiza que Estados Unidos y su fundación están basados en la inmigración, la cual, señala, "es la columna vertebral de este país desde antes de su fundación como nación independiente", y que:

> Los inmigrantes europeos buscaban prosperidad económica, libertad de culto, libertad política. Veían el nuevo mundo como un lugar en el cual podían encontrar la libertad. Y durante los 225 años que llevamos siendo una nación como tal, hemos seguido aceptando inmigrantes y ellos son la fuerza que impulsa el progreso de este país. Nuestro trabajo es hacerle entender a la gente que ellos dan más al país de lo que quitan.

En lo que toca a la migración mexicana a Estados Unidos, un capítulo importante fue el *Mexican Farm Labor Program* de 1942, conocido en español como Programa Bracero. Esencialmente fue un programa

---

3. A lo largo de este apartado se hará mención a diversas cifras que provienen de diferentes fuentes. Este libro contempla una sección que contiene *in extenso* las cifras que soportan mucho de lo que aquí afirmaremos. Le pedimos al lector que la consulte para las referencias específicas.

de empleo temporal para mano de obra extranjera poco calificada en el sector agrícola (de ahí el término "bracero", que indica que sólo requerían de "brazos"). Dicho programa fue promovido en principio para satisfacer la demanda de mano de obra durante la Segunda Guerra Mundial, bajo los gobiernos de Franklin D. Roosevelt y Manuel Ávila Camacho, y comenzó con el traslado temporal por parte del gobierno norteamericano de un millar de campesinos mexicanos experimentados para cultivar y cosechar en ingenios azucareros ubicados en la región de Stockton, California.

Durante toda la operación del programa participaron 4.5 millones de mexicanos. El programa en sí constituyó una enorme aportación al agro norteamericano, que fue sucedido por la mecanización de la agricultura en amplias regiones. Más allá de sus características operativas, el Programa Bracero demuestra que fueron los agricultores estadounidenses los que vinieron a México a buscar mano de obra. Cito lo que me dijo Reynaldo Robledo, importante vinicultor mexicano en Estados Unidos: "Nosotros los mexicanos fuimos invitados por las autoridades de Estados Unidos para venir a rescatar la agricultura en su país. Y nos dieron el nombre de 'bracero', que quiere decir 'brazos fuertes'."

La migración mexicana ha seguido el paso que establece la economía estadounidense y su política migratoria. Cuando hay empleos, los mexicanos llegan. Hasta antes de la década de 1940, la inmigración mexicana era casi nula, a pesar de que las condiciones en México no eran buenas y de que la frontera era prácticamente inexistente, por lo que no representaba ningún obstáculo para desplazarse de un país a otro. Incluso en los ochenta la inmigración era bastante tolerada en Estados Unidos. Los propios inmigrantes dan cuenta de ello. Así lo compartió conmigo Mike González en la ciudad de Chicago: "En los setenta, ochenta y noventa, tuvimos un paraíso aquí en Chicago en cuanto a nuestra comunidad, no había problemas reales con el tema de migración, era como andar en México."

De hecho, la rigidez en la frontera que surge en los noventa tuvo como resultado no deseado la interrupción de una circularidad natural, según la cual los mexicanos iban y venían de un país a otro sin ningún problema. James Kolbe lo expresa como un recuerdo de su infancia: "Recuerdo a una mujer que le ayudaba a mi madre cuidando a mis hermanos y a mí mientras ella trabajaba; esta señora cruzaba la frontera todos los lunes por la mañana, trabajaba en el rancho y regresaba a su casa los viernes por la noche. Y todo este vaivén era de lo más común y natural para nosotros."

Para tener una perspectiva numérica, cabe decir que entre 1980 y 1990 entraron a Estados Unidos 3.1 millones de mexicanos. El periodo en que más mexicanos han entrado a ese país ha sido en la década de 1990, con aproximadamente 400 mil inmigrantes por año. Muy lejos de los 1.3 millones de inmigrantes que llegaron en 1907 a Estados Unidos.

En cuanto a la dimensión numérica actual del fenómeno migratorio de mexicanos hacia Estados Unidos, pondré en contexto su magnitud. En el país vecino, y después de un largo y complejo proceso de movilidad poblacional, hoy viven cerca de 33 millones de mexicanos. Hablando en términos conceptuales, esta comunidad se compone por los nacidos en México y los nacidos en Estados Unidos, los cuales se identifican a sí mismos como "de origen mexicano" y por lo general se trata de quienes tienen al menos un ancestro nacido en México. De esos 33 millones, cerca de 12 millones son nacidos en México y el resto son nacidos en Estados Unidos. Esta subpoblación forma parte de un grupo más amplio derivado de la inmigración latinoamericana, que se agrupa en el término "hispano" o "latino". Estos números se explican históricamente por muchas razones, pero sin duda los factores principales tienen que ver con la demanda histórica de mano de obra en Estados Unidos, la falta de condiciones de desarrollo y arraigo en México, las redes familiares y sociales de los inmigrantes y la ambición de mejorar las condiciones de vida, las propias y las del entorno inmediato: las ganas de triunfar. Por todo eso es imposible que se perciban a sí mismos como víctimas. Javier Barajas, restaurantero mexicano en Estados Unidos, da cuenta de ello:

> Ya no te conformas con estar trabajando nada más para alguien. Como que quieres hacer algo. Como tenía un poco de dinero, encontré el local donde ahora está mi restaurante, Lindo Michoacán. Cuando abrí nada más tenía cinco mesas. Yo tomaba la orden y le corría a cocinar, era el único. Ahora tengo 89 empleados en mi primer restaurante, en otro tengo 100, en otro 68 y 42 más en otro. Son cuatro restaurantes y casi 300 empleados.

La tesis central de este libro, que no pretende ser una obra académica, es que ha llegado una nueva etapa de la inmigración mexicana en Estados Unidos. Así como ocurrió con las otras inmigraciones que hemos mencionado, es momento de reconocer de manera objetiva los beneficios de la inmigración mexicana para Estados Unidos. También habría que ponderar las bondades de este proceso migratorio para México y buscar que las sociedades mexicana y estadounidense sean congruentes con esta nueva visión.

No son víctimas

"Nos roban nuestro dinero… no hay respuestas a nuestras necesidades… mandamos nuestros dólares y no sabemos qué hacen con ellos." Fue en este tono de reclamo que se dio mi primer encuentro con la comunidad de inmigrantes mexicanos en Chicago, Illinois.

Esta plática tuvo lugar en 2001.[4] Fue en este evento que pude constatar sus sentimientos de frustración, maltrato y abuso; no era para menos. Sólo les pedí lo que era posible: su voto de confianza y trabajar juntos en el diseño de nuevas reglas. Me comprometí a regresar y trabajar a su lado. No obstante, al abandonar ese salón, tuve la sensación de que varios de ellos ya habían dejado de creer y sólo había un camino para recuperar su confianza: cumplir y trabajar con ellos y para ellos.

Este fue el primer encuentro de muchos que me permitieron, a lo largo de casi doce años, conocer sus vidas, las realidades que enfrentan cotidianamente, sus temores y certezas, su orgullo de ser mexicanos y también sus ganas de formar parte de otro país que les brindó la oportunidad de una vida mejor.

Conforme se iban cumpliendo los compromisos con los clubes[5] y las federaciones de nuestras comunidades en Estados Unidos —desde apoyar en la gestión para obtener recursos para un profesor de computación o de inglés, hasta modificar las reglas de operación de programas gubernamentales con la intención de transparentarlos y abrirlos a su participación—, no pude sino comprobar que su exigencia está en la rendición de cuentas, en el cumplimiento de la palabra dada y en el reconocimiento a su trabajo. Los inmigrantes mexicanos exigen respeto porque se lo han ganado a pulso. Además, su generosidad y disposi-

---

4. Este encuentro tuvo lugar durante una gira de trabajo en Estados Unidos, cuando era secretaria de Desarrollo Social. Durante mi gestión promoví la implementación del Programa 3x1. Este programa triplicaba la inversión de remesas colectivas en obras de infraestructura en las comunidades de origen de los migrantes.

5. Los llamados clubes son organizaciones sociales que los migrantes mexicanos van conformando en sus lugares de residencia en Estados Unidos. Son organizaciones que vinculan a los migrantes, normalmente, con sus entidades de origen en México y cumplen muy diversos fines. No hay una forma única de organización, en ocasiones, hay varios clubes de compatriotas del mismo estado en una ciudad. Algunas veces pueden organizarse con alguna filiación política hacia algún partido en México, pero por lo general siguen un proceso de organización pensando más en su vida en Estados Unidos.

ción para apoyar a sus comunidades de origen y a sus familias está muy por encima de cualquier otro propósito. Javier Barajas indica: "Hemos demostrado que nosotros no somos delincuentes, todos los mexicanos venimos con una idea nada más: venir a trabajar y que nuestras familias estén mejor."

Una vez logrados los consensos básicos y la confianza que demanda cualquier trabajo en equipo, el número de obras y apoyos se multiplicaron exponencialmente. Cuando llegué a la Secretaría de Desarrollo Social participaban veinte clubes en el programa 3x1. Al dejar esa Secretaría había 815 clubes participando directamente.

Vi con gratitud su compromiso y orgullo de reconocer su origen, y agradecimiento al país que les brindaba oportunidades para construir sus sueños. Conocí sus negocios, clubes comunitarios, escuelas, centros de salud. Visité sus tiendas y restaurantes, caminé por la Villita[6] muchas veces en Chicago. Fui también a otras ciudades y regiones de Estados Unidos, en donde nuestra comunidad tiene una alta concentración y presencia. Promoví el Programa 3x1. Estuve en sus federaciones, vi crecer lo que sólo su generosidad y compromiso hacen posible: la multiplicación de sus remesas comunitarias y su enorme satisfacción al ser ellos los principales promotores y aportadores para que sus recursos permitieran recuperar sus templos, reconstruir sus escuelas y dotarlas de tecnología, abrir caminos a sus comunidades de origen en México, remotas y aisladas.

Durante todo este tiempo, me fui convenciendo de que se trataba de mexicanos que habían cambiado, que querían competir y triunfar, que no pedían nada, sino que ofrecían. Eran connacionales que no se reflejaban en esa imagen que los victimiza.

Estar con ellos, hablar con ellos y conocer sus historias me puso frente a múltiples realidades. Una de ellas era reconocer que con las reglas adecuadas en nuestro país, y en especial con una economía en crecimiento, poderosa, generadora de empleos y de oportunidades de desarrollo, la gran mayoría jamás se hubiera ido. No obstante se fueron. A lo largo de este libro intentaré probar que lo hicieron porque no se conformaron ante la falta de oportunidades que encontra-

---

6. La Villita es una zona comercial ubicada en la Calle 26, y sus alrededores, de la ciudad de Chicago. Ahí se concentra un gran número de comercios mexicanos. Es tan próspera que es la segunda zona comercial en Chicago en lo que toca a la generación de impuestos, después de la lujosa The Magnificent Mile.

ron en sus vidas y ante las circunstancias propias y específicas que enfrentaban; porque se quisieron superar y porque funcionalmente, en las décadas más recientes, hay una creciente demanda y necesidad de mano de obra en Estados Unidos. Samuel Magaña, empresario tortillero en Estados Unidos, me comentó lo siguiente:

> Mientras que en México no haya mejores oportunidades, la gente se va a querer venir. Porque la misma gente que viene de México, y que allá no tiene oportunidad de hacer nada o le perdió la fe al sistema, viene aquí y aquí sí hace algo. Cuando llega uno aquí, ve que puede hacer lo que quiera y no hay limitaciones para hacerlo. Yo pienso que eso le falta a México, que hagan un programa donde le den esa seguridad a la gente, la oportunidad de que pueden hacer algo.

Los inmigrantes insisten en que es urgente cambiar la imagen de México. Dicen que lo único que se escucha son cosas terribles y que el gobierno mexicano hizo un gran daño al mostrar sólo ese rostro de violencia. Insisten en que México debe atender los intereses de los mexicanos en Estados Unidos. Como señala Artemio Arreola:

> ¡No puede ser! No puede ser que el país [México] se tenga que callar por defender a su gente. ¿Qué sucedería si le pasa algo a un americano en México? Por eso no nos toman en cuenta, por eso es que Estados Unidos voltea para otro lado. Estados Unidos trae muchos médicos, ¿por qué no trae de México? Porque no hay esa negociación previa.

Y coinciden en que la imagen de México en el exterior debe ser mejorada. Así lo dice la líder de opinión Giselle Fernández:

> Tenemos que tener responsabilidad para trabajar en colaboración con nuestra comunidad, nuestra economía. Y nosotros tenemos que decirle [al gobierno estadounidense]: "Tú no puedes tener nuestro apoyo, nuestros dólares, nuestros votos, si tú no nos das esto, esto y esto." La imagen de quiénes somos, la imagen de México tiene que cambiar. Nuestro éxito individual como inmigrantes representa lo mejor de nuestra comunidad y de México.

Una historia de éxitos

Cerca de un millón de negocios en Estados Unidos pertenecen a empresarios mexicanos y la cifra crece con celeridad.[7] Tan exitosos han sido que, como dije antes, si los inmigrantes mexicanos se conforman en un solo país, serían hoy la decimotercera economía del mundo; mayor que la mexicana.[8]

Como expresión de esta historia de éxito, los mexicanos en Estados Unidos[9] quieren dejar de ser mano de obra no calificada; han asumido el sueño americano y se han convertido en la personificación de este anhelo, marcado por la esperanza, el esfuerzo y el espíritu emprendedor.

Este fue el testimonio que escuché y me permitió conocer a un héroe surgido del trabajo y del estudio, en Baltimore, Maryland. Ahí, me encontré con Alfredo Quiñones, neurocirujano altamente especializado, mejor conocido como Dr. Q. En este encuentro me mencionó lo siguiente:

> A los 19 años me salté el cerco, llegué sin papeles ganando 3 dólares con 39 centavos la hora. Empecé a estudiar sin descanso y terminé aceptado en Harvard. De pronto dejé de ser invisible y los Premios Nobel de Ciencia y Medicina me pedían mi opinión y puntos de vista. Recientemente estaba operando el cerebro de una parte muy delicada. Me transporté a 1987 cuando yo estaba trabajando en el campo y pensé que con las mismas manos que yo piqué tomates ahora estaba salvando vidas.

Los inmigrantes mexicanos han transformado la realidad estadounidense y, con el tiempo, van a tener un impacto muy grande sobre el

---

7. United States Department of Commerce. Census Bureau. Survey of Business Owners: Hispanic-owned businesses: 2007.
8. Según estimaciones de la Fundación Bancomer, el PIB de los mexicanos en Estados Unidos representa 104 por ciento del PIB mexicano.
9. Entendiendo por ello a los inmigrantes mexicanos y a los ciudadanos estadounidenses que se autodefinen "de origen mexicano". Ambos grupos poblacionales suman 33.7 millones de personas, representando 64 por ciento de la comunidad llamada hispana y 11 por ciento del total de residentes en Estados Unidos. Se estima que en 2050 los hispanos sumarán 128 millones de personas.

desarrollo de este país.[10] Aunque la mayoría llegó como mano de obra poco calificada, el entorno le ha permitido a un número creciente desarrollar todo su potencial. A pesar de los estereotipos y mitos acerca de ellos, el resultado es impresionante.

Julián Castro, de origen mexicano, miembro del Partido Demócrata y alcalde de San Antonio afirma que:

> Los mexicanos son un ingrediente crucial en nuestra prosperidad. No obstante, muchos piensan en los mexicanos que viven en Estados Unidos como jardineros. No ven comerciantes, doctores, abogados, no los ven como profesionistas, y lo que creemos aquí, en San Antonio, es que han ayudado a ser una de las ciudades más prósperas durante esta depresión económica.

Según el alcalde Castro, la gente cree que los mexicanos son gente que sólo trabaja la tierra, que hacen labores que nadie más quiere, de baja calificación. Esta idea está encarnada en la mente de la población en general. No obstante, el alcalde está convencido de que la comunidad hispana es muy trabajadora.

Las experiencias vividas por los inmigrantes mexicanos son reales. Basta con leer lo que me dijo María Gaeta, vendedora nivel Platinum en la empresa Ardyss International. En ella se observa el anhelo de superación y de esfuerzo de muchos mexicanos que radican en Estados Unidos:

> Cuando llegué a Estados Unidos sentí que iba a barrer dólares. Pero me encontré con problemas bien fuertes. Era invierno, yo era ilegal y vivía en un garaje con siete adultos y dos niños. Entonces me enteré de que estaba embarazada, así que empecé a tocar puertas y a vender casa por casa a pesar de la barrera del idioma. Hoy, si me va mal en un mes de trabajo, gano sólo 30 mil dólares.

Este libro reúne las historias de mexicanos exitosos en los más diversos campos, pero sobre todo en el empresarial. Pude constatar

---

10. La comunidad mexicana en Estados Unidos representa hoy 8 por ciento del PIB estadounidense. Se estima que el poder de compra de los hispanos llegará a 1.5 trillones de dólares en 2015.

que su creatividad e ingenio les ha permitido ser la personificación del sueño americano, los mexicanos aspiran a destacar en su campo, a ser empresarios, a ser exitosos en su propio espacio.

La historia de Sonia Rubio, empresaria y miembro de la sociedad civil organizada, es la de miles de mujeres en Estados Unidos, un ejemplo de perseverancia y solidaridad. Sonia sólo mira al futuro:

> Llegué a trabajar a McDonald's, ganando cinco dólares con quince centavos. Y mientras estaba embarazada de mi primer hijo, me fui a la escuela de inglés, a la escuela de computación y casi me cuesta el divorcio. Entonces hice una compañía de limpieza. Años más tarde y después de la crisis económica en Estados Unidos, animé a mi esposo para abrir otra compañía. Ahora somos empresarios y también soy, con mucho orgullo, la directora ejecutiva de Casa Hidalgo, en Houston.

Aún y con esta experiencia de iniciativa y participación económica, debemos de estar conscientes del escaso acceso a servicios básicos que todavía enfrentan muchos de los mexicanos en Estados Unidos. No obstante, me han convencido de que la visión que sólo los victimiza no los refleja a cabalidad. Carmen Velázquez, activista en Chicago, lo expresó con toda claridad. Recuerdo cuando me dijo: "Ahora, si usted me pregunta: ¿usted es doctora? No. ¿Usted es enfermera? No. Pero soy muy cabrona. Fácil. Sé a dónde quiero ir, sé a dónde no quiero que me lleven y sé reconocer lo que no sé."

En este libro presento historias que en ocasiones podrían parecer inverosímiles o excepcionales por la complejidad del desafío, las dificultades inherentes al desarrollo de una persona en un entorno distinto al suyo. Sin embargo, son mucho más frecuentes de lo que en principio pensé. Uno de los casos más emblemáticos es el del mundialmente conocido Encantador de perros, César Millán:

> A los 13 años, en Culiacán, le pregunté a mi mamá si ella creía que yo podía ser el mejor entrenador de perros en el mundo y sin titubear me respondió: "Tú puedes hacer lo que se te dé la gana." Viví debajo de puentes en San Diego por dos meses. Con un dólar al día podía comprar dos hot dogs y rellenar con refresco el vaso que una sola vez pagué. Mi primera oportunidad

fue cortarle el pelo a un Cocker Spaniel y las dueñas contentas me pagaron sesenta dólares; yo tomé diez y les regresé cincuenta porque pensé: "¿Para qué quiero tantos hot dogs?"

El camino para llegar hasta aquí no ha sido fácil. Generaciones de mexicanos han sufrido las penas del desplazamiento, los riesgos, la discriminación. Muchos de ellos han perdido la vida en su intento de llegar a Estados Unidos. Otros han soportado empleos en condiciones adversas, lejos de sus familias y sus lugares de origen. En ocasiones, lo único que los ha acompañado ha sido su esfuerzo, dedicación e historia. Nada los ha derrotado. Ni siquiera las crisis o recesiones económicas en Estados Unidos.

Henry Cisneros, líder méxico-americano, alcalde de la ciudad de San Antonio de 1981 a 1989 y secretario de Vivienda y Desarrollo Urbano con el Presidente Bill Clinton, insiste que:

> En Estados Unidos hay que asegurar que las personas mexicanas son capaces y que no son traidores, que son una ventaja y debemos pensar en México de manera diferente… Los inmigrantes tienen una vida, se casan, tienen familia, tienen compromisos y ya no van a regresar. Pero tienen una cercanía. No es importante que regresen, sino que guardan alguna nostalgia, pueden servir como puente y fuente de intercambio de una agenda económica.

Además, como también menciona Henry Cisneros, a diferencia de las migraciones que reciben otros países en el mundo, la inmigración mexicana no confronta los valores profundos de la sociedad de llegada. Fue en San Antonio, donde Kino Arteaga me compartió pedazos de su vida y de su incansable espíritu de lucha: "No hay crisis que aguante catorce horas de trabajo diario. Somos una comunidad muy luchona, no nos cansamos, a las ocho horas siempre queremos el extra."

La verdadera historia es que Estados Unidos ha sido un espacio propicio para que un humilde campesino mexicano pueda desarrollarse en formas y ámbitos que no parecían posibles y que no encontró en México.

Durante muchos años, el destino principal de la mano de obra mexicana fue el de la agricultura, que para muchos de los inmigrantes se convirtió en la plataforma de desarrollo. Un ejemplo de ello es Reynaldo Robledo, quien ha sido exitoso en el condado de Napa Valley, en la producción de vino.

> Empecé trabajando las uvas a los 16 años. Ganaba un dólar diez centavos la hora. Yo tenía mi trabajo de diez horas por día. Me busqué mi segundo trabajo y trabajaba catorce horas diarias. Ahora tengo cuatrocientos acres. Mi primera botella la hice en 1994. Empecé con cien cajas, ahora embotello veinte mil. Mi marca se llama Robledo, en honor a mi apellido.

Carlos Gutiérrez, ex secretario de Comercio en Estados Unidos, afirmó en la entrevista que:

> El problema que tengo con los políticos americanos frente a la comunidad de mexicanos que llegan a Estados Unidos, con sueños y ganas de trabajar, es que los americanos les dicen: "tú necesitas ayuda" y los ingresan a diferentes lugares alejados de la civilización. No se involucran en las ciudades; si no tuviéramos eso, los mexicanos serían más libres. Hoy en día algunos mexicanos son quienes recogen la lechuga, pero sus hijos irán a la universidad.

Si estos procesos migratorios se hubieran sólo articulado en función de un mercado binacional *de facto* —de la oferta de mano de obra de un lado de la frontera y la demanda del otro— y el papel mínimo regulador que se espera de dos gobiernos democráticos, sin políticos, sin ideologías, ni falsos nacionalismos, el proceso habría evolucionado de manera armónica. Sin embargo no fue así. La migración es uno de los procesos en torno al cual se han construido más mitos. Robert Pastor, reconocido académico, lo expresa así:

> La mayoría de los méxico-americanos no ve atrás, ve hacia el frente y quiere ser ciudadano de Estados Unidos. La visión de muchos estadounidenses con respecto a México data de hace veinticinco años, no están actualizados. Es tiempo de generar más puentes entre los mexicanos, los americanos y los canadienses.

A lo largo de los últimos tres lustros, he dedicado innumerables días a visitar y conocer las comunidades mexicanas en Estados Unidos.

He conocido a jornaleros agrícolas y madres de familia empeñadas en sacar a sus hijos adelante, científicos y médicos líderes en su ramo, que llegaron a este país con unos cuantos dólares, muchos de ellos de manera subrepticia y sin documentos. Historias que se han convertido en éxito. Veamos, por ejemplo, lo que me dijo María Contreras, fundadora y presidenta de Promerica Bank y ex secretaria de comercio, transporte y vivienda en el estado de California:

> Mi madre llegó y trabajó en un lugar donde partían y preparaban pollitos para los mercados, estaba en una congeladora parada todo el día, con unas máquinas que si se quedaba dormida le cortaban la cabeza. Le salió artritis y sus piernas se le inflamaron. Así nos sacó adelante, todos fuimos a la escuela y nos graduamos en la universidad.

El tema, que a partir de su experiencia aborda María Contreras, es de vital importancia. Las mujeres han jugado un papel central en este éxito. Ya sea porque directamente desarrollan iniciativas y negocios como algunos de los testimonios que aquí compartiremos, o bien porque asumen un rol central en el hogar, o por ambas cosas. Un sólo dato basta para ilustrar este hecho: mientras que en los hogares de los nacidos en Estados Unidos, 12 por ciento son de jefatura femenina, en el caso de los hogares de los nacidos en México, es de 18.4 por ciento.

En este mismo orden de ideas, la activista María Pesqueira, al hablar sobre la importancia de las mujeres migrantes, menciona:

> A nosotras las mujeres mexicanas nos educan para esperar y pedir permiso y aquí aprendemos a no esperar y menos a pedir permiso. Lo que hace una mujer inmigrante lo hace con la idea de su familia. Cuando uno pensaba en el inmigrante pensaba en un hombre, en masculino, pero ahora son femeninas. Cuando apoyas a la mujer, como siempre decimos en Mujeres Latinas en Acción, apoyas a una familia y fortaleces una comunidad.

La empresaria Sonia Rubio aborda también el tema de las mujeres.

> Quiero destacar el esfuerzo de las mujeres que son muy chambeadoras, todas trabajan, porque aquí para salir adelante tienen que trabajar papá y mamá, no nos queda de otra que entrarle. Algunas

ya tienen sus compañías... Hay mamás a las que les ha tocado enfrentar un divorcio y sacar a sus hijos solas adelante. Desafortunadamente sigue existiendo abuso a las mujeres, porque el hombre no acepta que de repente la mujer gane más. El machismo sigue y así vamos criando a nuestros hijos. Sin embargo, conforme nos ocupamos de nuestros trabajos a las mujeres nos sube la autoestima.

En estos últimos meses conocí a fondo a las personas detrás de las comunidades de mexicanos en el exterior, traté de entender lo que los hace diferentes, lo que les permite enfrentar retos desproporcionadamente grandes y salir adelante. Con este conocimiento, busco respuestas a una serie de preguntas en apariencia simples, pero que están profundamente ligadas al desarrollo de estas comunidades incluso de México: ¿por qué esos mexicanos, allá, en Estados Unidos, desarrollan su capacidad emprendedora?, ¿por qué allá respetan a las autoridades, no se corrompen o siguen las reglas? Desde la diversidad de sus orígenes, de sus trayectorias de vida y profesionales, las respuestas las dan ellos mismos.

Uno de los líderes más poderosos y reconocidos en Estados Unidos, que trabaja a favor de los mexicanos más vulnerables en ese país, es el doctor Gabriel Rincón. Su historia suma etapas muy diferentes y dolorosas, y al final, como él mismo reconoce, la vida le ha dado todo. El esfuerzo y espíritu de no rendición dan cuenta de esta trayectoria:

> La vida me ha dado todo, después de todos los tropiezos. He sido lavaplatos, albañil, he pintado muñecas. Hoy soy dentista que ayuda a niños para que sonrían. Creo en las instituciones, por eso en 1999 fundamos Mixteca, sin fines de lucro. A lo largo de los años hemos ayudado a la comunidad alfabetizando y en muchos aspectos de salud. He tenido la experiencia de que en ocasiones la gente que no es de la misma raza brinda más apoyo. Hoy sé que lo más difícil es tener credibilidad.

La verdadera historia es la del éxito que han logrado como residentes en ese país. Aprovechando sus capacidades y desarrollando su ambición, muchos han conseguido transformarse a sí mismos y crear una realidad tanto para sus familias en México como para Estados Unidos. Una de las cosas más interesantes que he podido observar es la forma en que dividen sus recursos, incluso los más modestos. En su primera etapa, envían parte de su ingreso a México, pero la mayor parte la emplean en sus necesidades cotidianas e invierten en activos que revelan su arraigo y voluntad de integración. Los hispanos ocupan 13.7 millones de hogares, de los cuales 50 por ciento son hogares propios y amortizan sus créditos de manera regular. Entre ellos, los mexicanos son mayoría, al habitar 8.2 millones de hogares.

Los números hablan por sí mismos, pero no cuentan toda la historia.[11] Son sin duda, como los migrantes mexicanos afirman, el futuro de Estados Unidos. Parecería exagerada esta afirmación, pero una vez que uno los conoce y entiende su ambición y el reconocimiento social que gozan por ser exitosos, comienzan a hacer patente esa posibilidad. Además, los números generados por instituciones estadounidenses les dan la razón. Los hispanos son el grupo poblacional que más crecerá los próximos años en Estados Unidos. Por sus características sociodemográficas, son ellos los que van a producir y a comprar y, muy importante, son ellos los que van a pagar las pensiones de la generación *baby boom*.[12] Al respecto, Alfredo Martínez, dueño de diferentes restaurantes de comida mexicana en Las Vegas, Nevada, me compartió la siguiente reflexión: "El futuro de Estados Unidos somos nosotros. Nuestra juventud, y aquí hay otra mentalidad, tienen otros deseos, otra educación, social, cultural y eso los ha hecho salir adelante."

La razón es que el crecimiento de la población en Estados Unidos está determinado por los inmigrantes y sus descendientes. Además, muy pocos migran en edades avanzadas. Así, los inmigrantes contribuyen al crecimiento con niños (sus hijos) y con personas en edad de trabajar. Los primeros serán los futuros ciudadanos y pobladores estadounidenses que asegurarán el desarrollo y futuro de ese país; y los segundos con su trabajo y el pago de impuestos sufragarán

---

11. En la crisis de 2007 a 2009 en Estados Unidos, se perdió 5.3 por ciento de empleos. En el periodo 2009-2011, los hispanos recuperaron 6.5 por ciento de empleos, mientras que los blancos no hispanos apenas han recuperado 1.1 por ciento.

12. Después de la Segunda Guerra Mundial y hasta fines de los sesenta, en los países anglosajones que participaron en la guerra, particularmente en Estados Unidos, hubo un incremento de la natalidad que se conoce como *baby boom*. Entre 1946 y 1964 nacieron 76 millones de niños norteamericanos. En los setenta disminuyó la natalidad de los anglos. De ahí la necesidad de la fecundidad de los inmigrantes para mantener el equilibrio demográfico. Esos 76 millones pasarán al retiro entre 2011 y 2029 y vivirán en promedio (tomando en cuenta que la esperanza de vida en Estados Unidos es de 78.3 años) hasta entre 2024 y 2042, justo cuando crecerá más la población hispana (datos del US Census Bureau).

las pensiones de los estadounidenses que hoy y en los próximos años pasan al retiro.

Según estimaciones de Pew Hispanic Center, el número de hispanos es de poco más de 42 millones (14 por ciento de la población total); será la que más crecerá en los próximos años (poco más de 200 por ciento) y llegará a 128 millones en el año 2050. Además, representará 29 por ciento de la población.

Las proyecciones del Pew Hispanic Center son contundentes: los hispanos pagarán en el 2050 las pensiones de 24 millones de personas en Estados Unidos, y solamente habrá catorce millones de hispanos jubilados. Lo anterior querría decir que el trabajo de los hispanos mantendría a diez millones de jubilados no hispanos. Y todo esto ocurrirá sin que los hispanos, en particular los indocumentados, sean una carga para la sociedad estadounidense, como bien lo menciona el líder comunitario Raúl Murillo:

> El seguro social, si sigue vivo aquí en Estados Unidos, es por todas aquellas contribuciones de los trabajadores indocumentados, que no reciben ni un cinco a cambio... Es falso que los trabajadores indocumentados sean una carga para el gobierno, porque por su misma situación legal no pueden obtener ningún beneficio público, aún y cuando estén trabajando para él.

Por razones demográficas, los hispanos —y recordemos que cerca de 63 por ciento de esta comunidad son mexicanos— son quienes más crecerán: se estima que para el año 2050 mientras los blancos no hispanos aumentarán en 4 por ciento, los hispanos lo harán en 153 por ciento.[13] Si a lo anterior sumamos el hecho de que la mayoría de los hispanos tiene menos de 45 años de edad, las expectativas para los mercados de consumo son por demás favorables.

Es claro que los inmigrantes no son un costo para la sociedad estadounidense; se están convirtiendo en un motor indispensable. Para comenzar, no todos son indocumentados. Ese es el caso solamente para 18 por ciento de la comunidad mexicana.

---

13. Datos del Pew Hispanic Center.

Negocios: el espíritu emprendedor que se desarrolla en "el otro lado"

Hombre, aquí hay que trabajar duro, aquí hay que picar piedra; aquí no te regalan nada, pero eso sí, este país te apoya, no importa quién seas.

Leopoldo Becerra,
dueño de la cadena de restaurantes Post Oak Grill, en Houston, Texas

El contexto y la magnitud

De 2002 a 2007, el número de negocios propiedad de hispanos creció más del doble del promedio nacional sumando 2.3 millones de negocios; de éstos, un millón son de mexicanos, quienes en el periodo considerado crecieron casi 48 por ciento.

El poder adquisitivo de la población hispana representaba ya en 2010 un trillón de dólares y se estima que en 2015 será de 1.5 trillones de dólares, lo que significa el mayor crecimiento que cualquier otro grupo poblacional. Esta cantidad equivale al PIB de España, que es de 1.47 trillones de dólares y es 30 por ciento superior al de México, que es de 1.15 trillones de dólares, según la Organización de las Naciones Unidas. Asimismo, equivale a más de cuatro veces la deuda externa de México, al cierre del 2012.

En 2007 estos negocios generaron ventas por más de 345 billones de dólares, 55 por ciento más que con respecto a 2002; y el número de negocios hispanos con más de un millón de dólares de facturación creció, en sólo cinco años, 52 por ciento. Los negocios de la comunidad mexicana crecen incluso más y más rápido: ellos tuvieron ventas por 155 miles de millones de dólares, incrementándose 61 por ciento entre 2002 y 2007.[14]

En cuanto a su ubicación geográfica, 373 mil negocios del millón de negocios mexicanos están en California y 343 mil en Texas,

---

14. United States Department of Commerce. Census Bureau. Survey of Business Owners: Hispanic-owned businesses: 2007.

lo que significa que en dos estados se concentra mas de 70 por ciento del total.

El avance es notable. Hoy en día, 60 de cada 100 negocios en El Paso, Texas, son de hispanos. Casi 40 de cada 100 en San Antonio, 21 de cada 100 en Los Ángeles, California, y 23 de cada 100 negocios en Albuquerque, Nuevo México, tienen esta característica. A la fecha, cerca de 2 000 negocios propiedad de hispanos tienen más de cien empleados.

Los empresarios enfatizan algunas de las diferencias más significativas para hacer negocios en México y emprender en Estados Unidos.[15] Eduardo Bravo, presidente de la Asociación de Empresarios Mexicanos en Estados Unidos, lo expresa de la siguiente manera:

> Si tú quieres llegar a hacer negocios en este país, como le hacemos en México, estás perdido. La gente llega puntual, no hay sobremesa. No porque una gente en México sea muy exitosa va a ser exitosa aquí. Aquí hay un orden, todo es por escrito, hay culturalmente un cambio enorme en el modo de hacer negocios. Debes tener calidad. Si dices a las dos de la tarde, hay que estar a las dos de la tarde. Todos creen en los contratos y por eso gastan lo que se puede en abogados, se firman cosas y no se vuelven a preocupar. Aquí sí tienes certidumbre: aquí es institucional.

En el mismo sentido opina Salvador Pedroza, líder de la Cámara de Comercio de la Villita en la ciudad de Chicago:

> En Estados Unidos se aplican las reglas y se respetan. Hay muchas facilidades aquí para iniciar tu propio negocio. Existen préstamos diferentes, pero aquí si haces las cosas como deben ser, con organización y cumpliendo las reglas, hay muchas oportunidades.

---

15. Según un conjunto de indicadores que recaba y sistematiza el Instituto Mexicano para la Competitividad, es mucho más difícil hacer negocios en México que en Estados Unidos. El índice de corrupción en México es más del doble de grave que en Estados Unidos; el índice de protección a acreedores en Estados Unidos es casi el triple que el de México; Estados Unidos es clasificado el país más óptimo para competir, mientras que México está apenas a la mitad. Algo equivalente ocurre con el índice de transparencia y regulación de la propiedad privada y, finalmente, a pesar de los esfuerzos recientes de los organismos reguladores mexicanos, en México el tiempo para abrir una empresa es 30 por ciento mayor que el que se requiere en Estados Unidos.

La misma opinión comparte Alejandro Quiroz, destacado empresario de San Antonio: "Aquí en Estados Unidos hay un orden, todo es por escrito, es una cultura de hacer negocios diferente, somos vecinos pero no solamente hablamos un idioma distinto, vivimos una cultura distinta y hay que entenderla."

Las grandes empresas mexicanas también lo están haciendo muy bien en Estados Unidos. Sólo por mencionar algunas, Grupo Bimbo representa casi la tercera parte del mercado de pan en Estados Unidos. Marcas muy reconocidas de leche estadounidense son propiedad del Grupo Lala de la Comarca Lagunera. Grupo ALFA tiene una presencia creciente en Estados Unidos y GRUMA es el proveedor más grande de tortillas de maíz y de harina. Cemex, la compañía cementera mexicana, es la proveedora de cemento más importante en Estados Unidos. Andrew Selee, académico y Vicepresidente del Instituto Woodrow Wilson, apunta al respecto: "El nuevo debate va a ser sobre las empresas mexicanas que llegan a invertir en Estados Unidos y hablan de tú a tú. Llegan a Estados Unidos por el buen mercado. Saben moverse y están comprando. Algunas de ellas ya tienen la tercera parte del mercado aquí en Estados Unidos."

En Estados Unidos, la comunidad hispana en general y en particular la mexicana, participa de manera activa en la instalación y el desarrollo de negocios propios. Éste es quizá el indicador más claro de la emergencia de una nueva clase de inmigrantes mexicanos. Dicha comunidad ha evolucionado de participar en nichos de mercado laboral de baja calificación, a hacer de ello un mercado de negocios, una plataforma de desarrollo. Después de trabajar un tiempo en estos empleos en condiciones adversas, ellos mismos se preguntan: "¿por qué no soy mi propio patrón?"

La nostalgia del sabor de casa y los mexicanos restauranteros

Los inmigrantes mexicanos han incursionado en negocios de todo tipo, partiendo de su propia experiencia migratoria, de sus antecedentes e identidad cultural en México como plataforma de desarrollo en Estados Unidos, con las reglas y prácticas que tiene ese país. Los testimonios que presento a continuación dan cuenta fehaciente de ello.

Carlos Gaytán, dueño del restaurante Mexique en Chicago, Illinois y chef galardonado con una estrella Michelin, platica cómo inició su restaurante:

> Llegué a Estados Unidos directo a una cocina porque quería aprender y me ponían a hacer lo que a los demás no les gustaba. Hasta que años más tarde abrí Mexique y en los primeros meses nos pusieron dentro de los mejores restaurantes de Chicago. Cuando la economía se estrelló en Estados Unidos yo no sabía qué hacer, si cerrar o no. Hice una oración con mi esposa y al otro día me llamaron para avisarme que me habían dado una estrella Michelin… Tengo que defender mi estrella todos los días y lo que más me gusta es cocinar y hacer a la gente feliz.

Romualdo Camarena, otro restaurantero, comenta:

> Mi primer trabajo fue en una empacadora y el fin de semana trabajaba en un restaurante, donde me hice amigo del cocinero y le dije que pusiéramos un negocio juntos… ya llevo cuarenta años en esta sociedad, tengo seis restaurantes, una panadería, un salón de eventos y 220 empleados.

Luis Perea, quien también trabaja en el giro de los restaurantes en la ciudad de Chicago, comparte su historia:

> Este país nos ha acogido, la ciudad de Chicago nos ha brindado muchísimas cosas que en México hubiera sido más difícil obtener. Sirvo muchos banquetes para anglosajones, es decir, mi clientela no solamente es mexicana.

El potencial gerencial de los mexicanos

Patricia Pliego, presidenta de TEE Alamo Travel Group, es un buen ejemplo de la importancia económica de los mexicanos en Estados Unidos. A continuación, parte de lo que me comentó:

> Nunca encontré algo mejor que mandar. Me encantaba ver los resultados. Y es increíble cuando alguien decide ser líder, inmedia-

tamente te siguen. Trabajando en una forma muy natural y simple encajé muy bien como gerente. Y me encantó la idea, porque al gerente le escuchan las ideas, el gerente tiene voz y voto y nunca me gustó ser empleada… Somos una flecha que nadie puede detener. En este país cuando se ve el trabajo duro y el talento, causa admiración y te quieren ayudar. Los empresarios mexicanos que venimos tenemos unas agallas que son increíbles. Heredé el espíritu empresarial de mi padre y mi abuelo. Me preparé y me encantaba ver resultados. Tuve fracasos y sin embargo no tenía pavor ni miedo, empecé otra compañía y me dediqué a ser contratista del Departamento Federal y de las Bases Áreas aquí en Estados Unidos. Trabajo muy fuerte con nuestra comunidad aquí en San Antonio, por eso no me volví a casar. El hombre te toma tiempo, te saca oxígeno, requiere de todo. Nuestra fuerza es la necesidad de sacar a nuestros hijos adelante.

A partir de sus recursos, conocimientos, habilidades y experiencia, cada uno de ellos supo aprovechar una oportunidad excepcional. Eso es lo que los hace extraordinarios: sin recursos externos, mayor educación formal o subsidios, supieron aprovechar el entorno para ser exitosos. Juan Manuel Fernández, constructor de casas verdes en el centro de San Antonio cuenta parte de su historia: "Aquí te tienes que enfocar en algo y lo mío es la remodelación de casas históricas… aquí tienes que ser muy especializado en tu segmento."

A esta estructuración de oportunidades de trabajo habría que añadir el papel de las redes familiares y sociales. Es común que, por ejemplo, cuando el dueño del restaurante necesita de un empleado en la cocina que pueda trabajar a altas horas de la noche, le pregunte a uno de sus empleados mexicanos si no tiene un familiar o amigo que quiera desempeñar el trabajo.

Justo así es la historia de Polo Becerra, quien fue al encuentro de un primo buscando el sueño americano y sentado en uno de sus restaurantes en Houston, donde la clientela ocupaba todas las mesas, escuchó por vez primera lo que significa un "cero, cero, cero":

Nosotros somos los "cero, cero, cero", porque llegamos con cero inglés, cero papeles y cero dinero. Empecé lavando platos en un restaurante y ahora soy dueño de ese lugar y de otros dos restaurantes… Apenas con 100 dólares en mi cuenta de ahorro, fui al banco y el empleado que me conocía y sabía de mi esfuerzo, me advirtió que al darme ese préstamo su trabajo estaba en riesgo, que debía pagarle todo. Fue así como compré el primer diez por ciento de las acciones del restaurante, y también cumplí mi palabra y pagué hasta el último centavo. Porque si no tienes historia, no eres nadie, eres una persona más en el mundo y de esas ya hay millones.

Aportando a Estados Unidos

En algunos casos, los negocios de los mexicanos han transformado las costumbres y los hábitos en Estados Unidos. Tal es el caso de la tortilla de maíz que originalmente no se comercializaba en Estados Unidos y sólo se comía en hogares de inmigrantes. En muy poco tiempo la tortilla ha comenzado a consumirse en muchos hogares de origen no mexicano. Así me lo transmitió Víctor Varela, productor de tortillas y alimentos, de la empresa Guerrero, en Las Vegas, Nevada:

> La tortilla ya está en la dieta de los americanos que la comen una o dos veces por semana, de los orientales, los afroamericanos, todo mundo come ya tortilla, ya no es un producto exclusivo de los mexicanos. Hace años no sabían lo que era una tortilla. Hace 25 años aquí en Las Vegas no había nada, empezamos desde abajo… Aquí todo se hace honestamente, derecho. En México hay mucho amiguismo y compadrazgo, mucha palanca, y si no las tienes no haces nada. Aquí la oportunidad es igual para un millonario que para un pobre. Si quieres sobresalir lo puedes hacer. En México, si tienes te prestan, aquí si no tienes, entonces es cuando te prestan.

Otro producto típicamente mexicano que se ha ganado un lugar en el mercado de consumo estadounidense y que refleja el espíritu emprendedor y competitivo de los inmigrantes en el mercado estadounidense es el de la cerveza. Al respecto, Carlos Álvarez, impulsor y propietario de cervecerías artesanales, comenta:

> … mi empresa nunca fue un club mexicano de amigos, yo estaba buscando tener expertos en el área, gente con experiencia, con capacidad, con conocimiento y que se moviera más como pez en el

agua. Ese fue un acierto, buscar gente que supiera mucho más que yo, que me pudiera enseñar y que pudiera poner en práctica algo mucho más rápido de lo que yo pudiese haber hecho...

Otro ejemplo sobre la actitud emprendedora y de esfuerzo de los mexicanos en Estados Unidos es la de Samuel Magaña, empresario y productor, en la ciudad de Los Ángeles, quien afirma:

> Empecé haciendo tortillas y las entregaba... El negocio fue creciendo con el apoyo de mi esposa y de mis hijas. Hoy vendemos tortillas en cuatro o cinco estados aquí en Estados Unidos, además le vendemos a Hawái y a Japón... Yo me dediqué a trabajar día y noche, sábado y domingo, por eso siento que una persona que se dedica a trabajar y no tiene vicios sí puede superarse... Siempre he creído que si uno se lo propone, puede hacer lo que hace cualquiera o más, y ya es cuestión de uno mismo y el ser mexicano no te limita.

Un empresario comenzó cuando observó que con la crisis financiera mucha gente abandonaba sus casas. Logró comprar una casa muy modesta con una hipoteca. Entre él, con sus habilidades manuales, y su esposa, con habilidades de decoración, la arreglaron y la vendieron. Con el tiempo crearon un enorme negocio de bienes raíces. Otro mexicano convirtió su afición a la música en un mariachi formal. Otro más comenzó con un "puestito" de comida en las tardes y ahora tiene una cadena de supermercados. Lo que estas historias cuentan es que "es posible". Aún reconociendo que se trata de casos aislados, relativamente excepcionales. No podemos, por ello, dejar de reconocerlos y valorarlos.

En muchos casos su audacia parece no tener límites, el restaurantero Javier Barajas es un ejemplo de ello.

> Empecé a trabajar lavando platos. Ahí fue cuando me di cuenta de que yo sabía cocinar, porque en Tacámbaro, Michoacán, aprendí y aunque era un restaurante mexicano su comida no era mexicana y la decoración tampoco... Pasaron catorce años, hasta que llegué a ser el chef del restaurante. Me independicé y encontré un lugar donde hoy está Lindo Michoacán, pero nada más tenía cin-

co mesas. Ahí empecé a trabajar, yo tomaba la orden y le corría a cocinar: yo era el único, hoy soy dueño de cuatro restaurantes en Las Vegas. Ahora tengo cerca de 300 empleados. A mi restaurante ha venido gente muy famosa como Hillary Clinton. Lindo Michoacán vino a enseñarle no sólo a Las Vegas, sino a todo Estados Unidos, qué es la comida mexicana.

Todos salen de México mirando al futuro con la esperanza de mejorar sus condiciones de vida, para ellos y sus familias. Se resisten a creer que porque nacieron pobres deben vivir y morir en esas mismas circunstancias y creen que eso es más posible en Estados Unidos que en México. La realidad y sus propias experiencias les otorgan la razón.

Ha llegado el momento de reconocerlo, aunque ello implique que también debamos reconocer que México no les ofreció suficientes oportunidades. Basta escuchar sus testimonios para entenderlo, como el que compartió conmigo Salvador Pedroza:

> Llegando a Chicago trabajé en un restaurante de lavaplatos. Mis primeras semanas fueron de 76 horas. Años más tarde formé mi propio negocio en la construcción… Lo que gané en un mes fue 100 o 200 veces más que cuando lavaba platos. Llegué en el 74 y fundé mi compañía en el 88. O sea, toma tiempo.

Muchos de los migrantes mexicanos propietarios de negocios han iniciado sus empresas como empleados. Como producto de su esfuerzo, trabajo y aprendizaje. Una vez que conocen el negocio, enmarcados en un sistema que abre las puertas al espíritu emprendedor, que los estimula, que cree en ellos, que les otorga créditos y en el cual los trámites para iniciar un negocio son accesibles, han logrado pasar de empleados a propietarios. Los negocios hispanos son los que más han crecido en la última década. Recuerdo una parte del relato del restaurantero Leopoldo Becerra:

> Aquí te cortan por la misma tijera, aquí no se nota quién es rico y quién es pobre, porque todos pueden entrar y vestirse bien y entrar al mejor lugar en Estados Unidos y te dan tu respeto, tu lugar. Nunca me han discriminado. En Estados Unidos respetan

mucho a la gente que trabaja; yo siempre iba vestido de cocinero, siempre hasta sacar mi licencia. Lo que más disfruto es ver a los muchachos contentos, a los trabajadores contentos, que carguen su dinero.

O como lo indica Manuel Madrigal Luna, dueño de diferentes compañías en servicios de construcción en Las Vegas, Nevada:

En 1979, el patrón con el que duré veinte años trabajando en la construcción me mandó aquí a Las Vegas, a trabajar en una compañía que él había fundado un año antes. Eran dieciséis empleados, diez años después dejé la compañía con 150 empleados. Después de diez años me cansé de ser trabajador. Al venir para acá, viene uno con el sueño de crecer, de quitarse un poco las necesidades que se tienen en el país de cada quien, y tuvimos suerte… En 1988 comencé la compañía Lunas. Cuando iniciamos la compañía, comencé con el pico y la pala. Mis dos hijos, mi esposa, tres empleados y a trabajar, como cualquier otra persona, no como patrones, sino como trabajadores.

El ingenio mexicano llevado al máximo con un esquema de incentivos distinto

La comparación con lo que ellos mismos hubieran hecho en México es inevitable. Al respecto, los datos que reporta el Instituto Mexicano de la Competitividad dan cuenta de las brechas entre México y nuestro vecino del norte en materia de incentivos para emprender.

En México, la independencia del poder judicial es casi la mitad de la que gozan los estadounidenses, y la protección a los acreedores es más del doble en Estados Unidos que en nuestro país. Se percibe el doble de corrupción en México y tenemos el triple de economía informal.

Valdría la pena destacar que en Estados Unidos la flexibilidad de las leyes laborales, la facilidad para abrir una empresa, así como los índices de libertad para competir son por mucho más efectivos y eficientes que en México. De manera concreta, el tiempo en horas para calcular y pagar impuestos en México suma 347 horas; mientras que en Estados Unidos reportan 187. Estos son algunos comparativos que destaca el Instituto Mexicano de la Competitividad.

Una y otra vez escuché de los inmigrantes estas reflexiones y realidades que enfrentan y coinciden entre ellos. Salvador Pedroza, líder de la Cámara de Comercio de la Villita en la ciudad de Chicago comenta:

> Hay muchas facilidades para iniciar tu propio negocio. Existen préstamos diferentes, e incluso hay oportunidades de hacerlo sin documentos. Nada más sacas tu número que le llaman ITIN (Individual Tax Identification Number), un número de impuestos y abres tu negocio. El crédito y el impulso que el gobierno estadounidense da para pequeños negocios es determinante.

En esa misma lógica, Leopoldo Becerra, propietario de la cadena de restaurantes Post Oak Grill en Houston, Texas, opina: "Existe un programa que se llama Small Business Administration, que ayuda a los pequeños empresarios, que van comenzando con créditos y para obtenerlos el trámite muy sencillo. Es una de las mejores formas para iniciar un negocio."

Estas facilidades, como lo mencionaron varios de los entrevistados, en ocasiones son independientes del estatus migratorio. Es decir, aún siendo indocumentado hay facilidades para abrir negocios. Esto muestra que el discurso antiinmigrante indocumentado y la realidad cotidiana no concuerdan en el mismo seno de la sociedad estadounidense. Así piensa Nicolás Aguilar, comerciante de productos mexicanos: "A pesar de que soy indocumentado, yo le doy trabajo a trece personas y pago mis impuestos personales y de mis negocios, hasta que no cambien la ley es que yo podré arreglar mis papeles, pero aun así, eso para mí no ha sido obstáculo."

Varios de los empresarios insisten en que les hubiera costado mucho trabajo formar su negocio en México, porque allá se ocupa capital y en Estados Unidos dicen haber iniciado sus negocios sin ningún capital inicial. Así lo refleja Alfredo Martínez, propietario de restaurantes de comida mexicana en Las Vegas: "En México la gente no está acostumbrada al crédito. Imagino que el 95 por ciento es dueño de sus cosas y el resto trabaja con crédito. Aquí es al revés, 95 por ciento a crédito."

O José Manuel, "Kino", Arteaga, empresario en bienes raíces: "Si no me hubieran dado crédito, yo no estaría recibiendo rentas, yo no estaría moviendo el dinero y ganándomelo. Esta es la cultura del crédito."

Los migrantes invirtiendo en su lugar de origen: una oportunidad desperdiciada

Algunos de los migrantes mexicanos que entrevisté mostraron su deseo de reinvertir sus ganancias en sus lugares de origen. Algunos de ellos ya lo habían hecho, pero otros, principalmente por falta de información, no habían invertido. Incluso aquellos que ya habían invertido dicen que, de tener las reglas más claras, lo harían en mayor magnitud y en un escenario de mayor certeza. Es claro que los incentivos y desafíos son hasta ahora muy diferentes. Emilio España, empresario de origen mexicano en San Antonio, insiste en que:

> Está bien que haya para infraestructura, pero lo más importante es que se cree una red para que haya negocios. Como están las cosas ahorita, pienso que México tiene una oportunidad de oro. Yo lo veo en la Asociación de Empresarios Mexicanos, la cantidad de gente que se nos acerca queriendo invertir en México.

Otros inmigrantes empresarios opinan de manera similar y señalan limitaciones en México. Esto es lo que me dijo Raúl Murillo, Director de Hermandad Mexicana:

> La gran parte de quienes hemos tenido éxito, queremos regresar y hacer negocios en México. Queremos invertir, sin embargo, no sabemos ni cómo ni con quiénes, nos faltan puentes, necesitamos programas de inversión a nivel personal.

O Vicente Ortiz, dueño de la cadena de Restaurantes Don Chente, en Los Ángeles: "Hay mucho dinero aquí, que en condiciones de confianza sí puede ir a México. Sin embargo, tenemos un grave problema en las regulaciones que fastidian todo."

Y Gabriela Teissier, comunicadora de la cadena Univisión:

> Muchos de los empresarios de origen mexicano no regresarán a vivir a México, pero siento que lo verían como una oportunidad de inversión, una oportunidad académica y, sin duda, también de retiro. Si hacemos visible esta agenda de prosperidad, entonces estaremos en condiciones de construir puentes que promuevan la generación de riqueza.

José Luis Solórzano, empresario en la industria del calzado, opina:

> Platico con muchísima gente, y la mayor parte de gente dice: "es que yo me quisiera regresar a hacer un negocio, es que quiero ir a pasar mis últimos días allá, es que quisiera invertir pero me da miedo." Y la idea es que el Gobierno nos pusiera un poquito más atención a los que estamos acá, no necesariamente con apoyos, sino dando un poquito de confianza.

No sólo se trata de negocios de nostalgia o "mexicanos". Entre las iniciativas empresariales de mexicanos en Estados Unidos encontramos inmobiliarias, empresas de jardinería, de construcción, restaurantes, centros de investigación científica, entre otros.

Por ejemplo, Bernardino Bautista comenzó como jardinero sólo hablando otomí. Ya en Estados Unidos tuvo que aprender simultáneamente inglés y español; ahora cuenta con su compañía para llevar a cabo servicios de jardinería en Las Vegas:

> Empecé trabajando en los jardines como le decimos "de pico y pala", pero yo les decía a mis amigos: "Yo no nací para trabajar 'pico y pala', yo voy a ser jefe." Ellos no entendían por qué decía eso. Hice tres veces el examen para poder sacar mi licencia y así poder empezar con mi propio negocio de jardines… La comunidad mexicana tiene que estar unida, trabajar junta y ayudarse los unos a los otros.

Lograrlo no ha sido fácil. Sin embargo, el talento y, en este caso, la persistencia y el compromiso con los poblanos ha sido determinante. Convertirse en empresario exitoso tampoco es un factor que se oponga a la vinculación con México o al compromiso social con sus comunidades. Es así como el señor Jaime Lucero, fundador de Casa Puebla en la ciudad de Nueva York, puede contar su historia.

Estuve trabajando como empleado con mi hermano Julio. Pudimos comprar una camioneta usada para transportar mercancías. Ya por ahí de 1985 teníamos más camionetas y fundamos nuestra distribuidora de Ropa Azteca Enterprises. Ya en año 2002 nuestra empresa tenía 25 camiones, y era toda una flotilla y distribuíamos a 47 tiendas, incluyendo las famosas marcas como Saks Fifth Avenue y JC Penney. En el año de 1993, decidí formar Gold and Silver Inc., una compañía puente entre la industria manufacturera y las tiendas, dedicada a reparar, limpiar y coser los últimos detalles antes de que la ropa sea puesta en vitrina. Nada más en New Jersey, la empresa tiene 250 empleados. Pero mi orgullo mayor es el trabajo con la comunidad. Casa Puebla va a cumplir 35 años y es lo que más me enorgullece. Fuimos veinte fundadores y hoy somos miles preocupados por nuestra comunidad. Ahí aprendimos a creer en nosotros mismos, a crear nuestras oportunidades, a ser constantes e insistentes.

La expansión de los negocios mexicanos en Estados Unidos.

Por último, entre muchas estadísticas que muestran el potencial de los hispanos y de la comunidad mexicana en los negocios de Estados Unidos, es importante señalar que no se trata solamente de negocios familiares pequeños. Cerca de 2 000 negocios, propiedad de hispanos, tienen más de cien empleados.

Un ejemplo es el de Antonio Díaz de León, hoy propietario de una de las empresas multinivel más importante, quien muestra que existen oportunidades de negocio donde pueden participar todos, que podemos encontrar ejemplos prácticamente sin límite alguno. En la entrevista que sostuvimos con su esposa Armida, con quien Antonio ha desarrollado sus negocios en Estados Unidos, compartieron lo siguiente:

A mis 50 años de edad, me quedé sin trabajo, no sabía qué hacer y tuve una idea... Me vine a Estados Unidos en el 2003 y trabajé todos los pueblos de California, la zona de Chicago, toda la zona de Nueva York, todo lo recorrí… hoy mi producto llega a todo el mundo con ventas que jamás imaginé. Vendemos en África, Inglaterra, América Latina, México y Estados Unidos. Nuestra empresa da mucho dinero, nuestros líderes en ventas ganan hasta 100 mil dólares mensuales, actualmente hay más de 100 mil personas involucradas; es una gran satisfacción. Yo entiendo muy bien al hispano, entiendo a los afroamericanos y hemos logrado hermanarlos, y en nuestros eventos está la mitad de afroamericanos y la mitad de hispanos.

Los países de origen de los inmigrantes, en particular México, deberían realizar una reflexión más profunda de los emprendedores que se pierden por la vía de la emigración. Emilio España, en San Antonio, lo expresa con toda claridad:

Los mismos migrantes me dicen, "es que ya junté ahí 100 mil dólares, quiero poner un salón de baile en mi pueblo, ¿cómo le hago?" Es muy importante la cantidad de gente que me pide esto, mucho más de aquí para allá, que de México para acá.

Muchos de ellos, con otro sistema de negocios y más facilidades, similares a las que obtienen en Estados Unidos, podrían retener y desarrollar a sus emigrantes. Incluso, una vez que se han ido, su vinculación, identidad y amor por México podría ser aprovechada para impulsar esos negocios en un esquema binacional. Existe un espacio de oportunidades no aprovechado cabalmente por los países de origen de los inmigrantes, y es evidente la falta de puentes que los comuniquen con sus países desde la perspectiva de los negocios.

Bernardino Bautista y la empresaria Sonia Rubio señalan las limitaciones de la propia comunidad:

Cuando trabajas con gente de tu mismo pueblo, hay mucha discriminación, te discrimina más tu propia gente que los blancos… Es muy difícil; hay muchos celos entre nosotros, ojalá que nuestros hijos se eduquen mejor, que no haya esa envidia o ese egoísmo. Desgraciadamente no somos una raza que nos apoyemos suficientemente entre nosotros, muchos piensan: "ándale, para que sepas lo que se siente empezar desde abajo, para que tenga chiste."

En vez de decir: "Mira, yo ya caminé ese camino, camina mejor por acá, aquí ya no te va a costar tanto trabajo."

Otros, como el zapatero José Luis Solórzano, fabrican sus productos en México, con un muy fuerte compromiso social con sus comunidades y los distribuyen y venden en Estados Unidos. A continuación parte de su testimonio:

Con el tiempo sentí que tenía un compromiso con la gente de mi comunidad. Llevamos gente de León a enseñarles el negocio. Los resultados son muy buenos. Hemos tenido muchas altas y bajas, pero gracias a Dios seguimos con la mentalidad de mantener todos esos empleos en México. Andrea (empresa multinivel de venta de zapatos por catálogo) es cliente de nosotros, de nuestras bodegas le surtimos, le fabricamos también. En este nuevo proyecto donde, primeramente Dios, serán mil empleos, Andrea ya se comprometió también a apoyarnos en comprar lo que se va a fabricar.

Una clase trabajadora y necesaria

Cuando los contratan les dicen: "¿Eres mexicano? Porque esos son muy buenos." Los inmigrantes comienzan con el empleo que hay y dedican todas sus fuerzas a generar recursos para enviar dinero a sus familias en nuestro país. Las remesas que envían a México suman anualmente más de 20 mil millones de dólares. De no haber existido esta fuente de ingresos para millones de familias mexicanas (o si los migrantes se hubieran quedado sin mejorar su situación en México), hoy tendríamos, de manera directa, sin imputación alguna, cerca de 5.4 millones más de pobres y siete millones más de desempleados. Su contribución al desarrollo de México y a la preservación de la paz social en nuestro país es invaluable.[16]

Todavía existen amplios sectores de la sociedad estadounidense que los perciben como un costo y no como un beneficio. Sin embargo, en aquellos que han tenido, y tienen, contacto con los paisanos hay un amplio reconocimiento a la capacidad de trabajo y compromiso de los inmigrantes mexicanos.

Al respecto, José Luis Gutiérrez, líder comunitario en Chicago, compartió su experiencia: "Trabajé los siete días de la semana durante siete años. No hubo un sólo día de descanso, no me di ese lujo, un poco por autodisciplina, un poco por compromiso y un poco porque tenía que hacerlo para poder cumplir con las metas que tenía."

La comunidad se reconoce en este valor del trabajo, sabe que responden con inteligencia e iniciativa. Sabe también lo que se dice de ellos, que el inmigrante mexicano no se cansa, no requiere tregua, y es impresionante verlos trabajar tan duro. Algunos afirman que "en vez de 40 horas, trabajamos 120 horas a la semana, los siete días".

Quienes aportaron sus historias para este libro coinciden en que vives en Estados Unidos para trabajar. Saben que cuando no hay trabajo no hay dinero. Afirman con orgullo: "Somos los mejores trabajadores, llegamos aquí con las manos vacías y no hay nadie que trabaje más duro que la comunidad inmigrante con un deseo de superarse." Y ese esfuerzo deja frutos. El ingreso per cápita de los hispanos es más

---

16. En México hay cerca de dos millones de hogares que dependen de las remesas. En Estados Unidos hay alrededor de 12 millones de mexicanos, de los cuales 7 millones están trabajando.

alto que el de cualquiera de los países del bloque llamado BRIC,[17] los hispanos con ingresos anuales mayores a 100 mil dólares crecieron en más de 70 por ciento, muy por encima del resto de las comunidades. Al respecto, el académico Robert Smith afirma:

> La imagen que tienen en el país [Estados Unidos] es una en la que los inmigrantes están aquí ocupando servicios, que no pagan impuestos o que quitan empleos. Esto no es cierto y la población no está viendo que en realidad están progresando. Es la misma historia que tuvimos hace cien años con los irlandeses, los italianos, los judíos. Tenemos que cambiar la imagen negativa de los inmigrantes.

En torno al mercado laboral se han construido muchos mitos. El más socorrido es que la mano de obra inmigrante le quita los empleos a los nativos o por lo menos los deteriora al bajar los salarios. En realidad, esta afirmación no es correcta y su pertinencia es por lo menos cuestionable en una economía abierta, de mercado, que es líder en el mundo globalizado y que se supone se rige por la ley de la oferta y la demanda.

No hay ninguna evidencia de este desplazamiento negativo de la mano de obra nativa. El gabinete económico del Presidente George Bush concluyó que los trabajadores inmigrantes eran necesarios para ocupar empleos que los "nativos no quieren". De hecho, ese factor está en los orígenes de los flujos migratorios de mexicanos. Empresarios estadounidenses fueron a "buscar" empleados a México porque no los encontraban en el mercado nativo.

Los inmigrantes, en particular los mexicanos, ocupan empleos con condiciones de trabajo más adversas que los nativos y las convierten en fuentes de aprendizaje, agregando valor rápidamente. Su impacto en el mercado laboral es fundamental. Ocupan nichos específicos que para ellos han significado plataformas de desarrollo y competencia, y para la economía estadounidense de vitalidad.[18]

Gabriela Teissier, destacada comunicadora de la cadena Univisión, refiere:

---

17. Dicho bloque está constituido por Brasil, Rusia, India, China y Sudáfrica.
18. Durante el discurso oficial del Estado de la Unión del año 2005, pronunciado el 2 de febrero, el presidente George W. Bush declaró que: "… es tiempo de una política inmigratoria que permita trabajadores temporales para cubrir los empleos que los americanos no tomarán…"

Recientemente, los propietarios de grandes campos de recolección de fresa definieron al inmigrante mexicano de la siguiente manera: "el inmigrante mexicano no se cansa, no llora, no requiere tregua, es un intenso ejemplo de trabajo y dedicación. Además trabajan con más tranquilidad y con mayor precisión."

Hoy los mexicanos en Estados Unidos representan 36 por ciento de todos los empleados del sector agrícola, cerca de 12 por ciento en la construcción y 7 y 5 por ciento en transportación y servicios de mantenimiento, respectivamente.

A partir de la información anterior, es claro que no hay competencia entre nativos e inmigrantes mexicanos por algunos empleos; muchos de los nativos han abandonado los empleos de mayor esfuerzo físico, con condiciones climatológicas y de horario más difíciles.

Adicionalmente, cabe destacar que la tasa de desempleo de los inmigrantes mexicanos es inferior a 10 por ciento y que la participación como fuerza laboral es de 71 por ciento, superior a la de otros inmigrantes y a la de los propios nativos.

Mientras que menos de 6 por ciento de los nativos se dedica a la preparación o servicio de alimentos; ese es el caso para casi 12 por ciento de los inmigrantes mexicanos. Mientras que 3.6 por ciento de los nativos se dedica a la limpieza o el mantenimiento, cerca de 15 por ciento de los inmigrantes mexicanos lo hace. Por el contrario, mientras 26 por ciento de los nativos se dedica a ventas o labores de oficinas, ese es el caso para apenas 12 por ciento de los inmigrantes mexicanos. Es decir, los inmigrantes mexicanos ocupan empleos con condiciones de trabajo más adversas que los nativos.

Al respecto, entre otras reflexiones y propuestas, el ex secretario de Comercio en Estados Unidos, Carlos Gutiérrez insiste que:

En Estados Unidos no estamos reconociendo el valor de la inmigración en el trabajo. Un ejemplo es que hoy en día hacen falta enfermeras en Estados Unidos y la gran mayoría son de Filipinas. Por ejemplo, debería de existir un acuerdo bilateral entre México y Estados Unidos de formar un Instituto y asegurar que el plan de trabajo para una enfermera en México sea el mismo que en Estados Unidos, y necesitamos 50 mil de aquí al año 2020. Pueden venir como trabajadores temporales que estén cuatro años y que puedan aplicar para quedarse.

El experimentado Dr. Raúl Ramos, ampliamente reconocido en la comunidad mexicana en San Antonio, se suma al planteamiento de Carlos Gutiérrez, cuando afirma que:

> Las enfermeras de aquí son muy reconocidas y muy iguales al médico. Para nosotros tener una buena enfermera es oro molido. Entonces, si traemos a esas muchachas o muchachos y los formamos con un doctorado, una maestría y se regresan como maestras de otras enfermeras, podemos hacer algo para atender una oferta de empleos en Estados Unidos.

Debo resaltar que tanto los sucesos terroristas del 11 de septiembre del 2001, como la crisis económica y financiera más reciente en Estados Unidos, marcaron la vida laboral de millones de inmigrantes.

En la crisis de 2007-2009, en Estados Unidos se perdieron 5.3 por ciento de empleos. En ese contexto, tanto los hispanos como los asiáticos fueron los que salieron más rápidamente de la crisis.

Si México no existiese, o bien, si los seis millones de inmigrantes mexicanos indocumentados que trabajan actualmente en Estados Unidos se retiraran, no siempre habría seis millones de puestos de trabajo para los estadounidenses desempleados, dado que los trabajadores nativos poseen diferentes habilidades. No está por demás imaginar la pérdida de seis millones de consumidores. Los inmigrantes mexicanos ocupan empleos con condiciones de trabajo más adversas que los nativos.[19]

El ex congresista republicano James Kolbe opina directamente sobre la situación que enfrentan millones de inmigrantes y reconoce a la vez que, gracias a la inmigración, Estados Unidos es una potencia mundial: "Sabemos que esta gente viene y contribuye. Trabajan, pagan sus impuestos y en su mayoría no reciben los servicios que el resto de la ciudadanía recibe. No están calificados legalmente para recibir atención médica."

---

19. Según el estudio "Allies, not enemies: How latino inmigration boosts african american employment and wages" del Immigration Policy Center del American Immigration Council, publicada en junio de 2013, a partir de información censal estadounidense, se puede concluir que por cada incremento del uno por ciento de la población hispana en una comunidad, el salario promedio de los afroamericanos en esa misma comunidad crece un 3 por ciento.

Y los hechos dan la razón a Kolbe, pues los inmigrantes indocumentados que trabajan "en los libros", con documentos falsos, no son elegibles para ninguno de los beneficios federales o estatales que sus dólares de impuestos ayudan a financiar. Los inmigrantes indocumentados constituyen así una suerte de enorme subsidio a la Seguridad Social en particular.

En 2009, los salarios correspondientes a 7.7 millones de trabajadores no pudieron ser "empatados" con números de seguridad social. Algunos son errores de registro, pero la gran mayoría corresponde a trabajadores indocumentados. Ello significa que 11 mil millones de dólares fueron a dar a las arcas de la Seguridad Social y 2.6 mil millones de dólares a Medicare (servicios médicos de bajo costo que se financian con los impuestos de los trabajadores), sin que los indocumentados hayan recibido servicio o prestación alguna a cambio.

Es claro que los inmigrantes mexicanos lo único que requieren es la oportunidad de ser aceptados como las personas dignas y honestas que son. La siguiente frase del restaurantero Carlos Gaytán, que como muchos entró de indocumentado por Tijuana, muestra los prejuicios a los que se enfrentan comúnmente los mexicanos en Estados Unidos:

> Una vez me pidieron que hiciera una cena para la embajada de Francia, para 600 personas y cuando llegó el chef francés estaba sorprendido y enojado de que yo fuera el encargado del evento. Empezó a hacer llamadas para traer a su gente a cocinar y le dije que me dejara enseñarle lo que yo sabía hacer... Cuando terminamos, no podía dejar de abrazarme y me decía que era el mejor evento que había tenido y a la semana fue a buscarme para decirme que me quería en su equipo y me ofreció una posición más grande en su restaurante. Cuando me invitaron a ser maestro de una de las mejores universidades de cocina de Estados Unidos yo no lo podía creer, porque yo nunca fui a la escuela de cocina.

Ha llegado el momento de darle la vuelta a la página, para que la inmigración mexicana deje de ser vista negativamente como un costo. Así como ocurrió en algún momento de la historia estadounidense con otras migraciones masivas y con presencias locales muy fuertes, como la irlandesa o la italiana.

Educación: la apuesta del futuro

Lo más importante es avanzar en educación. Creo que si la comunidad inmigrante se enfocara en asegurarse que sus niños consigan la mejor educación, eso ayudaría mucho.

Julián Castro, alcalde de la ciudad de San Antonio, Texas

Se ha dicho con frecuencia que los inmigrantes mexicanos no están suficientemente educados y de ahí se tiende a concluir de manera rápida y simplista que no les interesa la educación. La conclusión es equivocada. Esconde una de las principales razones que motiva a los inmigrantes mexicanos a desplazarse a Estados Unidos, o bien a establecerse de manera definitiva en ese país: la educación de sus hijos. Más de doce millones de niños y jóvenes hijos de inmigrantes mexicanos están en edad de estudiar.

Esta vocación educativa pasa por el compromiso comunitario. El testimonio de Edmundo Escobedo, dueño del periódico *El Mundo* y líder de opinión en Las Vegas, es muy claro: "Cerca de veinte líderes se unieron aquí en Las Vegas para abrir negocios, promover la comunidad. Daban becas de mil o dos mil dólares que les cambiaron la vida a los estudiantes. Ahorita hay doctores, licenciados, ingenieros."

Raúl Rodríguez, ampliamente reconocido en la comunidad mexicana en San Antonio, comprometido con la comunidad mexicana y ex director mexicano del NADBANK, destaca: "El éxito de los mexicanos en Estados Unidos, contra todo, es la demostración de que si cambiamos las circunstancias del reconocimiento al trabajo, nuestra gente hace todo. Con la plataforma de producción en México el país cambia."

Los testimonios de mujeres, jóvenes, hombres de diferentes edades e historias, coinciden en que la educación hace la diferencia y, en gran medida, su sueño americano esta fincado justamente en lograr para sus hijos las oportunidades de educación que ellos no tuvieron. El diálogo que reproducimos a continuación y que nos fue transmitido por Raúl Rodríguez responde de manera contundente al rol que la educación juega en la formación de mexicanos en Estados Unidos. Este diálogo ocurrió entre Raúl Rodríguez, y un estudiante mexicano de Reynosa de una escuela *charter*,[20] en la ciudad de Brownsville, Texas.

—¿Y qué quieres estudiar?

—Voy a estudiar Relaciones Internacionales.

(No me decía quiero… me decía "voy")

—Voy a ser embajador de Estados Unidos.

—¡Ah qué bien! ¿Y a dónde quieres ir a estudiar?

—No estoy seguro, pero voy a ir a Harvard o a Georgetown.

—Oye, ¿ya te aceptaron?

—No, apenas estoy en las solicitudes.

—Bueno, ¿cómo estás tan seguro? No es fácil entrar.

—Pues, yo creo que sí me van aceptar. Estuve becado seis meses en Pekín, con otros 24 alumnos de todo Estados Unidos, de penúltimo año de prepa. Estuve estudiando el modelo de la relación bilateral China-Estados Unidos. Ya hablo bien el mandarín, hablo francés, español, inglés, mis calificaciones son buenas.

Y no me lo decía presumiendo, me lo decía de lo más modesto.

—Sí te van aceptar, le respondí. ¿Cuándo llegaste aquí?

—En quinto año de primaria.

—¿Y vas a Reynosa?

—Sí, ahí está parte de mi familia, vamos y venimos.

—¿Y qué están haciendo tus compañeros?

—Muchos, vendiendo drogas.

—¿Y qué estarías haciendo tú si estuvieras allá en Reynosa?

—Vendiendo drogas.

Muchos coinciden en que los jóvenes están viendo hacia el futuro y van a las universidades. No obstante, en ocasiones se tiene la percepción de que los mexicanos no poseen la misma capacidad para salir adelante y generalmente frente a estudiantes de origen mexicano destacados y que obtienen buenos resultados los comentarios suelen ser que "son diferentes, no parecen mexicanos".

---

20. *Charter school* es un modelo educativo de escuelas que reciben recursos económicos del Estado. Tienen absoluta libertad para la gestión administrativa y educativa de la escuela, incluso en cuanto a sus planes de estudio, pero asumen el compromiso de que sus estudiantes serán sometidos a las mismas evaluaciones que los alumnos de otros sistemas educativos. Muchos jóvenes de origen mexicano acuden a estas escuelas.

Las segundas y terceras generaciones han podido construir historias muy diferentes a las de sus padres y abuelos. En su gran mayoría participan en los negocios familiares, pero con grados académicos importantes y muchos de ellos egresados de prestigiosas universidades. Para quienes no han logrado regularizar su situación migratoria, los retos son aún mayores pero los enfrentan con una excepcional dignidad. El ejemplo de una estudiante de la Universidad de Georgetown, Citlalli Álvarez es revelador:

> Desde chiquita mis padres me dijeron: "No digas nada hasta que arreglemos tus papeles", y como nunca los arreglamos llegué a *high school* y me dijeron: "Pues vas a tener que ser la mejor porque tienes que llegar a la universidad." También me emocionó cuando escuché a mi madre decir: "Aunque estés al mismo nivel de los americanos, tienes que ser mejor, excepcional, para que te digan, bueno ok, ya te vamos a considerar con este grupo de niños que 'son más inteligentes, más americanos', ellos piensan así, aunque yo no estoy de acuerdo, pero si quieres una beca tienes que ser la mejor de la clase."

Para muchos inmigrantes exitosos, el impacto de sus padres para llevarlos a la educación formal fue fundamental. La confianza y el amor que les inculcaron cuando eran niños formaron a personas libres, llenas de fe, que les enseñaron como pilares de su vida los valores del respeto a nuestra cultura, a nuestra historia, a nuestro idioma, a que nunca se olvidaran que son mexicanos.

Muchos de los padres de familia han vivido situaciones muy complicadas por sacar a sus familias adelante, desde ganar muy poco dinero y buscar la manera de darles educación y sustento. El ejemplo de los padres de José Hernández, astronauta mexicano de la NASA, ilustra muy bien este hecho:

> Los padres tienen el poder de cambiar el futuro de los hijos. Siendo niño y después de una larga jornada de trabajo en el campo con mis hermanos, mi padre exclamó: "Yo no los voy a forzar a ir a la escuela, si quieren ir lo pueden hacer y si no quieren ir, también. Ahora están viendo su futuro, si no van a la escuela su futuro será piscar en el campo."

[…] "Papi, ya sé qué quiero ser cuando sea grande" y le dije "quiero ser astronauta." Y se me quedó viendo y me dijo: "Yo creo que sí la puedes hacer hijo, pero necesitas seguir una receta de cinco ingredientes y si lo haces, lo vas a lograr:

1. Tienes que definir qué es lo que quieres ser cuando seas grande… Yo respondí astronauta.
2. Tienes que reconocer qué tan lejos estás de esa meta… Y me quedé pensando y le dije, "Muy lejos. Soy hijo de campesino, más lejos no puedo estar", y él se sonrió, "qué bien que lo reconoces", me dijo.
3. Tienes que dibujar un mapa de dónde estás, hasta dónde sabes, a dónde tienes que llegar y estoy aquí para decirte que vas a tener la tentación de brincarte escalones y tal vez llegues, pero no estarás muy preparado.
4. Necesitas prepararte con buena educación, y ya lo estás haciendo.
5. El mismo esfuerzo y ética que tienes en el campo hazlo en la escuela, siempre entrega más de lo que te piden.

"Si tú mezclas todo esto, yo te prometo que lo vas a lograr." Yo recuerdo cuando mi padre dijo eso, yo creo mucho en la habilidad de empoderar a los hijos, cuando doy pláticas o conferencias, menciono el ejemplo de mis padres que, contando sólo con una educación de tercero de primaria, dieron algo más valioso: que sus hijos puedan creer en sí mismos. Yo agrego a la receta de mi padre un sexto ingrediente, la perseverancia, porque nuestros propios enemigos somos nosotros mismos; a veces le sacamos y no le entramos a los problemas. La NASA me aceptó hasta la doceava vez que hice mi solicitud.

Es una gran labor la que efectúan los líderes comunitarios que se encargan de motivar y hablar con los padres de familia, para cambiar la mentalidad y realidad de sus hijos, para que no repitan la historia de sus padres y estén mejor preparados y puedan obtener estudios y mejores puestos laborales.

Muchos de ellos complementan su formación en las llamadas plazas comunitarias, que apoyan a miles de inmigrantes en su preparación académica. Desde la SEP tuve la oportunidad de conocer e impulsar centros comunitarios de aprendizaje en diversas localidades de Estados Unidos. Su labor cotidiana incluye desde la enseñanza de español, hasta los estudios básicos en materia de inglés, así como la alfabetización y la capacitación en materia de leyes y reglamentos que son indispensables para poder integrarse a la vida en Estados Unidos y tener un mejor desarrollo. De manera notable, hay plazas comunitarias[21] que van más allá, que gradúan enfermeras y profesionistas de diversas especialidades.

Desde las diferentes organizaciones como Mixteca, Mano a Mano, Alivio Medical Center, que han apoyado en educación, salud y con becas a un sinnúmero de estudiantes, hasta el respaldo a los padres de familia para que puedan interactuar con sus hijos, los ejemplos son inspiradores y dan cuenta de que la educación es la prioridad para la gran mayoría de las familias.

Sólo con mejor y más altos niveles educativos se explican trayectorias como las de Laura Murillo, Bernardino Bautista, el Dr. Alfredo Quiñones o el científico Raúl Bastarrechea. Incluso, hay modelos educativos propios, con calidad educativa, que han demostrado ser especialmente eficientes y exitosos para la comunidad de origen mexicano. Un ejemplo es el de Juan Rangel, presidente de la Institución Educativa Uno, quien con pasión y entrega ha innovado y creado un modelo educativo de escuela pública de la más alta calidad en Chicago. Él comenta lo siguiente:

> Yo creo que los padres quieren que sus hijos aprendan inglés bien y rápido, porque ellos saben que para tener éxito aquí necesitan un buen inglés. En la Organización Uno nos dedicamos a la educación como base y siempre hemos empujado reformas educativas: con nuestra propia escuela autónoma, escuelas públicas financiadas por el gobierno, autorizadas por la Junta de Educación. La diferencia es que nos dan el permiso a nosotros para manejar esas escuelas y con el permiso viene el dinero para educar a cada niño y en vez de que el sistema utilice el dinero y contrate a los

---

21. Espacios educativos apoyados por el gobierno mexicano adonde acuden los mexicanos en Estados Unidos. Actualmente existen alrededor de cuatrocientos. Durante mi gestión como Secretaria de Educación Pública se dio gran impulso a estos espacios, negociando con las autoridades educativas de los condados en Estados Unidos para que respaldaran esta iniciativa y ampliaran la disponibilidad de materiales educativos para estos centros de formación. El potencial de estas plazas para coadyuvar en los procesos de superación e integración en Estados Unidos es aún muy grande.

maestros, nos da el dinero a nosotros, nos da el contrato. Hace quince años empezamos con nuestra primera escuela, hoy tenemos más de quince escuelas funcionando con más de seis mil quinientos niños. Si les dan escuela de calidad a los hijos de nuestros inmigrantes, las familias van a lograr sus sueños.

Ciertamente muchos de los inmigrantes mexicanos llegaron con bajos niveles educativos y su incorporación inmediata al mercado laboral no les permitió asistir a la escuela y revertir esos indicadores; apenas 10 por ciento de inmigrantes mexicanos de más de 25 años tienen licenciatura, mientras que es el caso para 13 por ciento de los hispanos. Sin embargo, buscan para sus hijos el acceso a la escuela.

En 1970, el porcentaje de niños en edad escolar que eran hijos de inmigrantes era de 6 por ciento. Para el 2000, ese porcentaje era de 19 por ciento. Tres cuartas partes de los hijos de inmigrantes nacieron en Estados Unidos. De una generación a otra, la educación juega un papel central. Con respecto a los inmigrantes mexicanos, es tres veces más probable que sus hijos obtengan una licenciatura; mientras que 59 por ciento de los inmigrantes mexicanos no completaron *high school*, 21 por ciento de sus hijos sí lo hace. Así lo detalla el académico Robert Smith:

> Los mexicanos en Nueva York están teniendo una integración diferenciada según su estatus legal… los que tienen estatus legal, están progresando mejor que los italianos hace cien años, los indocumentados son víctimas de una exclusión estructural. Yo he seguido a un grupo de jóvenes mexicanos desde que estaban en la secundaria. Ahora son adultos. De ellos, 15 por ciento está bien, fue a la escuela de derecho, hizo una maestría o tiene su propio negocio. 25 por ciento fue a la universidad, otro 40 por ciento al salir de la escuela secundaria se fue a trabajar, 25 por ciento está en malas condiciones y los indocumentados están en los últimos dos grupos.

Los hispanos incluso están más conscientes de la importancia de la educación que el resto de la población. En dos encuestas independientes del Pew Hispanic Center, 88 por ciento de los hispanos mayores de 16 años consideró que un grado universitario es necesario para "seguir adelante en la vida", mientras que en la población en general esta cifra fue de 74 por ciento.

Buena parte de los casos de éxito reconocen a la educación como la principal causa de todos sus logros, sin duda un privilegio al que no todos tienen acceso. Con educación les cambió la vida, así enfrentaron a uno de los más temibles enemigos... la ignorancia. Así narró su experiencia Laura Murillo, presidenta de la Cámara Hispana de Comercio en Houston, Texas:

> Fui aceptada en Yale, Stanford y Harvard. Tenía tres trabajos: los sábados y los domingos en el restaurante con mis papás, el lunes y miércoles trabajaba en Univision; los martes y los jueves iba a la escuela todo el día y los viernes iba con mis hermanas porque tenían un salón de belleza, lavaba cabello, barría y limpiaba de todo. Los siete días de la semana me ocupaba. Tiempo después fui la primera latina en ocupar un nivel de directora a mis 22 años y trabajé como ejecutiva con cuatro presidentes de la Universidad. Hoy tengo la fortuna de dirigir la Cámara Hispana de Comercio de Houston. Los hombres no me tratan a mí como mujer, no trato de presentarme como hombre, soy muy femenina. La vida es difícil, tienes que trabajar mucho, no tener miedo de estar con personas que sean más inteligentes de lo que eres. La mayoría de los latinos son muy jóvenes y tienen en común el respeto por el trabajo y una gran perseverancia. Veo el ánimo que tienen de tener éxito, no le tienen miedo a nada.

Mientras en 1990, 75 por ciento de los inmigrantes mexicanos tenía un nivel educativo inferior a *high school*, en 2011 ese porcentaje disminuyó a 59 por ciento y los inmigrantes mexicanos con algunos estudios de licenciatura pasaron de 13 a 17 por ciento.

Los datos más sorprendentes se refieren a cómo de una generación a otra los indicadores de educación formal se han transformado, y por primera vez en 2012 los hispanos rebasaron a los "blancos no hispanos" en inscribirse en la universidad al salir del *high school*.

De hecho, los hispanos tienen mayor vocación para continuar su educación superior que los llamados "blancos no hispanos". Cerca de 70 por ciento de los hispanos que salieron de *high school* en 2012 se inscribieron de inmediato en la universidad, mientras que apenas 67 por ciento de los "blancos no hispanos" lo hicieron.

Algunos de ellos continúan sus estudios superiores hacia niveles de especialización y de posgrado, como por ejemplo el científico en genética Raúl Bastarrechea, que se formó en México, que continuó en Estados Unidos y que aunque mantiene vínculos estrechos con comunidades científicas mexicanas decidió residir en Estados Unidos, convirtiéndose en un ejemplo de la llamada "fuga de cerebros":

> Me rechazaron cien universidades en Estados Unidos, 103 para ser exactos, hasta que me llegó una respuesta y decía primero que me aceptaban en Nuevo México. Entusiasmado entré a un concurso para una beca en Estados Unidos. Cuando me di cuenta de que la obtuve dejé Yucatán y comencé mis estudios. Después de titularme, me quedé haciendo la maestría y luego el doctorado: me quedé aquí en Estados Unidos... Nosotros tenemos el departamento de genética cuantitativa poblacional en San Antonio, yo manejo a mucha gente, han trabajado conmigo alemanes, hindúes. Gracias a Dios tengo una muy buena posición de jefe y nosotros administramos el Centro Nacional de Primates en Estados Unidos. Nosotros tenemos 4 000 papiones sagrados[22] viviendo alrededor de nosotros, vivo rodeado de changos. ¡Me lleva la changada todos los días!

En ocasiones, las cifras esconden una evolución en los niveles educativos de los inmigrantes. Efectivamente, los inmigrantes hispanos tienen niveles de educación formal menores a los del resto de la población. Los mexicanos los tienen aún menores y reconocen la urgencia de avanzar con mayor celeridad en esta agenda educativa. Esto podría significar un problema, como comenta Giselle Fernández, líder de opinión y ganadora de cinco premios Emmy: "Los especialistas dicen que si no se gradúan más latinos, 20 por ciento más en los próximos diez años, la economía de California se va a caer."

Sobre la importancia de la educación, señala el alcalde de San Antonio, Julián Castro que:

---

22. Especie de primate africano

Lo más importante es avanzar en educación. Creo que si la comunidad inmigrante se enfocara en asegurarse de que sus niños consigan la mejor educación posible, eso ayudaría demasiado. Hay muchos inmigrantes hoy en día que sobresalen a nivel educacional y muchas veces parece que la gente se siente intimidada por el sistema educativo. Necesitan ser presionados por las familias de inmigrantes para que se esfuercen en hacer lo mejor por sus estudiantes.

Los DREAMERS: un acierto

Yo no recuerdo México. Cuando cumplí 4 años de edad ya estaba en Estados Unidos. Mis papás me dijeron que no podía salir para nada.

Citlalli Álvarez, estudiante de la Universidad de Georgetown

En la historia reciente, el segundo asunto que detonó reacciones específicas y activismo político de la comunidad mexicana es la iniciativa de ley conocida como DREAM Act. Dicha iniciativa fue presentada por primera vez en 2001 y desde entonces ha seguido un largo proceso de negociación en el Congreso estadounidense y de movilización por parte de los jóvenes inmigrantes.

El DREAM Act era una propuesta legislativa estadounidense (Development, Relief and Education for Alien Minors Act, son sus siglas en inglés), asociada con el significado de *dream* (soñar, en español), que, entre otros aspectos, permitiría que los estudiantes indocumentados regularizaran su condición migratoria. Esto tendría como consecuencia que los *dreamers* paguen las mismas colegiaturas que los estudiantes con nacionalidad estadounidense (ya que a veces pagan hasta tres veces más), o incluso que se puedan inscribir, que puedan obtener una visa de residencia temporal y una vez graduados obtener la residencia permanente. Un "sueño" para muchos estudiantes. Estas disposiciones serían especialmente benéficas para los mexicanos.

La propuesta no avanzó lo suficiente a pesar de sus bondades. Estaba dirigida a jóvenes que llegaron antes de los 16 años, que tienen cinco años de residencia en Estados Unidos, inscritos en alguna escuela, tienen un diploma de *high school* o han servido al ejército estadounidense.

Esencialmente se trata de jóvenes que fueron "llevados" a Estados Unidos por sus padres, muchos siendo menores; es decir, que ellos no tomaron la decisión de emigrar, incluso, que no son conscientes de que son indocumentados o de que violaron alguna disposición administrativa. Así lo comenta Francisco Gutiérrez, estudiante de la Universidad de Georgetown:

Estaba en segundo año de prepa y quería aplicar para un programa de verano porque todos mis amigos estaban haciendo lo mismo. En un espacio de la solicitud tenías que llenar tu número social y nunca en mi vida había tenido que llenar ese espacio, le pedí a mi mamá el número, "¿Mamá, mamá, cuál es mi número?" Me contestó: "No tienes número de seguro social, lo que pasa es que no podemos darte ese número porque no estamos aquí legalmente." Desde ese día conocí perfectamente la situación que iba a enfrentar.

Muchos de ellos son exitosos en sus escuelas y al entrar a la universidad, después de *high school*, se dan cuenta de que no tienen los mismos apoyos financieros que sus compañeros y que para seguir estudiando tendrían que pagar el triple que ellos. Esta visión es soportada en Estados Unidos por actores políticos relevantes como Carlos Gutiérrez, quien nos comparte su opinión:

> Los *dreamers* están sacando promedios de 10 y siguen luchando, sabiendo que algún día los agarran y los deportan. Entonces Estados Unidos tiene que reconocer la importancia estratégica de México. Cuando hay un problema de drogas nos metemos, pero México es un aliado para siempre. México es un vecino geográfico, hay que invertir, ayudar y hace falta que México acepte esa ayuda.

Tomando todo esto en consideración y ante el estancamiento de la propuesta de ley, la administración de Obama en junio de 2012, en plena campaña por su reelección, emitió la Deferred Action for Childhood Arrivals. Esta legislación permitía a estos estudiantes permanecer de manera autorizada en Estados Unidos y no ser deportados. El mensaje de Obama hacia el electorado latino fue correctamente interpretado. Como señala el joven estudiante Francisco Gutiérrez, sobre los alcances y límites de esta reforma:

> El verano pasado el Presidente Obama creó la acción diferida. Definitivamente un primer paso, para nosotros los *dreamers*. El problema es que no sabemos qué vamos a hacer después de esos dos años, ¿qué pasa si ya no podemos renovar ese permiso? Ahora ellos tienen mi información y aunque ellos prometan que no to-

marán acción en mi contra… tampoco me siento cómodo con la idea de que tal vez puedan ellos llegar a mi casa y deportar a mis padres o a mis familiares. Pero no me siento libre, no tengo libertad de expresarme por miedo a que me deporten a mí o mis papás. Siempre ha sido muy difícil.

Lo que nos cuenta Francisco en un buen indicador de la situación de los inmigrantes mexicanos y de la necesidad de un cambio más profundo. Aun reconociendo la bondad de algunas medidas, éstas no dejan de ser coyunturales y desde una perspectiva negativa.

A un año de la instrumentación de esa disposición, Obama, ya reelecto, declaró: "These young men and women are Americans in their hearts, in their minds, in every single way but one: on paper (Estos jóvenes, mujeres y hombres, son americanos en sus corazones, en sus mentes, en todas las maneras menos en papel)."

Según estimaciones del Pew Hispanic Center, 1.7 millones de jóvenes indocumentados podrían resultar beneficiados, 950 mil de manera inmediata y 770 mil en un futuro cercano (cuando obtengan su diploma de *high school*). La abrumadora mayoría de ellos (85 por ciento) son hispanos y más particularmente mexicanos (70 por ciento), a pesar de que representan proporciones menores de los inmigrantes indocumentados (77 por ciento y 58 por ciento, respectivamente). Ello sacaría de las sombras a jóvenes que ni siquiera tomaron la decisión de migrar. Al cierre del primer año de operación de la medida de "Acción Diferida", acordada por el Presidente Obama, 75 por ciento de todos los registrados son mexicanos. Veamos lo que nos comparte Citlalli Álvarez:

> Yo no recuerdo México. Cuando cumplí 4 años de edad ya estaba en Estados Unidos. Mis papás me dijeron que no podía salir para nada, que iban a arreglar mis papeles porque ya se querían quedar a vivir en Estados Unidos, pero después del 9/11 todo se complicó para nosotros. Aquí no puedo hacer lo que quiero hacer, algo tan simple como manejar, viajar con libertad, salir a la calle con tranquilidad. ¿Cómo podemos imaginar nuestro futuro sin nuestros padres, sin su apoyo, sin su amor?

La importancia de los *dreamers* radica en que son un grupo que se ha movilizado y que comienza a buscar espacios para que su voz sea escuchada. Al respecto, insiste el académico Robert Smith en que:

> Los *dreamers* nunca perdieron su optimismo, pero ahora además de optimistas están bien organizados. Ahora muchos adquirieron su estatus legal en un momento propicio, su conciencia política y cívica de manera de exclusión cruel ahora se ve en positivo, en la energía que tienen. Ellos creen en el sueño americano, creen en la democracia americana. Ellos no han tenido duda de que Estados Unidos les va a ayudar y quieren al país. Estoy seguro de que si ellos progresan, la democracia americana va a estar muy sana y renovada, así que creo que es un paso muy importante.

Buena parte de los *dreamers* viajaron a Estados Unidos a una edad muy corta. Son jóvenes en su mayoría, que han pasado gran parte de su vida en Estados Unidos, que han cumplido las reglas de ese país y que merecerían desarrollarse en condiciones de igualdad. Tal es el caso del estudiante Francisco Gutiérrez:

> Llegué a los 2 años a Estados Unidos… Ya tiene veinte años que no he regresado a México. Cruzamos la frontera con mis padres, porque teníamos familiares en Nueva York y ahí es donde crecí. Soy de Nueva York y he vivido la mayor parte de mi vida ahí. Ahora estoy en mi último año de la Universidad de Georgetown, estoy estudiando marketing, al igual que el italiano. [Lamentablemente] no tuve la oportunidad de viajar a Italia como me hubiera gustado… ¿Imagínate que tú estás viviendo en un lugar que siempre has llamado tu casa, tu hogar y no te sientes seguro? Esa es la vida que pasa el inmigrante en este país, que nunca se va a sentir seguro hasta que por fin sea reconocido como parte de la sociedad americana.

Para tener idea de la magnitud de lo que representa, si esos casi 1.2 millones de jóvenes mexicanos estudiantes que viven en Estados Unidos tuvieran que ser educados en instituciones públicas mexicanas, representarían 54 por ciento de la matrícula actual de las universidades públicas en nuestro país.

Actualmente, sólo entre 5 y 10 por ciento de los indocumentados que obtuvieron su diploma de *high school* asisten a universidades.[23] Así, buena parte de estos jóvenes tienen la necesidad de trabajar en áreas que requieren poca calificación. El DREAM Act, en cambio, generaría incentivos positivos para que los inmigrantes continuaran su formación universitaria y para que, posteriormente, se incorporaran a trabajos que requieran mayor calificación y ofrezcan mejores salarios.

84 por ciento de los hispanos considera que si un indocumentado asistió a *high school* en el estado donde reside, debe poder recibir los beneficios del resto de los residentes en ese estado en su educación superior (en particular, en lo que se refiere al pago de colegiaturas); 91 de cada 100 hispanos apoya la propuesta DREAM.

El DREAM Act sería benéfico en términos económicos. En un estudio llevado a cabo por el College Board[24] se indica que, durante el transcurso de la vida laboral, los individuos que obtienen un grado universitario ganan aproximadamente 60 por ciento más que aquellos que sólo obtuvieron un diploma de *high school*.

Además, el Departamento de Trabajo de Estados Unidos indica que los salarios de los inmigrantes que se beneficiaron con el proceso de legalización de 1986, aumentaron 15 por ciento en los cinco años posteriores a este proceso.

Cada año, cerca de 65 mil estudiantes indocumentados se gradúan de preparatorias estadounidenses. Aunque buena parte de ellos desea continuar con sus estudios universitarios o ingresar a la fuerza laboral, su estatus migratorio pone en riesgo sus sueños y los expone a ser deportados. Es necesario contribuir al consenso entre demócratas y republicanos para regularizar la situación migratoria de los jóvenes que obtuvieron su diploma de *high school* en Estados Unidos.[25]

---

23. Migration Policy Institute (http://www.immigrationpolicy.org/just-facts/economic-benefits-granting-deferred-action-unauthorized-immigrants-brought-us-youth).
24. Sandy Baum y Jennifer Ma., "Education Pays: The Benefits of Higher Education for Individuals and Society", College Board, 2007.
25. Migration Policy Institute (http://www.immigrationpolicy.org/just-facts/comparison-dream-act-and-other-proposals-undocumented-youth).

Una cultura binacional: ¿por qué no?

Mis hijos cantan el himno nacional mexicano, hacen el saludo a la bandera, y al mismo tiempo cantan el himno estadounidense, porque ellos aprendieron. Yo quiero que ellos respeten sus países, porque ellos tienen que amar las dos tierras, porque es su realidad.

Mario Pastrana, asesor de Servicios Médicos MHS-Health en San Antonio, Texas

Un activo adicional es que sin abandonar o dejar de estar orgullosos de sus raíces y cultura mexicana, se sienten en su gran mayoría reconocidos por las oportunidades que Estados Unidos les ha brindado. Para ellos no representa ningún conflicto amar a ambos países y reconocer lo que cada uno les ofrece. Al respecto, Raúl Yzaguirre, Presidente y CEO de 1974 a 2004 de The National Council of La Raza, menciona que tratar de cuestionar la biculturalidad de los inmigrantes equivale a enfrentar a un hijo al falso dilema de querer más al padre o a la madre.

Se integran a la sociedad estadounidense y lo hacen con optimismo. Conforme a encuestas recientes del Pew Hispanic Center, los hispanos son más optimistas respecto al futuro que la población en general.

Pude notar ese optimismo y ganas de salir adelante al platicar, entre otros, con Margarita Cháidez, activista y trabajadora quien me señaló:

Nosotros cuando llegamos aquí venimos con un enorme deseo de trabajar y de hacer algo, de aprovechar las oportunidades, superarnos, guardar, tener una casa, un carro, tener lo indispensable. Hay que ser agradecidos con este país que nos abrió las puertas. Dondequiera que vayas si te portas bien vas a recibir recompensa, si te portas mal, tienes que pagar las consecuencias. Hay personas que han llegado aquí y prácticamente de la nada han logrado levantarse. Levantar su familia, un patrimonio, y eso es el ejemplo a seguir. Somos mexicanos, nos sentimos orgullosos de ser mexicanos aunque vivamos de este lado de la frontera. No es que estemos acá porque quisimos estar, simplemente por circunstancias de la vida, pero igualmente somos mexicanos allá o aquí.

Uno de los mayores mitos que enfrentan los mexicanos en Estados Unidos tiene que ver con la preservación o modificación de su identidad cultural. Todo lo contrario, existen infinidad de ejemplos de cómo a pesar de estar en Estados Unidos (o quizá por ello), expresiones culturales netamente mexicanas se manifiestan en otros espacios y en otra sociedad. Tal es el caso, por ejemplo, del recorrido de la Antorcha Guadalupana en Nueva York —que cada año llega a la Catedral de San Patricio—, conciertos y bailes con música mexicana, las celebraciones del 5 de mayo, la presentación de la Guelaguetza en Los Ángeles y hasta los partidos de futbol soccer de equipos mexicanos en diferentes ciudades estadounidenses. Es quizá uno de los campos en los que la migración es más desaprovechada. La riqueza cultural de conocer y transformar la cultura de otro país y la del propio es a veces vista con desprecio en ambos países. Los inmigrantes no tienen ninguna duda sobre su identidad. Lo que me dijo Juan Carlos Aguirre, Presidente de la Organización Mano a Mano, lo ilustra perfectamente: "Creo firmemente en la identidad, en tener una identidad cultural, conocer de dónde viene uno."

En este sentido, también Alfredo Quiñones, mejor conocido como Dr. Q, indicó: "Yo amo mi patria, me doy cuenta de que sin fe, sin patria, sin esperanza, es muy difícil salir adelante."

Contrastan las percepciones de los migrantes con las que tienen las sociedades de origen o destino. Lo que para ellos es una ganancia y les abre nuevas oportunidades, para las sociedades se convierte en espacio de crítica. Al respecto, Alberto Sandoval, especialista en tecnologías de la información en San Antonio, compartió conmigo: "Cuando llegas a Estados Unidos te das cuenta de que no sabes hacer nada y que el sueño americano es 'hágalo usted mismo' y tienes que asumirte como tal. El asear la casa, hacer las camas, eso no me hace un mandilón…"

Los mexicanos en Estados Unidos siguen queriendo a México como cuando se fueron, incluso más, porque ese amor se ha alimentado con la distancia y la nostalgia, pero han sabido integrarse a la sociedad estadounidense y ser exitosos.

En México, se dice con ligereza que asumen de manera deformada hábitos y costumbres de la sociedad estadounidense y que de alguna manera México "los pierde". Así, por ejemplo, se acuñan términos como el de "pocho", que se refiere despectivamente a mexicanos o descendientes de mexicanos que hablan español usando modismos en inglés. En Estados Unidos se les acusa de no integrarse ni asumir identidad cultural con los valores de la sociedad estadounidense. Esta última afirmación es totalmente falsa. Los mexicanos en Estados Unidos comparten y practican de manera amplia valores fundamentales para la sociedad estadounidense como el del trabajo, el esfuerzo o el de la plataforma familiar, como espacio de éxito y emprendimiento. Gabriela Teissier cuenta su experiencia:

> Yo no quería irme de mi país porque decía: "¿Cómo puedo dejar lo mío y ser una vende patrias?" Los inmigrantes todo lo hacemos en función de la familia, de las generaciones futuras. Como inmigrante, sufrí mucho rechazo hasta en mi propia casa. Mi suegro decía: "Me tengo que mudar porque aquí hay muchos inmigrantes."

Las expresiones de esto que genéricamente llamamos "la identidad cultural" son múltiples. Se manifiestan en todos los campos. Desde el fortalecimiento de los valores familiares (prácticamente todos los entrevistados hacen referencia a sus padres como impulsores de sus historias de éxito), en sus gustos por la comida, la música o las artes de México, los cuales no sólo se reafirman frente a la sociedad estadounidense, sino que transforman a esta sociedad y hoy los habitantes de este país, sin antecedente mexicano o hispano alguno, disfrutan por igual la comida o música mexicana y platillos o ingredientes como la tortilla forman parte importante de la dieta estadounidense. Otro factor de identidad cultural que enfrenta las nuevas condiciones del inmigrante es la religión. La académica Alyshia Gálvez menciona al respecto: "En un barrio neoyorkino encontré por primera vez a los guadalupanos. No usan utilitariamente a la Virgen, sino que toman su mensaje de protección para sus hijos, donde estén y lo aplican para proteger a los inmigrantes en Nueva York."

Pero esta identidad binacional también se expresa en la forma de hacer negocios o en el desarrollo del espíritu emprendedor. Muchos de los inmigrantes que entrevisté manifestaron que era "mejor" hacer negocios en Estados Unidos porque ahí no había corrupción ni necesidad de "palancas", sino reglas que se aplicaban por igual, independientemente del origen o los recursos con los que cuenten. Ello no refleja más que una cultura diferente de hacer negocios de la que México, por medio de sus emigrantes, podría aprender mucho.

De la misma forma, muchos factores de desarrollo, en la transformación de esta identidad cultural, son vistos y valorados de otra manera. Por ejemplo, la educación superior de los hijos adquiere una dimensión muy importante. Entre los hispanos en general y particularmente entre los mexicanos, se tiene la certeza de que la educación superior es necesaria para tener un mejor futuro en Estados Unidos y los padres realizan esfuerzos considerables para que sus hijos vayan a la universidad.

Los relatos de los mexicanos que entrevisté durante varios meses fueron sorprendentes. Pude notar, con gran admiración, la fortaleza de su identidad cultural, de su sentido de comunidad. En este sentido, recuerdo las palabras del sacerdote Francisco Valdovinos, quien me dijo: "Yo le diría a la gente en México que no creo que nosotros perdamos lazos con nuestro país desde aquí. Todos tenemos un México arraigado, 'tú saliste de México, pero México no salió de ti.'"

Y aspectos similares fueron los que fui encontrando en cada uno de los mexicanos con los que platiqué. Más que un conflicto entre ser mexicano o estadounidense, observé que hacían compatibles sus dos nacionalidades. Incluso, este aspecto de identidad binacional jugaba un papel determinante en sus ganas de salir adelante, de triunfar en un nuevo contexto, con nuevas reglas. Al respecto, recuerdo lo que me mencionó Gabriela Pérez, comerciante de ropa y artículos mexicanos de Nueva Jersey:

> Cuando se llega a un país distinto se tienen que acatar las reglas de ese país. Es muy drástico, porque estamos acostumbrados a tomar, ir a la fiesta, salir, ser impuntuales. Aquí si tiene una cita con el médico y se llega veinte minutos tarde, pues la cita nos la vuelven a dar, ¡dos meses después! Entonces uno se tiene que acostumbrar a respetar reglas y leyes.

Y en otros casos, encontré que más que renunciar a México, los que habían dejado el país lo hacían en búsqueda de nuevas oportunidades. Eran y son mexicanos que nunca se han planteado dejar de serlo.

Recuerdo lo que me dijo Bernardino Bautista, quien comenzó como pequeño jardinero y ahora es importante contratista:

> A los funcionarios de México les pediría que miraran que si nosotros nos venimos aquí, no nos venimos porque somos traidores de la Patria; simplemente venimos porque queremos una superación que en nuestro país no podemos obtener fácilmente.

Pero más que observar el éxito como un logro individual, es notable que los mexicanos triunfadores buscan regresar parte de ese éxito a la comunidad a la que pertenecen. Ese es otro mito de la migración. La distancia de sus lugares y comunidades de origen no los aleja ni los hace abandonar su compromiso social. Por el contrario. El mismo Bernardino Bautista mencionaba en relación a las remesas que había enviado a México: "Y nosotros, al estar aquí, siempre queremos que nuestro lugar prospere. Si yo mando dinero para construir una casa, estoy empleando a cinco personas. Y hemos tenido esa visión de decir: vamos a mejorar nuestro pueblo, vamos a construir un hospital."

El proceso migratorio ha desarrollado una identidad cultural en los inmigrantes mexicanos compatible tanto con la sociedad estadounidense como con la mexicana. El especialista en tecnologías de información Alberto Sandoval dice al referirse a su caso que: "Estamos en Estados Unidos y venimos a dar lo mejor de los dos mundos. Y si estamos aquí estamos para seguir las reglas, estamos para adaptarnos y para hacer este país mejor, sin perder también nuestras raíces."

Sin incidir negativamente en su proceso de integración, los inmigrantes mexicanos de segunda generación mantienen también su vinculación con México. Estos mexicanos hacen de este lazo un factor de apoyo en sus distintas actividades. Recuerdo las palabras de la activista Carmen Velázquez, quien me contó lo que su papá le había inculcado: "Mi papá tenía un cariño tremendo a México, nos dio los valores de dar al prójimo, respetar nuestra cultura, idioma, historia. 'Nunca se te olvide que eres mexicana', y lo impregné en mi persona."

Los inmigrantes mexicanos de segunda o tercera generación son una fuerza latente en Estados Unidos. La vitalidad de este sector de la población se debe en gran parte a su carácter binacional y bicultural. Recupero lo que me comentó la líder de opinión Giselle Fernández:

"Nuestros papás vinieron por acá. Y nosotros mantenemos la apertura, el orgullo de los dos idiomas; pero somos ciudadanos universales y necesitamos el mismo respeto, el mismo acceso a oportunidades para crecer en nuestra vida, en esta economía, educación y trabajo."

La identidad cultural de los inmigrantes se ha traducido en un ímpetu empresarial, creativo y de ganas por salir adelante. Pero más allá del carácter emprendedor de los inmigrantes mexicanos, su identidad cultural se ha convertido en un detonante de participación política, que no puede ser ignorado. En mi plática con María Pesqueira fue algo que pude constatar. Recuerdo que al final de mi entrevista con ella, me dijo que: "Fue la mujer, nuestra mujer, quien tuvo esa voz más alta y quien seguirá siendo la diferencia de cómo va a seguir este país. Del voto latino la mayoría de esas personas que salieron a votar fueron mujeres."

Es así que la identidad cultural de los inmigrantes mexicanos en Estados Unidos es compatible con sus historias de éxito. Más que una indefinición entre ser mexicano o estadounidense, o la pérdida de alguna de las dos identidades, he observado que los inmigrantes mexicanos se han valido de su identidad binacional y bicultural para salir adelante y afrontar cualquier tipo de retos. Ramón Ponce, quien tiene una fundación encargada de dar clases de mariachi a niños y jóvenes, comentaba en su entrevista que la música era una forma de mantener el vínculo con México, sin que esto estuviera peleado con la idea de ser estadounidense.

En nuestros cursos [de mariachi] la mayoría de los que atienden son mexicanos. Nos hemos dado cuenta de que los papás como que añoran México y extrañan sus raíces y sus tradiciones. Entonces quieren que los niños conozcan más de su cultura a través de la música y del baile. Al principio es más cosa del papá que del niño. Una vez que el niño ha experimentado poder tocar un instrumento, cantar, les empieza a gustar y ya después es algo de los niños.

Deportaciones: un error

Obama ha deportado más personas en cuatro años, que Bush en otros años, y que en otros años de la historia, ha deportado a más de un millón quinientos cincuenta mil inmigrantes. Mucha gente se siente súper vulnerable. Los suburbios de Chicago son una zona roja de deportaciones, y es un problema bastante grave, la separación de familias es una cosa muy dolorosa.

Alyshia Gálvez, académica de la Universidad de Nueva York

El tema de los deportados es algo que está complicando el ambiente político entre los hispanos. En particular desde ese grupo poblacional se ha acusado a Obama de ser uno de los presidentes que más ha expulsado extranjeros, y en gran medida es cierto.

Obama, ciertamente en un contexto político diferente, con muchas más presiones, normatividades más rígidas y sin considerar a aquellos que son capturados y devueltos a México al momento de intentar cruzar la frontera, está deportando casi el doble que Bush en su primer mandato y aproximadamente 30 por ciento más que en su segundo. Desde el 2000, durante su primer periodo, Obama removió a 393, 385 y 391 mil inmigrantes.[26] Esta estadística es especialmente grave para los hispanos.

Como no están considerados los que son capturados en la frontera (o son los menos), casi todos estos números se refieren a personas que están en Estados Unidos residiendo normalmente. Se trata de personas que un día salen a su trabajo y no saben, ni ellos ni sus familiares, si regresarán por la noche.[27] Estas repatriaciones afectan en forma negativa a la comunidad mexicana en Estados Unidos. Así lo expresa el líder comunitario Raúl Murillo:

> Las deportaciones se han dado a lo largo y ancho del país y lo que afecta en Arizona, lo que afecta en Chicago, lo que afecta en Nevada, afecta psicológicamente a nuestra gente aquí en Los Ángeles,

---

26. Year Book of Immigration.

27. Bush en su primer mandato (años fiscales 2000, 2001, 2002 y 2003) removió a 188, 189, 165 y 211 (miles) de inmigrantes; durante su segundo mandato (2004, 2005, 2006 y 2007) removió a 241, 246, 281 y 319 mil inmigrantes. En cambio, Obama, durante su primer periodo, removió 360, 395, 387 y 410 mil inmigrantes.

porque el miedo es nacional, el miedo a enfrentarse a migración es nacional. El miedo de nuestros hijos, ciudadanos americanos, la conciencia que tienen ellos, ya que su padres son indocumentados y que al andar manejando pueden ser deportados, es un daño irreversible para nuestras familias.

Los hispanos representan 97 por ciento de los repatriados, cuando en realidad son el 81 por ciento de los indocumentados. Es decir, hay un sesgo hacia la expulsión de hispanos. En las cifras análogas México representa el 58 por ciento de los indocumentados y sufre el 73 por ciento de los removidos.

El 59 por ciento de los hispanos desaprueba la forma en que Obama maneja las expulsiones. Entre los extranjeros esa cifra es de 70 por ciento. Uno de cada cuatro hispanos conoce personalmente a alguien que ha sido deportado en los últimos doce meses.

Una expresión particularmente dolorosa de este incremento en las deportaciones es la situación que ahora enfrentan miles de padres o madres, cuya condición migratoria es de indocumentados y que tienen hijos menores nacidos en Estados Unidos. En caso de ser detenidos, sus hijos caen en una especie de vacío legal que puede perjudicarlos de por vida; o bien, regresan a México con sus padres deportados, aunque hayan nacido en Estados Unidos y enfrentan problemas de integración, reconocimiento y revalidación de estudios en México.

Muchos se preguntan por qué frente a este número de deportaciones ha habido tanto silencio. La mayoría de estas deportaciones es consecuencia de infracciones de tránsito o por no saber contestar cuando los detiene un policía.

La historia de Héctor Núñez, quien sufrió la separación de su familia por deportación, habla por sí sola:

Tengo 29 años y soy ciudadano de Estados Unidos. Tengo dos hijos menores, de cuatro y un año de edad. Pertenezco a la reserva del ejército de Estados Unidos y he peleado en Afganistán, defendiendo mi país. Todo empezó cuando mi esposa quiso regularizar sus papeles y contrató un abogado que le dio la certeza de un trámite "favorable". Así que viajamos de Chicago a Cd. Juárez, Chihuahua, para realizar los trámites y lo único que logramos fue la deportación de mi esposa con una sentencia de prohibición para regresar los próximos diez años a Estados Unidos. La comunidad en Chicago me arropó, nos protegió y defendió, y así, con el apoyo del senador Luis Gutiérrez, logramos para mi esposa una visa humanitaria, ya que a uno de nuestros hijos le detectaron un quiste en el cerebro. Estamos esperando que suceda un milagro. Mi esposa jamás ha cometido un delito, ella trabaja y paga sus impuestos, pero vivimos con miedo. A los que deportan, no les importa si tienes hijos, no importa que destruyan tu vida, aun cuando yo estoy sirviendo a mi país.

En 2011, 46 mil madres y padres de al menos un niño estadounidense fueron objeto de la ola de deportaciones que ese año fue de más de 400 mil.[28] Estos niños no pueden ser reclamados por sus padres, quienes están detenidos para ser expulsados del país. De hecho, ni siquiera hay protocolos de comunicación con los niños que quedan en esta situación y, en consecuencia, son llevados a centros de cuidado especializados para niños abandonados.

No pueden ser expulsados con sus padres porque son ciudadanos estadounidenses. Tampoco pueden abandonar voluntariamente Estados Unidos porque son menores de edad. No pueden ser entregados en adopción, porque se estaría violando el derecho de los padres, algo que es sancionado por cortes nacionales e internacionales. La empresaria Patricia Pliego comenta:

Debemos usar esa fuerza en una forma metódica y también muy organizada para tratar los asuntos de todos estos niños que están separados de los papás porque ellos son norteamericanos y los papás están en México. Es un Guantánamo aquí y tenemos que buscarlo y realmente quitarnos el saco, levantarnos las mangas y a ver cómo ayudamos a estos niños porque se está creando una subpoblación de gente no sólo muy pobre, sino sin educación y sin futuro.

Hoy en día, alrededor de 5 100 niños se encuentran en una especie de vacío legal, sin sus padres, mientras que estos pelean por recuperarlos desde sus lugares de origen. Si sus padres no son escuchados

28. Applied Research Center (http://arc.org/).

o no cuentan con asistencia legal, muchos de estos niños podían ser entregados en adopción.

Algunos de los impactos detectados como consecuencia de esta detención son:

• Rompimiento de la unidad familiar.
• Estrés emocional y social de los padres y de los niños.
• Malos resultados escolares.
• Daño económico a la familia y al niño.
• Reducción de la movilidad. Un estudio de la Universidad de Arizona muestra que los niños tienen miedo de salir y ser capturados.

Se estima que en los próximos cinco años, si la política de deportaciones continúa sin cambios, habrá quince mil niños en esta circunstancia.

Participación política: despertando a un gigante

Nos unimos y crecimos, tenemos más fuerza porque nos están "chingando tanto".

Alexandra Delano, académica de The New School, en Nueva York

Su condición migratoria como indocumentados o cercanos a la comunidad de indocumentados hasta hace poco había significado una muy escasa participación política o electoral de la comunidad mexicana.

Las expresiones y manifestaciones políticas de la comunidad mexicana surgen en principio como una reacción a actitudes negativas de algunos sectores de la sociedad estadounidenses. Tales actitudes los afectan en su vida cotidiana y las comunidades se organizan y reaccionan ante ellas. De entre todas, cabe destacar actitudes antiinmigrantes, que tienen un sesgo particular hacia los hispanos y más específicamente hacia los mexicanos. Por ejemplo, las leyes estatales, la propuesta legislativa DREAM o el incremento en las deportaciones. Alexandra Delano, especialista en el tema de inmigración de los mexicanos en Estados Unidos, indica lo que los inmigrantes mexicanos expresan sobre la organización:

> Nos unimos y crecimos, tenemos más fuerza porque nos están "chingando tanto". Si no nos estuvieran atacando tanto, no nos estaríamos organizando tanto. No sólo es ver a partir de la reelección de Obama. Yo creo que viene de tiempo atrás y sobre todo con las manifestaciones que hubo en el 2006. Ha habido un cambio muy grande en los últimos años. Lo que es realmente impactante es la capacidad que han tenido para organizarse y la manera en que lo han hecho otros movimientos. Ya llevamos más de veinte años esperando otra reforma migratoria, desde 1986, pero sobre todo desde el 2000.

El momento que enfrenta la comunidad mexicana en Estados Unidos es crucial e histórico, en particular frente a las expectativas sobre una reforma migratoria.

Si bien el propósito central de este libro es el énfasis en la prosperidad oculta que no se reconoce lo suficiente e incluso se desconoce por muchos, tanto en México como en Estados Unidos, también doy cuenta de que a raíz de la reelección del Presidente Obama la propia comunidad habla de un despertar, de una nueva etapa sin retorno, en donde coincide la mayoría de los mexicanos en Estados Unidos, en que los republicanos y los demócratas ya se dieron cuenta de que el voto que definió la reelección fue el hispano.

Especialistas como Alyshia Gálvez no dudan en afirmar que:

> La reelección de Obama les llegó de sorpresa, porque no se dieron cuenta de la fuerza electoral de los latinos, y va a seguir creciendo. Es un poder muy fuerte que no se puede menospreciar. La comunidad hispana tomó conciencia de su poder y al final muchos de ellos consideran que ha habido una ganancia, en especial por el papel que tomaron los republicanos después de las elecciones, pues saben que sin el voto latino "están perdidos".

Los efectos de los atentados terroristas del 11 de septiembre de 2001, en los que no hubo ningún hispano involucrado, si acaso como víctima,[29] habían alterado las condiciones normales de los hispanos en Estados Unidos.

Bajo la lógica equivocada de que los ataques vinieron del exterior y, en consecuencia, "todo lo que viene del exterior es un riesgo para el país", los inmigrantes mexicanos vieron disminuidos considerablemente sus espacios de acción y movilidad.

En el colectivo estadounidense se construyó la percepción de que lo que venía de fuera era "malo en potencia" y, desafortunadamente, lo que visible y distinguiblemente "viene del exterior", por sus características físicas, son precisamente los inmigrantes mexicanos. Así lo comenta la líder Giselle Fernández:

> Hay quienes sienten que ha habido una campaña de mayor discriminación que antes. Cuando se ve a los migrantes casi siempre se piensa en mexicanos, no se piensa en asiáticos, no se piensa en polacos, se piensa en mexicanos. Tenemos que decirles a los políticos aquí en Estados Unidos: "Tú no puedes tener nuestro apoyo, nuestros dólares, nuestros votos, si tú no nos das esto, esto y esto."

---

29. Aproximadamente el 10 por ciento de las víctimas fueron de origen hispano.

En lo que Estados Unidos consideró un ataque a su territorio, resurgió y adquirió un significado preciso una frase de Ronald Reagan: "Estados Unidos ha perdido el control de sus fronteras." En el imaginario colectivo estadounidense, la frontera "desordenada y fuera de control" es la frontera con México. Los mexicanos comenzaron a sufrir distintas expresiones de racismo, como lo explica el restaurantero Vicente Ortiz: "No conocía el racismo. Empezó con todas estas olas antiinmigrantes, que mucho de lo que gente latina había ganado aquí, lo hemos ido perdiendo en vez de avanzar."

Y el líder José Luis Gutiérrez: "Nos ven como criminales, no nos ven como gente que viene a contribuir al engrandecimiento de esta sociedad."

Después de los atentados de 2001, en el corto plazo hubo un rediseño institucional de las agencias estadounidenses vinculadas a la inmigración. Surgió el Department of Homeland Security (Departamento de Seguridad Interna) que bajo una lógica de seguridad asume el control total del tema. A partir de ese momento, la situación en la frontera común y para los mexicanos en Estados Unidos nunca más fue la misma. El ex Secretario de Comercio Carlos Gutiérrez vivió este proceso desde el propio gobierno estadounidense: "El 9/11 cambió el sentido de la inmigración y algunos están diciendo que hay árabes que se parecen físicamente a los hispanos y están cruzando la frontera como hispanos. Sin el 11 de septiembre, hoy tendríamos una relación mucho más estrecha entre nuestros países."

Además, el tema de la migración se politizaría aún más en Estados Unidos. Al respecto, el mismo Carlos Gutiérrez indica que "la inmigración es una cosa política".

En el plano legislativo estatal y federal hubo reacciones antiinmigrantes, expresadas en propuestas de ley. En 2005 surge una propuesta del congresista James Sensenbrenner (HR 4437), originalmente aprobada por la Cámara de Representantes y profundamente antiinmigrante, que incrementa los escenarios de deportación de los indocumentados, incluso de aquellos que llevaban años viviendo en Estados Unidos. Penalizaba la asistencia a un inmigrante indocumentado y convertía así a los hijos de indocumentados en delincuentes, ya que al ayudar a un indocumentado se estaría violando la ley.

La evolución de este proceso y el absurdo de la propuesta de Sensenbrenner llevó a los inmigrantes y a sus organizaciones a manifestar públicamente su rechazo. En 2006, por primera vez en la historia de la presencia mexicana en Estados Unidos, tres millones de miembros de esta comunidad salieron a la calle a expresar dicho rechazo. En ciudades como Chicago hubo manifestaciones de medio millón de personas. El líder Artemio Arreola, quien participó en la organización de tales expresiones, nos transmite lo que vivió:

> En el 2006, en Casa Michoacán y gracias al liderazgo que se estaba mostrando, convocamos a la comunidad y vinieron, y de ahí empezamos a organizar la primera marcha… Nunca pensamos que fuéramos a tener la respuesta que tuvimos, pero la canalizamos… Olvídate, no fueron 50 mil, fueron más de ¡medio millón de personas![30] En ese momento los mensajes que yo considero más profundos fueron, primero: nosotros somos América, "we are America", no somos criminales, "we aren't criminals", ese era el mensaje fuerte. Y el otro que se gritó y se trabajó no solamente para eso, "hoy marchamos, pero mañana votamos".

El líder comunitario José Luis Gutiérrez me comenta: "La marcha del 10 de marzo de 2006 para rechazar la Ley Sensenbrenner nos rebasó. Nosotros fuimos los más espantados. Ha sido una experiencia muy fuerte. La gente fue tanta que en realidad no hubo marcha, se inundaron las calles de Chicago."

Las escenas y eslogans de estas marchas fueron determinantes, no sólo en la no aprobación definitiva de la propuesta, sino en el curso que tomaría la comunidad mexicana en los próximos años. En ellas se leían frases como: "yes we can" (sí se puede), "yes we are here, and here we will stay" (sí estamos aquí, y aquí nos quedamos). Se vio desfilar a adultos que portaban banderas mexicanas con sus hijos que portaban banderas estadounidenses. Sensenbrenner y los congresistas que apoyaron su propuesta no entendieron lo que significaba para un hijo de un indocumentado ver que su padre o madre, que había arriesgado su vida para cruzar la frontera y había aceptado condiciones de trabajo muy adversas para que él

---

30. De marzo a abril de 2006 hubo manifestaciones de entre 300 mil y 500 mil manifestantes en Chicago, Los Ángeles, Dallas y otras ciudades estadounidenses.

tuviera un mejor futuro y, de pronto, pudiera ser deportado por un policía.

Y de Chicago las marchas se replicaron en importantes ciudades de Estados Unidos. Líderes en esta ciudad como Artemio Arreola y José Luis Gutiérrez reflexionan sobre la respuesta inesperada de la comunidad y coinciden que fueron varios los factores que influyeron. Primero, la gente estaba muy asustada, muy enojada de que la iniciativa en sí traía cosas muy negativas; segundo, hubo la solidaridad de las estaciones de radio, incluso, de algunas televisoras. A ello se sumó la sensación de abandono que los inmigrantes percibieron del gobierno mexicano. José Luis Gutiérrez lo expresa de manera muy clara:

> Tenemos también que fortalecernos aquí porque en México no les importamos, porque en México no nos toman en serio… los mexicanos de este lado podemos ser los mejores embajadores, podemos ser los mejores "cabildeadores" de las políticas públicas para México y Latinoamérica. No nos han valorado. No hacer nada no es opción: tendremos que seguir proponiendo, ser más creativos y tendremos que seguirle aportando que las futuras generaciones sean más estratégicas, y que lo que les dejemos sea mejor que lo que nosotros tuvimos. Eso es trascender.

Por desgracia, después de la propuesta de Sensenbrenner surgieron leyes estatales igualmente antiinmigrantes en varios estados de la Unión Americana (la de Arizona SB1070 del año 2010 es quizá la más conocida, pero no la única).

En este primer semestre del 2013, las voces se han multiplicado y también las expectativas de que después de dos décadas se logrará aprobar una reforma migratoria profunda que permita la regularización de los inmigrantes indocumentados. Al momento de escribir este libro no se sabe aún la forma final que tendrá esta reforma, ni siquiera se sabe si será aprobada (a pesar de que ya fue aprobada por el Senado estadounidense). De ser el caso, esta reforma sin duda modificaría el estatus de millones de mexicanos y su relación con México.

Al respecto, la académica Alexandra Delano señala: "Si pasa una reforma migratoria y empieza un proceso de regularización, aunque sea gradual, va a implicar un cambio muy grande en cómo se relaciona esa comunidad con México."

Uno de los hombres más estudiosos y conocedores de la migración es sin duda el académico Demetri Papademetriou, quien plantea la necesidad de una "legislación adecuada", entendiendo por ello lo siguiente: "Lo que marca la legislación como legítimo para ser tomado en cuenta para un trámite de ciudadanía consiste en ser abiertos e incluyentes, en vez de cerrar nuestras puertas y marginarlos. Eso es un paso enorme, y eso es parte de lo que yo considero la legislación indicada."

La reforma significa para nuestros migrantes recuperar confianza y libertad, reconstruir la movilidad histórica, la posibilidad de que miles de jóvenes de origen mexicano puedan conocer su país de origen, la certeza de que no serán deportados, o bien, de que no tendrán que esperar quince o veinte años para regresar a México. Muchos jóvenes se sienten confundidos, no son "ni de aquí, ni de allá" porque llegaron muy pequeños y Estados Unidos es su país, pero son "ilegales" y, a la vez, les es imposible la movilidad.

Es, como muchos de ellos afirman, la esperanza de vivir sin miedo, la puerta para salir de las sombras e integrarse a circuitos económicos de mayor prosperidad. Nuestros inmigrantes reconocen que hay mucha gente con grandes capacidades y que no hay límites hasta dónde llegar. Y recuerdan también que esta reforma no es exclusiva para los mexicanos, sino para muchos otros inmigrantes de diversas latitudes.

De la participación económica, ahora la comunidad abre caminos a la participación política de manera más clara y representativa. Reconocen que no obstante el peso demográfico de los inmigrantes mexicanos, en el Senado y en la Cámara de Representantes, los liderazgos mexicanos no existen. Tienen un sentido de urgencia en cuanto a incluir líderes que representen los intereses de la comunidad y al mismo tiempo hagan valer su poder para apoyar o no a otros liderazgos e iniciativas. Al respecto, el Dr. Raúl Ramos expresa: "Se necesitan líderes. No tenemos suficientes líderes. A pesar de la cantidad de méxico-americanos en Estados Unidos y no tenemos un senador méxico-americano."

La líder de opinión Giselle Fernández menciona:

Es tiempo de negociar con todo ese poder que hoy tenemos. No podemos perderlo, es nuestra oportunidad. Debemos estar en las mesas de negociación. La imagen de México debe cambiar para la gente de Estados Unidos. Se debe difundir el éxito de los líderes de nuestra comunidad en México, deben conocer que sí podemos y que sí existimos.

La comunidad mexicana en el exterior comienza a buscar más espacios de participación política e influencia en la toma de decisiones en Estados Unidos. El sacerdote católico, Francisco Valdovinos, ponía este caso sobre la mesa, lo cual refleja la necesidad de incrementar la participación política:

Teníamos la elección de alcalde y se registraron como doce candidatos afroamericanos y ningún hispano, todo ello en una comunidad preponderantemente hispana y mexicana.

Participación electoral: el gigante despertó

Por primera vez en la historia de nuestra democracia, el impacto electoral de la comunidad latina en Estados Unidos, incluyendo a la gente que se ha naturalizado, tuvo un impacto considerable en el resultado de las elecciones.

Julián Castro, alcalde de San Antonio, Texas

Las situaciones descritas empiezan a reflejarse en la participación y las preferencias electorales. En las elecciones presidenciales de 2008, los hispanos tuvieron una participación importante y en la de 2012 sus votos fueron definitivos para la reelección de Obama. Desde el punto de vista electoral, sin duda, las elecciones presidenciales de 2012 resultaron ser el punto de inflexión que detonó un cambio en cómo es vista, desde la perspectiva política, la comunidad mexicana en Estados Unidos.

En las elecciones de 2012 hubo 24 millones de posibles votantes latinos, de los cuales participó alrededor de la mitad. Se proyecta que en 2030 habrá 40 millones de posibles votantes hispanos, que representarán 16 por ciento, más que los afroamericanos y que los asiáticos. El tema remite a la naturalización de los inmigrantes. Los mexicanos y en general los hispanos siguen teniendo las tasas más bajas de naturalización. Mientras que en los inmigrantes en general dos terceras partes de los que cumplen con los requisitos se naturalizan, apenas lo hace la tercera parte de los mexicanos. Alexandra Delano lo resume así: "Tienen que cambiar su cultura cívica, porque quizá la comunidad latina viene arrastrando un poco de sus propios países, donde piensan que las elecciones no importan."

Por otro lado, juegan un papel crecientemente importante en el resultado final electoral. En la reciente elección presidencial de 2012, 71 por ciento de los hispanos votó por Obama y 27 por ciento por Romney, es decir, 44 puntos porcentuales de diferencia, constituyéndose en la segunda diferencia más grande desde la elección presidencial desde 1980. El llamado "voto hispano" tradicionalmente ha favorecido a los demócratas, ello ha llevado a un sector del Partido Republicano a pensar que no tiene sentido pelear por el voto de los hispanos, toda vez que sus preferencias electorales siempre han sido (y algunos piensan que seguirán siendo) a favor de los demócratas. La conclusión es equivocada. Aun en el escenario de que el voto hispano sea favorable a los candidatos demócratas, por lo menos en la elección presidencial, la diferencia entre los porcentajes de preferencia por los candidatos de ambos partidos muestra que a menor diferencia, mayor la posibilidad de triunfo del candidato republicano. El activista Raúl Murillo lo expresa de manera clara: "Mitt Romney y el Partido Republicano erróneamente adoptaron una posición antiinmigrante y lo que prometían era un clima de autodeportación; Barak Obama, aunque sea el Presidente que ha roto el récord de las deportaciones, nos estaba prometiendo una reforma migratoria."

Muchos de los inmigrantes señalan la urgencia de una participación más amplia y efectiva. Al respecto, Salvador Pedroza, líder de la Cámara de Comercio La Villita, comenta:

> La participación de los mexicanos debe ser mucho más abierta, pues la comunidad cubana, que representa 2 o 3 por ciento a nivel nacional, tiene más poder que los mexicanos. Los puertorriqueños, que son 5 por ciento a nivel nacional, tienen más poder de representación que los méxico-americanos. Cuando nosotros hablamos que los latinos somos 75-80 por ciento y no tenemos esa participación política, algo estamos haciendo pésimamente mal. Por años tuvimos en México una dictadura perfecta y eso nos acompaña cuando venimos a Estados Unidos. No tenemos cultura de participar, de votar. Y ya cuando llegamos a este país lo primero que queremos es llevar el pan a la mesa, salir adelante y luego dejamos lo de la participación política, porque es parte de nuestra cultura.

Regionalmente y en función de la presencia de la comunidad hispana, sus votos juegan un papel más relevante. En Nuevo México representan 37 por ciento de los votantes, en Arizona y Nevada, 18 por ciento.

Su identidad con la agenda hispana, incluida la regularización de indocumentados, es también una de sus características. 77 por ciento de los votantes hispanos piensa que a los indocumentados se les debe ofrecer una oportunidad para regularizarse.

Las voces de ellos coinciden en que las pasadas elecciones provocaron un despertar; que la comunidad hispana tomó conciencia de su poder. El sentimiento de haber contribuido sustancialmente al triunfo de Obama debe dar resultados en el corto plazo. Como me dijo uno de ellos: "Ayudamos en las urnas, ahora tenemos que cobrar."

Corolario

Al recabar y conocer las historias de vida de los mexicanos que han emigrado a los Estados Unidos, veo una realidad muy distinta a la que normalmente se les atribuye tanto en México como en Estados Unidos. Sin desestimar las dificultades inherentes al desplazamiento migratorio que en ocasiones los llevan a arriesgar e incluso a perder la vida, derivadas de la omisión, la discriminación, la estigmatización o la ignorancia de ambos lados de la frontera, en la historia de nuestros connacionales en Estados Unidos se observan elementos inspiradores y encontramos también historias de éxito, de esfuerzo, de dedicación.

No son pocas las historias de mexicanos indocumentados que lograron escalar distintos escalones y llegar hasta lo más alto de las distintas esferas de la sociedad estadounidense.

Yo presento apenas a un puñado de ellas. Tanto en el aspecto académico, como en el laboral y el empresarial, muchos de nuestros migrantes fueron brincando cada una de las barreras que se les iban interponiendo. Estas barreras, hay que reconocer, empiezan en México, en su propio país. Ellos mismos así lo refieren. Esto fue lo que me dijo el activista Artemio Arreola:

> Creo que el error de los gobiernos mexicanos ha sido el desprecio sistemático por sus migrantes. Necesitamos la corresponsabilidad de los académicos, de nuestros gobiernos, en el caso de México, a nivel estatal, a nivel municipal para fortalecer al migrante organizado como una herramienta de poder y tener realmente un impacto más positivo en Estados Unidos.

Convivir con ellos durante todos estos años me ayudó a cuestionar la visión mecánica de víctimas que hemos construido y, forzosamente, llevó a preguntarme sobre la forma en la que estos mexicanos construyeron sus historias de éxito. ¿Tienen ellos características especiales diferentes a las de otros mexicanos? ¿Es el proceso migratorio lo que los hace diferentes? ¿Desenvolverse en otro país con otras reglas es lo que les brinda oportunidades? Sin duda, no hay respuestas simples ni "lineales", es la suma de un poco de todo.

Lo primero que puedo decir es que son mexicanos que trabajan duro, guiados por un anhelo de progreso y ganas de hacer las cosas mejor cada día. Son mexicanos que siempre dan el "extra" y ante situaciones difíciles trabajan aún más. Perciben más cercana la relación entre trabajo y logros. No es una cuestión de suerte que los mexicanos que comenzaron recolectando en el campo se convirtieran en grandes académicos o en importantes empresarios. El trabajo constante y cotidiano fue la principal ayuda.

Pude ver que son mexicanos que una vez que alcanzaron el éxito en Estados Unidos, intentan retribuir sus logros a la comunidad a la que pertenecen. Pude observar su compromiso en el desarrollo de proyectos filantrópicos de carácter comunitario y de desarrollo tanto en Estados Unidos como en México. La diferencia más importante es que en Estados Unidos lo hacen de manera totalmente filantrópica, como parte de una práctica social, mientras que en México no encuentran ni la misma actitud ni las mismas facilidades.

Al conocer más a fondo los relatos de estos mexicanos, también pude constatar su magnífico espíritu emprendedor. Fueron capaces de canalizar sus ideas de la forma correcta, pero sobre todo de ponerlas en práctica. Puedo decir que el miedo al fracaso en estos mexicanos es la excepción y no la regla. Son echados para adelante y, finalmente, esto ha sido lo que les ha ayudado a triunfar.

Más allá de su trabajo duro y espíritu emprendedor, los mexicanos en Estados Unidos han sabido adaptarse y aprovechar las nuevas reglas del juego que la nueva sociedad les ofrece. De hecho, comparten principios que descansan esencialmente en la igualdad de oportunidades, más allá del amiguismo o la corrupción.

Esto nos habla de un proceso de integración que en ocasiones suele estigmatizarse u olvidarse. Son mexicanos que, sin olvidar su pasado, cumplen con las normas del nuevo país al que llegan, y no sólo eso, aprovechan al máximo las oportunidades del nuevo territorio en el que residen. Tienen un profundo amor por México, por sus lugares de origen, por su cultura, pero entienden que para competir deben integrarse a su nuevo país y abrazar las nuevas reglas. Ello les permite ver hacia el futuro en esta dualidad que combina a las dos sociedades, creer firmemente que sus hijos tendrán un mejor mañana si se sigue el camino de la educación, del esfuerzo, del trabajo y que a pesar de las omisiones en México, seguirán vinculados e identificados culturalmente con el país de sus ancestros.

Finalmente, pude comprobar que son historias de éxito que no se quedan en el ámbito individual. Al contrario, aquellos mexicanos que han triunfado fuera de su país llevan una vida pública activa, en la que buscan ayudar a los demás, darle un sentido a su identidad y participar en la esfera política de su nuevo entorno. Quizá sin habérselo propuesto, estos mexicanos han creado una comunidad binacional que puede servir al desarrollo de México y de Estados Unidos. Nuestra tarea es aprovechar e incentivar los beneficios de dicha comunidad.

Sostengo la convicción que expresé al inicio de este libro: ha llegado el momento, en México y en Estados Unidos, de dar vuelta a la página y ver a los mexicanos en Estados Unidos de otra manera, en función de los beneficios que aportan a ambas sociedades. La realidad política, educativa, electoral, cultural, del mundo de los negocios y del mercado de consumo no tolera otra interpretación. La clase política estadounidense ya se dio cuenta y por ello se impulsa una gran reforma migratoria que más allá de sus virtudes y defectos puede convertirse en el catalizador de una nueva visión que de cualquier forma, con o sin reforma, ya encontró su camino.

Con este libro reitero el compromiso que asumí aquella noche en Chicago en 2001 frente a líderes de organizaciones de inmigrantes con quienes hoy me une una profunda amistad, basada en el respeto y el reconocimiento. Espero contribuir a que el proceso migratorio sea mejor entendido y atendido en ambos países, a que los estigmas que rodean a los migrantes en ambos países cedan para dar lugar al reconocimiento de ambas sociedades.

2

El sustento numérico

Introducción

En el primer apartado de este libro recurrí a una serie de entrevistas y testimonios a fin de presentar una visión general acerca de los mexicanos en Estados Unidos que vislumbra la nueva perspectiva desde la cual debe ser vista esta comunidad. Los testimonios presentados no dejan ninguna duda sobre el esfuerzo y los logros de estos individuos, pero como ahí lo mencioné, no permiten de manera automática generalizar sus experiencias a toda la comunidad mexicana en Estados Unidos.

En este capítulo presento cifras estadísticas *in extenso*, de tal manera que al contextualizarse, comparándolas con otras o con ellas mismas en el tiempo, sea más claro el valor de la comunidad mexicana en Estados Unidos. Sobre estas cifras habría que hacer algunas aclaraciones: la primera de ellas es que no pretendo "generalizar" los hallazgos individuales, sino mostrar mediante estas cifras la importancia de la comunidad mexicana en Estados Unidos como colectivo y ya no sólo como un conjunto de individuos.

Una segunda aclaración es que, como cualquier cifra estadística construida científicamente, las que aquí presento no tienen ningún sesgo ideológico; en su abrumadora mayoría se trata de fuentes estadounidenses y, en la generalidad de los casos, de fuentes gubernamentales estadounidenses. De hecho, es de llamar la atención que siendo datos conocidos, generados en Estados Unidos por fuentes oficiales, existan tantos mitos en torno al proceso migratorio.

Este apartado sigue la misma tónica del primero. En esencia, no se trata de información nueva, ni tampoco constituye una aportación académica; más bien, presenta de manera amigable y contundente mucho de lo que se afirmó como resultado de las entrevistas realizadas. A partir de un conjunto de gráficos, la información se presenta en función de los siguientes temas:

- **Estados Unidos: país de inmigrantes:** se hace evidente que la migración está vinculada directamente a la historia y evolución de Estados Unidos. Desde hace mucho tiempo, este fenómeno ha contribuido al desarrollo del país vecino, a su economía y a su cultura. Si acaso, lo que ha ocurrido recientemente es que se han modificado los países de origen de los inmigrantes.
- **¿Por qué afirmo que la comunidad mexicana será el futuro de Estados Unidos?** Desde una perspectiva estadística se muestra el crecimiento de la población de origen mexicano, su contribución al pago de las pensiones y al equilibrio demográfico.
- **Producen, emprenden (con mejores reglas), consumen, benefician a México y tienen esperanza en el futuro.** En esta sección se hace referencia a la importancia económica de la comunidad mexicana en Estados Unidos a partir de algunos indicadores macroeconómicos, de los negocios propiedad de hispanos y en particular de mexicanos, de su capacidad de consumo y por último, del impacto económico de esta comunidad en México.
- **Una clase trabajadora.** Se presenta información que evidencia el impacto positivo de la mano de obra mexicana en el mercado laboral estadounidense y cómo ocupan empleos que le dan sustenta-

bilidad a dicho mercado, que favorecen la recuperación ante crisis económicas y que normalmente tienen un efecto depresor.

- **Educación, la apuesta del futuro.** Como ya mencioné, una de las mayores apuestas de los inmigrantes es la educación de sus hijos. Los datos que se presentan en esta sección no dejan lugar a ninguna duda. A pasos agigantados, de una generación a otra, la comunidad mexicana se supera con base en la educación.
- **DREAMERS.** La iniciativa conocida como DREAMER favorece de manera específica a los mexicanos en Estados Unidos. De todas las comunidades impactadas por una eventual aprobación de medidas de esta naturaleza, sin duda, la mexicana, por su magnitud y características, es la más beneficiada. La información que se presenta habla por sí misma. En esta lógica, la medida anunciada por el Presidente Obama para detener la deportación de posibles *dreamers* es considerada un acierto.
- **Deportados y Obama. Un error.** En una especie de "doble mensaje" mediante el cual Obama busca no romper con el ala conservadora del Partido Republicano y demostrar que se aplica la ley migratoria con rigor, este presidente, percibido como a favor de las comunidades inmigrantes, se ha convertido en quien más ha deportado inmigrantes indocumentados en la historia reciente.
- **Participación electoral.** Sin duda alguna, de manera coyuntural, el detonador para amplios sectores de la sociedad y clase política estadounidense, de una nueva forma de ver a los inmigrantes, se deriva de su importancia electoral. Los datos que aquí presento dejan ver la importancia actual y futura del llamado "voto hispano".

Estados Unidos: país de inmigrantes

Actualmente, Estados Unidos ocupa el tercer lugar en tamaño de población a nivel mundial, apenas detrás de China e India. Sólo entre 1820 y 1930 la población de Estados Unidos creció en 1 000 por ciento. Gran parte de este crecimiento se debió a la inmigración.

Población total por década (en millones)

Crecimiento = 1000%

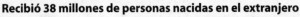

Recibió 38 millones de personas nacidas en el extranjero

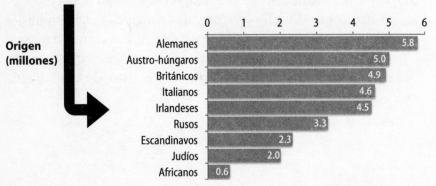

Origen (millones)

Origen	millones
Alemanes	5.8
Austro-húngaros	5.0
Británicos	4.9
Italianos	4.6
Irlandeses	4.5
Rusos	3.3
Escandinavos	2.3
Judíos	2.0
Africanos	0.6

Nota: hay 5 millones de inmigrantes de distintos orígenes no incluidos en esta gráfica

Fuente: elaborado con datos del U.S. Census Bureau, Population Division, diciembre de 2010.
*Los datos de 2013 a 2050 son estimaciones.

Durante el siglo XIX y principios del XX, la inmigración a Estados Unidos era básicamente europea. A partir de 1920 aumenta el número de inmigrantes latinoamericanos, incitado principalmente por la migración mexicana, hasta superar a los europeos en la década de los noventa.

Número de inmigrantes (en millones)

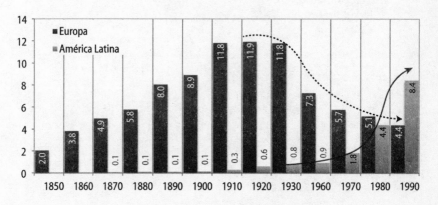

Fuente: Elaborado con datos del U.S. Census Bureau.

El primer impulso para la migración mexicana lo constituyó el Programa Bracero, firmado en 1942 por los gobiernos de México y Estados Unidos, cuyo objetivo era dar empleo temporal. El Programa duró veintidós años y concluyó en 1964.

Número de mexicanos participantes en el Programa Bracero (en miles)

Fuente: Elaborado con datos del U.S. Census Bureau.

Principales ciudades participantes en el Programa Bracero

Principal ciudad de enganchamiento: Ciudad Juárez, Chihuahua

Principal ciudad de reclutamiento: El Paso, Texas

Principales estados que aportaron la fuerza de trabajo:
• Coahuila
• Durango

Principales centros de concentración de braceros:
• Ciudad de México
• Irapuato
• Guanajuato
• Zacatecas
• Chihuahua

Fuente: Elaborado con datos del Proyecto Organizativo Sin Fronteras en http://www.farmworkers.org/pbracero.html

Entre 1960 y el 2010 se observa un claro cambio en el tamaño y origen de la población nacida en el extranjero. Para 2010, la mayoría de los inmigrantes en Estados Unidos provenían de México.

Residentes nacidos en el extranjero, 10 principales países (millones)

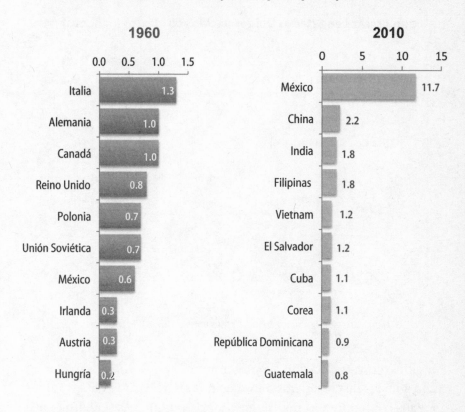

1960		2010	
Italia	1.3	México	11.7
Alemania	1.0	China	2.2
Canadá	1.0	India	1.8
Reino Unido	0.8	Filipinas	1.8
Polonia	0.7	Vietnam	1.2
Unión Soviética	0.7	El Salvador	1.2
México	0.6	Cuba	1.1
Irlanda	0.3	Corea	1.1
Austria	0.3	República Dominicana	0.9
Hungría	0.2	Guatemala	0.8

Fuente: Elaborado con base en datos del U.S. Census Bureau, Population Division; U.S. Census Bureau, 1960 Decennial Census y U.S. Census Bureau, 2010 American Community Survey.

Desde la década de los setenta se empezó a incrementar el número de mexicanos emigrantes a Estados Unidos. Durante los noventa se presentó el mayor flujo de mexicanos hacia el vecino país. Para el 2010, había cerca de 12 millones de personas nacidas en México viviendo en Estados Unidos.

Inmigrantes en Estados Unidos nacidos en México (millones)

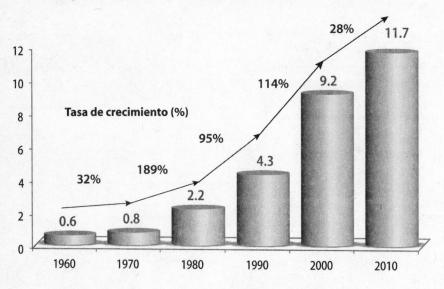

Fuente: Elaborado con datos del U.S. Census Bureau, Population Division.

Sin embargo, la población de origen mexicano es mucho mayor, es decir, además de considerar a los nacidos en México se deben sumar aquellos con padre y/o madre mexicanos y a quienes se definan a sí mismos como mexicanos.

Población de origen mexicano

Año 2000 (20.6 millones)
Año 2010 (31.8 millones)
Año 2013 (33 millones)

Fuente: Elaborado con datos del U.S. Census Bureau, Population Division.

Esquema general de la población de origen mexicano en Estados Unidos, 2010

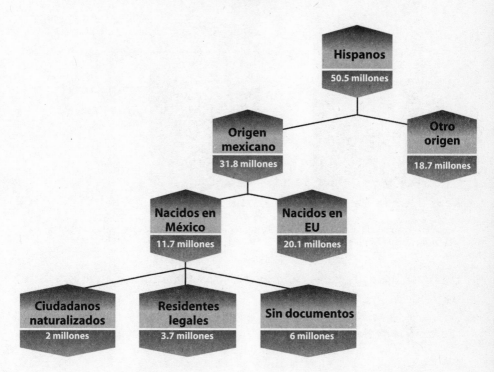

Fuente: elaborado con datos del U.S. Census Bureau, Population Division y *A demographic portrait of Mexican Origin Hispanics in the United States*. Pew Hispanic Center, 2013

Entre la población de origen mexicano, así como entre los nacidos en México y que viven en Estados Unidos, el porcentaje de mujeres es ligeramente inferior al de hombres.

Distribución porcentual de la población de origen mexicano y de los nacidos en México, según sexo, 2010

Origen mexicano   Nacidos en México

Fuente: Elaborado con datos del U.S. Census Bureau, Population Division y *A Demographic Portrait of Mexican-Origin Hispanics in the United States*, Pew Hispanic Center, 2013

El porcentaje de hogares con mujeres jefas de familia es superior entre los de origen mexicano.

Porcentaje de hogares en Estados Unidos con mujeres jefas de familia, según origen del hogar (2011)

Fuente: Elaborado con datos de *Pew Hispanic Center tabulations of 2011 American Community survey* (1% IPUMS), 2011

¿Por qué afirmo que la comunidad mexicana será el futuro de Estados Unidos?

El número de hispanos en Estados Unidos va en aumento. En los dos últimos lustros, las tasas de crecimiento de hispanos oscilan entre 19 y 20 por ciento.

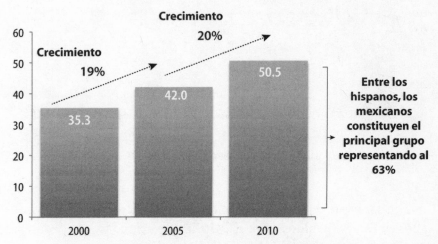

Población de origen hispano o latino (millones)

Fuente: Elaborado con datos del U.S. Census Bureau, Population Division.

Según estimaciones del Pew Hispanic Center, de 2005 a 2050 la población hispana será la que experimente mayor crecimiento, triplicando su tamaño.

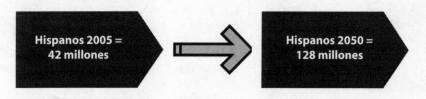

Fuente: Elaborado con datos de *U.S. Population Projections: 2005–2050*, de Jeffrey S. Passel and D'Vera Cohn, Pew Hispanic Center 2008

En términos porcentuales, en 2005 los hispanos representaban 14 por ciento de la población total de Estados Unidos, pero para el año 2050 serán 29 por ciento, lo que significa un incremento de más de 200 por ciento.

Participación porcentual en la población total de Estados Unidos según raza: 1960, 2005 y 2050

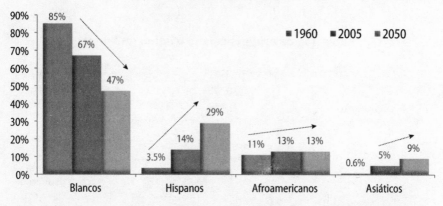

Fuente: Elaborado con datos de *U.S. Population Projections: 2005–2050*, de Jeffrey S. Passel and D'Vera Cohn, Pew Hispanic Center 2008

Los hispanos son el grupo poblacional que más crecerá los próximos años en Estados Unidos; para el 2050, la población hispana pagará las pensiones de una parte de los jubilados no hispanos.

Proyecciones en el pago de pensiones, 2050

Fuente: Elaborado con datos de *U.S. Population Projections: 2005–2050*, de Jeffrey S. Passel and D'Vera Cohn, Pew Hispanic Center 2008

En los próximos años pasará al retiro aquella población nacida entre 1946 y 1964, mejor conocida como generación *baby boom*. Periodo que se distinguió por el considerable aumento en el número de nacimientos, al finalizar la Segunda Guerra Mundial.

Número de nacimientos en Estados Unidos 1930-1967 (millones)

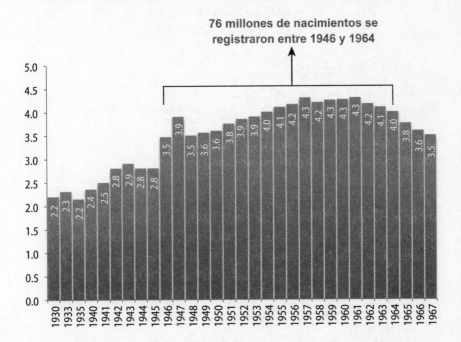

Fuente: Elaborado con datos del U.S. Census Bureau, Statistical Abstract of the United States

Sin embargo, después del *baby boom* las tasas de natalidad de la población blanca iniciaron su descenso. Mientras que las tasas de natalidad de los hispanos, y en particular de los mexicanos en Estados Unidos, se encontraban muy por encima que las de la población blanca.

Tasas de natalidad de la población blanca 1940-2010 (Nacimientos por cada 1000 habitantes)

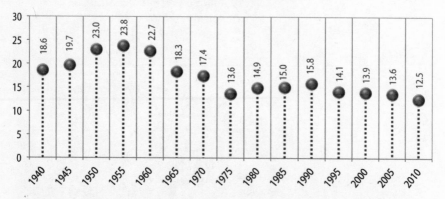

Tasas de natalidad de la población hispana y mexicana 1990-2011 (Nacimientos por cada 1000 habitantes)

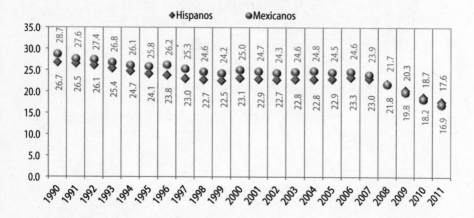

Fuente: Elaborado con datos de *Births: Final Data for 2011*, de Joyce A. Martin, M.P.H.; Brady E. Hamilton, Ph.D.; Stephanie J. Ventura, M.A Michelle J.K. Osterman, M.H.S.; and T.J. Mathews, M.S., Division of Vital Statistics, CDC/NCHS, *National Vital Statistics Reports*, Junio 2013.

De acuerdo con la esperanza de vida en Estados Unidos, la generación *baby boom* se encuentra próxima al retiro, por lo que aumentará
la dependencia en la natalidad y el crecimiento de la población hispana para mantener el equilibrio demográfico.

Esperanza de vida en Estados Unidos (en años), 1960-2010 y proyecciones a 2015 y 2020

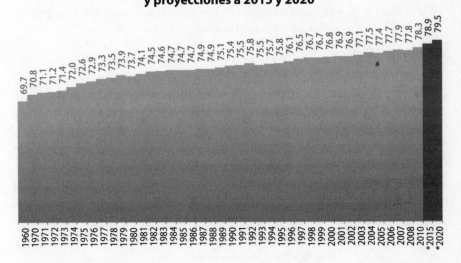

Fuente: Elaborado con datos del U.S. National Center for Health Statistics, *National Vital Statistics Reports* (NVSR), publicado en internet en Septiembre 30, 2011.

Producen, emprenden (con mejores reglas), consumen, benefician a México y tienen esperanza en el futuro

La población de origen mexicano contribuye con 8 por ciento del Producto Interno Bruto (PIB) de Estados Unidos.

Contribución porcentual de la población de origen mexicano inmigrante al PIB de Estados Unidos, 2003-2012 (%)

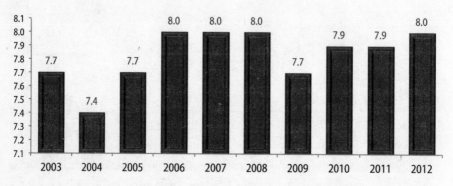

Fuente: Elaborado con datos de Mexico Migration Outlook. BBVA Bancomer. Foundation and Mexico Economic Studies Department of BBVA, 2012.

Durante los últimos diez años, del PIB generado por la población inmigrante en Estados Unidos, los mexicanos aportan alrededor de 50 por ciento.

Contribución porcentual de la población de origen mexicano al PIB generado por el total de inmigrantes en Estados Unidos, 2003-2012 (%)

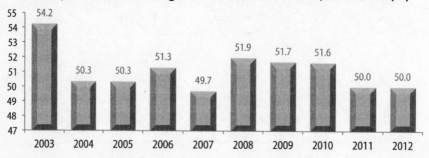

Fuente: Elaborado con datos de Mexico Migration Outlook. BBVA Bancomer. Foundation and Mexico Economic Studies Department of BBVA, 2012.

Los indicadores señalan una clara ventaja competitiva de Estados Unidos sobre México. Estados Unidos presenta mayor independencia del poder judicial, mayor protección a acreedores, menor economía informal y menor corrupción.

Índice de independencia del poder judicial
(valores 0 a 10, más alto es mejor)

Índice de protección a acreedores
(valores 0 a 10, más alto es mejor)

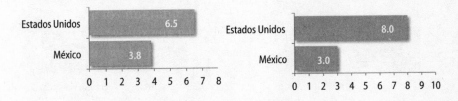

Índice de economía informal
(valores 0 a 10, más alto es mejor)

Índice de corrupción
(valores 0 a 100, más alto es mejor)

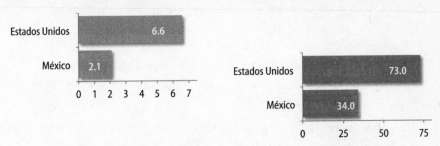

Fuente: Elaborado con datos de los Resultados del Índice de Competitividad 2013, Instituto Mexicano de Competitividad, retomados del Banco Mundial, Fraser Institute, Transparency International, Doing Business, EIU.

En Estados Unidos existe mayor flexibilidad de las leyes laborales y mayor libertad para competir que en México.

Índice de flexibilidad de las leyes laborales
(valores 0 a 10, más alto es mejor)

Índice de libertad para competir
(valores 0 a 5, más alto es mejor)

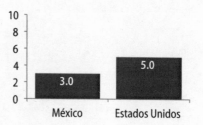

En México, la apertura de una empresa y el tiempo invertido para el cálculo y pago de impuestos es mayor que en Estados Unidos.

Número de días para abrir una empresa

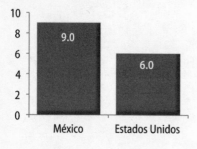

Tiempo para calcular y Pagar impuestos (en horas)

Fuente: Elaborado con datos de los Resultados del Índice de Competitividad 2013, Instituto Mexicano de Competitividad, retomados del Banco Mundial, Fraser Institute, Transparency International, Doing Business, EIU.

Del 2002 al 2007, el número de negocios propiedad de hispanos creció más del doble del promedio nacional para completar 2.3 millones de negocios, de los cuales un millón son de mexicanos.

Tasa de crecimiento del número de empresas en Estados Unidos e hispanas, 2002-2007 (%)

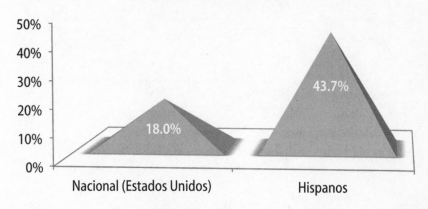

Número de negocios de la población hispana y mexicana en Estados Unidos, 2007

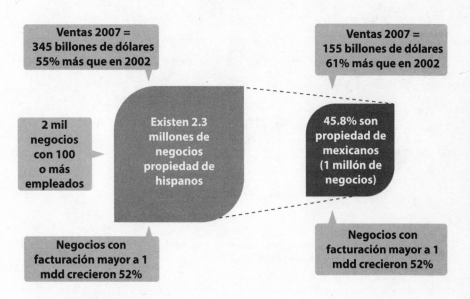

Fuente: Elaborado con datos de *Survey of Business Owners: Hispanic-Owned Businesses: 2007*, U.S. Census Bureau, publicada en 2010.

Concentración del número de negocios propiedad de hispanos en Estados Unidos, 2007

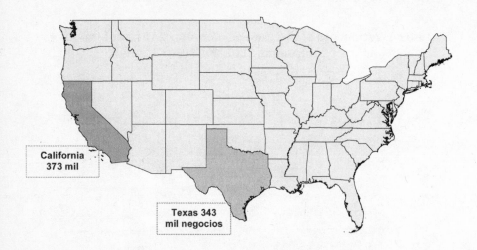

California
373 mil

Texas 343
mil negocios

Ciudades con mayor porcentaje de negocios propiedad de hispanos, 2007

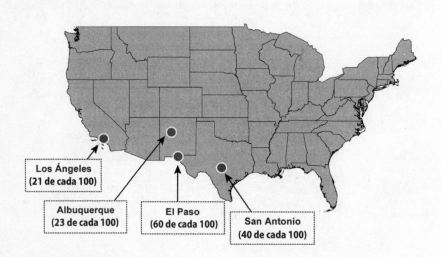

Los Ángeles
(21 de cada 100)

Albuquerque
(23 de cada 100)

El Paso
(60 de cada 100)

San Antonio
(40 de cada 100)

Fuente: Elaborado con datos de *Survey of Business Owners: Hispanic-Owned Businesses: 2007*, U.S. Census Bureau, publicada en 2010.

El ingreso de los hispanos es superior al de los cinco países que componen el bloque denominado BRIC (Brasil, Rusia, India, China y Sudáfrica).

Comparativo del ingreso per cápita entre los hispanos en Estados Unidos y los países del BRIC, 2010 (dólares)

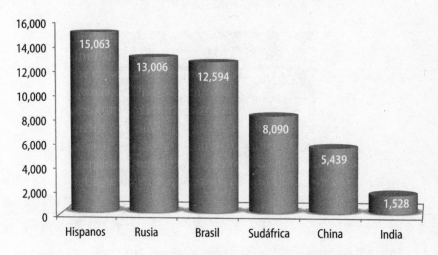

Fuente: Elaborado con datos de National Accounts Main Aggregates Database, United Nations Statistics Division, 2013 y del Census Bureau, *Income, Povery, and Health Insurance Coverage in the United States*, 2010

Los hispanos ocupan 13.7 millones de hogares, de los cuales 50 por ciento son hogares propios y amortizan sus créditos de manera regular. Entre ellos, los mexicanos son mayoría, al habitar en 8.2 millones de hogares.

Número de hogares totales e hispanos en Estados Unidos, 2012 (en millones)

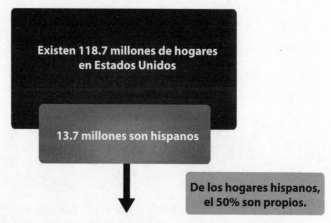

Existen 118.7 millones de hogares en Estados Unidos

13.7 millones son hispanos

De los hogares hispanos, el 50% son propios.

Número de hogares hispanos según origen, 2012 (en millones)

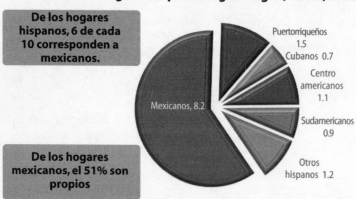

De los hogares hispanos, 6 de cada 10 corresponden a mexicanos.

De los hogares mexicanos, el 51% son propios

Mexicanos, 8.2

Puertorriqueños 1.5
Cubanos 0.7
Centro americanos 1.1
Sudamericanos 0.9
Otros hispanos 1.2

Fuente: Elaborado con datos de U.S. Census Bureau, *Current Population Survey, Annual Social and Economic Supplement*, publicado en internet en 2012.

El consumo de los hispanos en Estados Unidos pasó de 0.2 trillones de dólares* en 1990 a 1 trillón en 2010. Se estima que en 2015 alcanzará los 1.5 trillones de dólares. Es decir, el poder de compra habrá crecido más de 600 por ciento en 25 años.

Poder adquisitivo de la población de origen mexicano en Estados Unidos 1990-2015 (trillones de dólares)

Año 1990
(0.2 trillones)

Año 2000
(0.5 trillones)

Año 2010
(1.0 trillones)

Año 2015
(1.5 trillones)

Crecimiento del 600 %

Fuente:The Multicultural Economy. The University of Georgia, 2009

---

*Las cifras en trillones se expresan bajo el sistema numérico norteamericano.

El poder adquisitivo de los hispanos en Estados Unidos (calculado en 1.5 trillones para 2015) es similar al PIB de Australia y superior al de 199 países, por ejemplo: España, México, República de Corea, Holanda, Turquía, Suecia, Bélgica, Polonia, Noruega, Argentina, entre otros.

Producto Interno Bruto de países seleccionados, 2011
(cifras en trillones de dólares)

Australia	1.52
España	1.48
México	1.16
República de Corea	1.12
Indonesia	0.85
Holanda	0.84
Turquía	0.77
Suiza	0.66
Arabia Saudita	0.60
Suecia	0.54
Irán	0.52
Bélgica	0.51
Polonia	0.51
Noruega	0.49
Argentina	0.45
Austria	0.42
Sudáfrica	0.41
Tailandia	0.37
Emiratos Árabes	0.34
Colombia	0.33
Dinamarca	0.33
Venezuela	0.32
Grecia	0.30
Malasia	0.29
Finlandia	0.26
Singapur	0.26
Chile	0.25
Nigeria	0.25
China: Hong Kong SAR	0.24
Israel	0.24
Portugal	0.24
Egipto	0.23

Fuente: Elaborado con datos de National Accounts Main Aggregates Database, United Nations Statistics Division, 2013

Ingresos por remesas familiares, 1995-2011 (en millones de dólares)

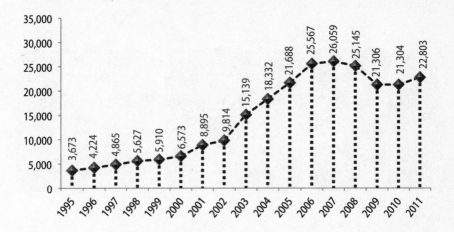

Actualmente, más de 1.36 millones de hogares en México dependen del envío de remesas de Estados Unidos.

Número de hogares receptores de remesas, 1992-2010 (en millones)

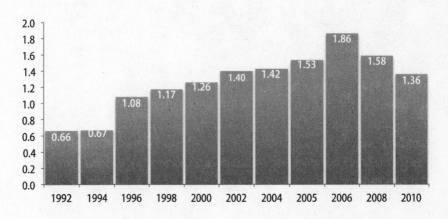

Fuente: Elaborado con datos del Anuario de Migración y Remesas, 2013, Fundación BBVA Bancomer.

Hoy en día 7 millones de migrantes nacidos en México trabajan en Estados Unidos.

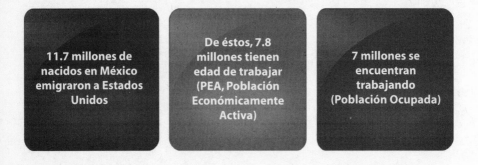

| 11.7 millones de nacidos en México emigraron a Estados Unidos | De éstos, 7.8 millones tienen edad de trabajar (PEA, Población Económicamente Activa) | 7 millones se encuentran trabajando (Población Ocupada) |

Además, hogares y personas en México dependen económicamente del envío de remesas.

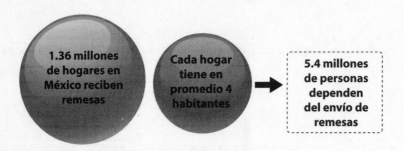

| 1.36 millones de hogares en México reciben remesas | Cada hogar tiene en promedio 4 habitantes | 5.4 millones de personas dependen del envío de remesas |

Fuente: Elaborado con datos del Anuario de Migración y Remesas, 2013, Fundación BBVA Bancomer.

Conforme a encuestas recientes del Pew Hispanic Center, los hispanos son más optimistas respecto al futuro que la población en general.

Porcentaje de personas satisfechas con el rumbo de la nación en Estados Unidos (2008-2012)

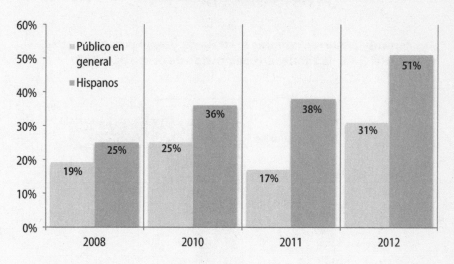

Fuente: Elaborado con datos de *Latinos Express Growing Confidence In Personal Finances*, Nation's Direction, Pew Hispanic Center, 2012.

Una clase trabajadora

El trabajo de los mexicanos es fundamental para la economía de Estados Unidos, sobre todo en ocupaciones como el trabajo agrícola donde más de 30 por ciento del total de empleados es mexicano.

Porcentaje que representan los trabajadores mexicanos dentro del total de empleados, según tipo de ocupación, 2011

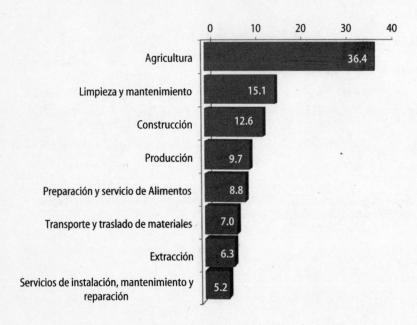

Fuente: Elaborado con datos de Pew Hispanic Center tabulations of 2011 American Community Survey (1% IPUMS), 2011

Es muy evidente la concentración de mexicanos en labores de menor calificación, a diferencia de los nacidos en Estados Unidos, que se dedican más a trabajo en oficinas.

Porcentaje de empleados nacidos en Estados Unidos o en México que se dedican a la ocupación señalada, 2011

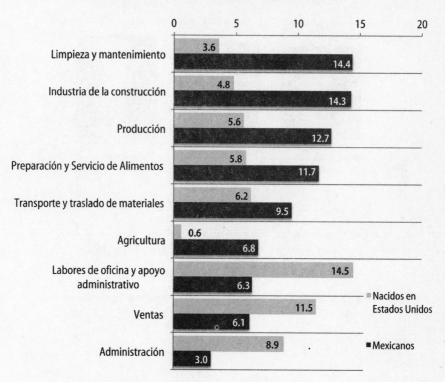

Fuente: Elaborado con datos de *Pew Hispanic Center tabulations of 2011 American Community Survey* (1% IPUMS), 2011

Los mexicanos tienen una mayor tasa de participación en la fuerza laboral que los hispanos y los nacidos en Estados Unidos.

Tasa de participación en la fuerza laboral de Estados Unidos,

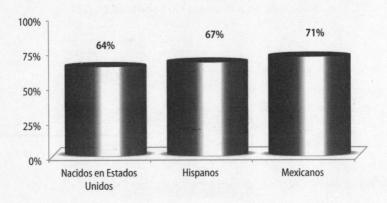

La tasa de desempleo de los mexicanos es menor que la de los hispanos en general, pero mayor que la de los nacidos en Estados Unidos.

Tasa de desempleo en Estados Unidos, según origen, 2011

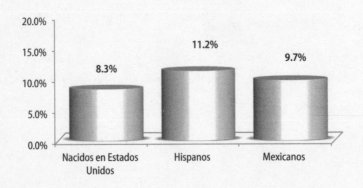

Fuente: Elaborado con datos de *The Demographics of the Jobs Recovery Employment Gains by Race, Ethnicity, Gender and Nativity,* Pew Hispanic Center 2012.

Después del periodo de recesión (2007-2009), la población hispana fue la segunda en sobreponerse, al recuperar 6.5 por ciento de sus empleos.

Tasa de participación en la fuerza laboral de Estados Unidos, según origen, 2011

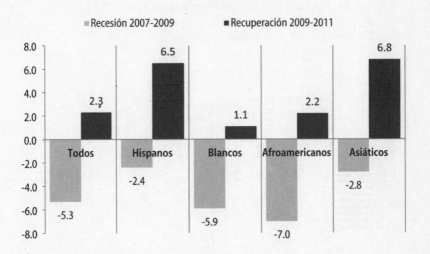

Fuente: Elaborado con datos de *The Demographics of the Jobs Recovery. Employment Gains by Race, Ethnicity, Gender and Nativity*, Pew Hispanic Center ,2012.

Educación: la apuesta del futuro

Del total de población de origen mexicano en Estados Unidos, alrededor de 37 por ciento se encuentra en edad escolar.

Distribución porcentual de la población de origen mexicano en Estados Unidos, por grupos de edad, 2011

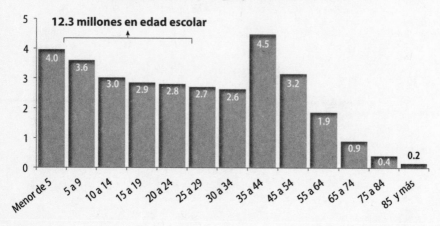

En general, la población de origen mexicano mayor de 25 años tiene menos escolaridad que el total de hispanos en Estados Unidos.

Distribución porcentual de la población de origen mexicano mayor de 25 años, según escolaridad, 2011

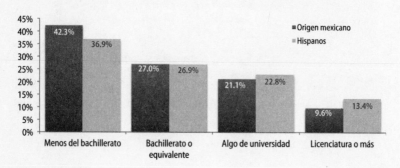

Fuente: Elaborado con datos de *A Demographic Portrait of Mexican-Origin Hispanics in the United States*, Pew Hispanic Center 2013.

La población de origen mexicano nacida en Estados Unidos tiene mayor grado de escolaridad que los nacidos en México.

Distribución porcentual de la población de origen mexicano mayor de 25 años, según lugar de nacimiento, por escolaridad, 2011

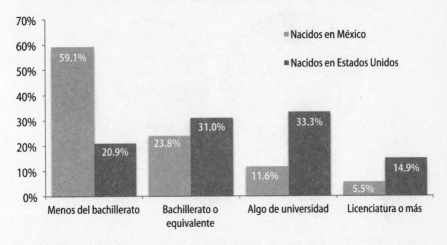

Los mexicanos que emigraron a Estados Unidos en 1990 tenían menos escolaridad que quienes emigraron en 2011.

Distribución porcentual de los inmigrantes nacidos en México, por escolaridad, 1990 y 2011

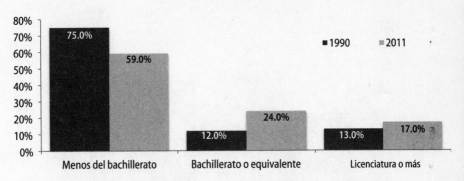

Fuente: Elaborados con datos de *A Demographic Portrait of Mexican-Origin Hispanics in the United States*, Pew Hispanic Center 2013.

Los hispanos valoran más los estudios universitarios como opción para la vida, que los americanos.

Porcentaje de personas de 16 años o más que considera que un grado universitario es necesario para "seguir adelante en la vida", según origen, 2011

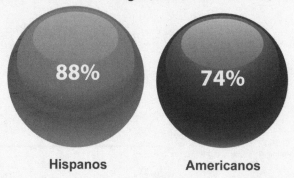

Hispanos   Americanos

Fuente: Elaborado con datos de *A Demographic Portrait of Mexican-Origin Hispanics in the United States*, Pew Hispanic Center 2013.

Entre 2000 y 2012 se incrementó el porcentaje de hispanos egresados de bachillerato que se inscribieron en una universidad, superando al porcentaje de blancos.

Porcentaje de egresados de nivel bachillerato que ingresaron inmediatamente a la educación superior, según origen, 2000-2012

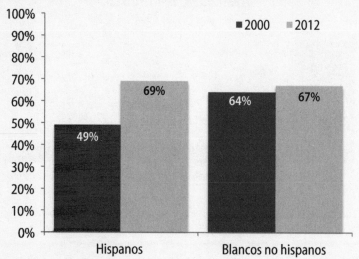

Fuente: Elaborado con datos de *A Demographic Portrait of Mexican-Origin Hispanics in the United States*, Pew Hispanic Center 2013.

DREAMERS: un acierto

Según estimaciones del Pew Hispanic Center, 1.7 millones de jóvenes indocumentados podrían resultar beneficiados; de éstos, el 55 por ciento de manera inmediata y el 45 por ciento en un futuro inmediato (cuando obtenga su diploma de *high school*).

Porcentaje de inmigrantes según elegibilidad o no al nuevo Programa "Deferred Action for Childhood Arrivals"

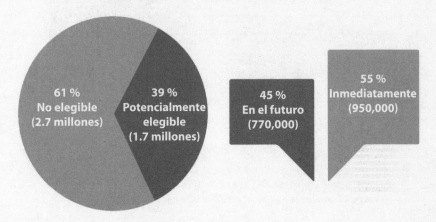

De los 1.7 millones de jóvenes indocumentados el 85 por ciento son hispanos (de los cuales 70 por ciento son mexicanos).

Participación porcentual de los hispanos en la población potencialmente elegibles al nuevo Programa "Deferred Action for Childhood Arrivals"

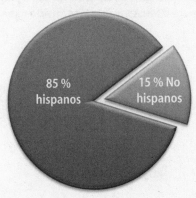

Fuente: Elaborados con datos de *Up to 1.7 Million Unauthorized Immigrant Youth May Benefit from New Deportation Rules*, Pew Hispanic Center, 2011.

Los 1.2 millones de mexicanos estudiantes en Estados Unidos representan 54 por ciento de la matrícula actual de las escuelas públicas de educación superior en México.

Matrícula de alumnos de universidades públicas en México, según ciclo escolar

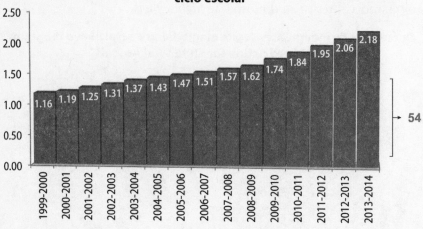

Fuente: Elaborado con datos de *Up to 1.7 Million Unauthorized Immigrant Youth May Benefit from New Deportation Rules*, Pew Hispanic Center, 2011.

84 por ciento de los hispanos considera que si un indocumentado asistió a una escuela pública debe poder recibir los beneficios del resto de los residentes para acceder a educación superior (en particular, en lo que se refiere al pago de colegiaturas).

Porcentaje que está de acuerdo en que un inmigrante ilegal que ha estudiado en escuela pública en Estados Unidos sea aceptado en una universidad

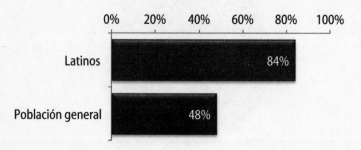

Fuente: Elaborado con datos del *As Deportations Rise to Record Levels, Most Latinos Oppose Obama's Policy*, Pew Hispanic Center, 2011.

Asimismo, 91 de cada 100 hispanos apoya la propuesta DREAM, que otorgaría estatus legal a los hijos de inmigrantes ilegales si asisten a la universidad o sirven en el Ejército de Estados Unidos durante dos años.

Distribución porcentual de hispanos según apoyo o no a la propuesta DREAM

Fuente: Elaborado con datos del *As Deportations Rise to Record Levels, Most Latinos Oppose Obama's Policy,* Pew Hispanic Center, 2011.

Deportados y Obama: un error

Durante el primer periodo de gobierno de Barack Obama se observó un incremento de las deportaciones, superando a las realizadas en los periodos de George Bush. Entre los deportados, la mayoría son hispanos y de éstos, 7 de cada 10 son mexicanos.

Número de deportaciones de Estados Unidos 2000-2011 (miles)

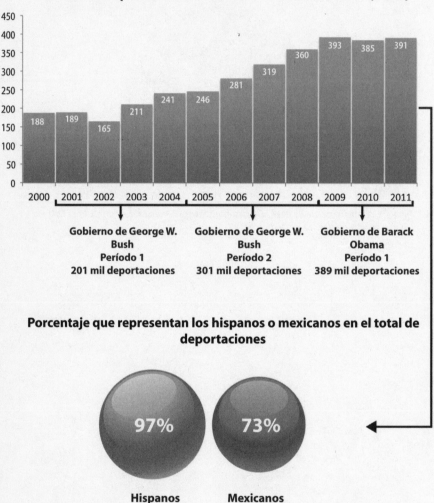

| Gobierno de George W. Bush Período 1 201 mil deportaciones | Gobierno de George W. Bush Período 2 301 mil deportaciones | Gobierno de Barack Obama Período 1 389 mil deportaciones |

Porcentaje que representan los hispanos o mexicanos en el total de deportaciones

97% Hispanos

73% Mexicanos

Fuente: Elaborado con datos del *2011 Yearbook of Immigration Statistics, Office of Immigration Statistics,* Homeland Security y del *As Deportations Rise to Record Levels, Most Latinos Oppose Obama's Policy,* Pew Hispanic Center, 2011.

Entre la comunidad latina existe descontento con la forma como se maneja el tema de las deportaciones con el actual gobierno de Estados Unidos.

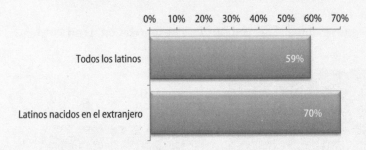

Porcentaje de latinos que desaprueban el manejo de las deportaciones en el gobierno de Obama (2011)

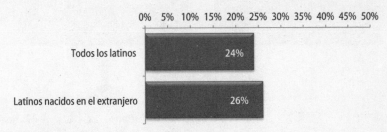

Porcentaje de latinos que conoce a alguien que ha sido deportado (2011)

Fuente: Elaborado con datos del *As Deportations Rise to Record Levels, Most Latinos Oppose Obama's Policy*, Pew Hispanic Center, 2011.

Una investigación de la ONG Applied Research Center (ARC) señala que las deportaciones están separando familias, haciendo que los niños pierdan la oportunidad de volver a ver a sus padres cuando una corte de dependencia juvenil cancela sus derechos paternales. Esta situación muestra las fallas que existen en el sistema de bienestar infantil para reunificar familias.

Según estimaciones del Applied Research Center en 2011

En los primeros
6 meses se
deportaron a 46 mil
madres y padres de
niños ciudadanos
de Estados Unidos

5 mil 100 niños
actualmente se
encuentran en una
especie de vacío legal

Si esto se mantiene, en los próximos cinco años, al menos otros 15,000 niños más enfrentarán estas amenazas para reunificarse con sus madres y padres

Fuente: Elaborado con datos de *Familias destrozadas. La intersección peligrosa de la Aplicación de las Leyes de Inmigración y el Sistema de Cuidado Infantil*, Applied Research Center, 2011

Participación electoral: el gigante despertó

En los últimos veinticuatro años ha aumentado en 16 millones el número de posibles votantes hispanos, pasando de 7.7 millones en 1998 a 23.7 millones para 2012.

En contraparte, ha aumentado a 8.8 millones el número de votantes: pasó de 3.7 millones en 1998 a 12.5 millones en 2012.

Número de votantes y posibles votantes hispanos, 1999-2012 (millones)

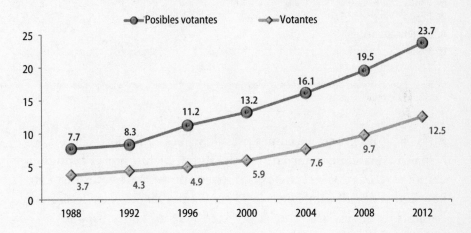

Fuente: Elaborado con datos de *An Awakened Giant: The Hispanic. Electorate Is Likely to Double by 2030*, Pew Hispanic Center.

Estimaciones del Pew Hispanic Center señalan que para el 2030 habrá 40 millones de hispanos como posibles votantes.

El porcentaje de posibles votantes hispanos pasará de 11 por ciento en 2012 a 16 por ciento en 2030.

Número de posibles votantes por origen (millones)		
	2012	2030	Participación en el crecimiento (%)
Todos los votantes	215	256	100
Hispanos	24	40	40
Blancos	154	163	23
Afroamericanos	27	35	21
Asiáticos	9	16	15

Fuente: Elaborado con datos de *An Awakened Giant: the hispanic electorate is likely to double by 2030*. Pew Hispanic Center

En las últimas nueve elecciones presidenciales en Estados Unidos, los hispanos tienden a votar en más de 50 por ciento por el candidato demócrata. Las dos elecciones con mayor número de votos hispanos han sido la de Bill Clinton en 1996 con 72 por ciento, y la elección de Barack Obama en 2012 con 71 por ciento de los votos hispanos.

Porcentaje de votación de los hispanos según candidato, por elección presidencial				
Año	Candidato demócrata	Porcentaje de votación	Candidato republicano	Porcentaje de votación	Ventaja demócrata
1980	Jimmy Carter	56	Ronald Reagan	35	21
1984	Walter Mondale	61	Ronald Reagan	37	24
1988	Michael Dukakis	69	George H. W. Bush	30	39
1992	Bill Clinton	61	George H. W. Bush	25	36
1996	Bill Clinton	72	Bob Dole	21	51
2000	Al Gore	62	George W. Bush	5	27
2004	John Kerry	58	George W. Bush	40	18
2008	Barack Obama	67	John McCain	31	36
2012	Barack Obama	71	Mitt Romney	27	44

Fuente: Elaborado con datos de *Latino Voters in the 2012 Election*. Pew Hispanic Center

Durante las elecciones de 2012, en el estado de Nuevo México se concentró el mayor porcentaje de votantes hispanos con 37 por ciento. En Arizona, se registró el segundo porcentaje más alto de votación hispana.

Participación porcentual de votantes hispanos en las elecciones presidenciales, 2004-2012 (estados seleccionados)			
	2004	**2008**	**2012**
Arizona	12	16	18
Carolina del Norte	1	3	4
Colorado	8	13	14
Florida	15	14	17
Nevada	10	15	18
Nuevo México	32	41	37
Ohio	3	4	3
Virginia	3	5	5
Wisconsin	2	3	4
Total U. S.	8	9	10

Fuente: Elaborado con datos de *Latino Voters in the 2012 Election*. Pew Hispanic Center

Apéndice

Perfil y extractos de los entrevistados

En este apéndice presento a ustedes todas las personas que entrevisté para la realización de este libro, a aquellos que dejaron de ser 0, 0, 0 para convertirse en mexicanos exitosos en una nueva sociedad y a los académicos, líderes y políticos que desde hace mucho tiempo son cercanos a los mexicanos en Estados Unidos.

Para todos va mi gratitud, por su disposición para compartir su historia, incluso en aquellos casos en que ésta tiene momentos duros, dolorosos, tristes. Pero sobre todo, expreso mi reconocimiento. Por sus éxitos, por sus ganas de triunfar en condiciones adversas, por mostrarnos a los otros mexicanos —los que nos quedamos de este lado— que con otras condiciones estructurales, el éxito es posible. Que hay que cambiar cosas en México, no en los mexicanos y que, al contrario, somos personas trabajadoras, emprendedoras, estudiosas, ingeniosas, con profundos valores cívicos y compromiso comunitario, con un gran amor hacia México y con una identidad cultural a toda prueba. Todo eso son los 0, 0, 0, quienes gracias a su esfuerzo dejaron de serlo.

César Millán

Es conocido por el *reality show* aclamado por el público que se emite por Nat Geo Mundo como "Encantador de Perros" que actualmente está grabando su novena temporada. Es autor de los libros *El camino de César, El lider de la manada, Un miembro de la familia* y *El encantador de perros.*

"Sentirse pobre y ser pobre son dos cosas muy diferentes, yo me sentía pobre, pero así aprendí lo que yo soy ahora, lo que la gente llama 'el encantador de perros. Mi abuelo me decía: 'Nunca trabajes en contra de la naturaleza, siempre asegúrate que ganes la confianza, que ganes el respeto y te van a dar un regalo, se llama lealtad'".

De pequeño era una persona muy activa, entonces me pusieron en yudo. Y una vez que íbamos a una competencia, le digo a mi madre: "¿Tú crees que yo pueda ser el mejor entrenador de perros del mundo?" Tenía 13 años, yo ya sabía qué es lo que quería hacer en este mundo, y me dijo: "¡Tú puedes hacer lo que se te dé la gana!" Ella es una mujer muy mexicana, sinaloense.

A los 21 años, un 23 de diciembre de 1991, le dije a mi madre que me venía a Estados Unidos. Una voz por dentro me decía: "¡Vete ahora!" Muchas personas no escuchan esa voz que te dice qué hacer, eso tiene que ver mucho con el triunfo, con creer, con la fe, es algo por dentro que no lo puedes explicar.

Mi padre me dio 100 dólares que eran todos sus ahorros. A mí me cayó bien la canción, "La migra negra me agarró, quinientas veces", porque me agarraban a cada ratito.

Después de dos semanas que intenté cruzarme llegué a un hoyito,[1] porque ya conocía bien la línea. Y estaba una señora frente a ese hoyito, vendía café y chicles. Me preguntó: "¿A dónde vas?" Ella era la jefa del hoyito, y la vi con su vestidito así muy *cholita*, y cambió la cara, pensé que me iba a matar o me iba a quemar con el café. Pero llegó un muchacho y me preguntó: "¿Te quieres pasar? Te cobro 100 dólares." Y yo me quedé helado, porque uno crece oyendo que la gente sucia y flaca no es de fiar, pero algo por dentro me dijo "sí". Lo seguí e hice exactamente lo que me dijo. Horas después seguíamos corriendo llenos de agua, de lodo. Corres por el *freeway*, es donde ves los anuncios de la gente que está corriendo, pues ese eres tú. Íbamos en contra de los carros, y vas corre y corre, hasta que bajamos en un túnel. Ahí yo pensé que me iba a matar, "espérate", me dijo el joven flaco y sucio, "ahí está la gasolinera". "Te voy a mandar en un taxi y el taxi te va a llevar de aquí de la gasolinera al centro de San Diego." Él le pagó al taxi 20 dólares para que me sacara. Por eso es que en uno de mis libros yo describo ángeles que tú puedes ver, y él fue uno de ellos, fue un ángel que me cruzó.

Viví debajo de los *freeway*, por dos meses en San Diego. Porque una vez que te pasas esa primera garita, luego sigue la de San Clemente y esa no te la puedes pasar a pie, nada más en carro. Esos dos meses hacía de todo. Aprendí que con un dólar podía comprar dos hot dogs. Yo hacía un dólar diario, barriendo o lo que tuviera que hacer y a mis dos *hot dogs* les echaba un montón de tomate, cebolla y la mayonesa. Lo increíble de acá es que te venden una bebida, la cual pagas sólo una vez, y tú puedes rellenarla. Yo con ese vaso que pagué sólo una vez vivía todos los días.

---

1. Forma en la que coloquialmente se le llama a los espacios debajo de los puentes.

Llegué a una veterinaria, estaban unas señoras blanquitas, ya viejitas y pregunté: *"Do you have aplication for work?"* Y me empezaron hablar en inglés y me metí en un lío... Tenían un Cocker Spaniel, agarré al perro y le corté el pelo como decía en la foto. Se quedaron asombradas, porque el perro las mordía a ellas y a mí no.

Ese día aprendí a quedar "enlodado por dinero". Me pagaron 60 dólares y les regresé 50 dólares, pues pensé: "¿Para qué quiero tanto hot dog?" Era difícil para mí agarrar tanto dinero. Yo con 10 dólares estaba más que contento, porque la gente sólo me daba trabajo por un día y no sé tomar ventaja. Las señoras me pidieron que regresará y empecé a bañar a sus perros, a limpiar todo. Fui muy acomedido, pues uno aprende que "el muerto y el arrimado a los tres días apesta", y yo no quería apestar, eso lo aprendí desde que estaba en el kínder. Yo lavaba el local, bañaba a los perros que les tocaban a las señoras, los que me tocaban a mí y tenía todo muy limpio.

En esa época, el centro de Los Ángeles estaba horrible, busqué una perrera para trabajar y un cubano me contrató. Trabajaba desde las seis de la mañana hasta las once de la noche, seis días a la semana por 200 dólares; era una maravilla, pero era una esclavitud. Ahí aprendí el sistema de las perreras. El cubano era malísimo como jefe, pero buenísimo para el negocio. Con él aprendí que puedes ir a Alemania a comprar perros y venderlos aquí por 15 mil, 20 mil, 25 mil dólares.

Yo traía un mal hábito, que es muy mexicano o latino, en el que si te dicen a las 8 de la mañana, llegas 8:30 u 8:45 y tienes todas la excusas del mundo. Pero mi jefe me cobraba 10 dólares por cada minuto que llegara tarde y se me quitó lo impuntual. Yo ganaba 8.50 la hora, y él me estaba cobrando ¡10 dólares el minuto!

Un jugador de futbol americano me llevó a su perro para que lo entrenara; y le entrené al perro súper fregón. Un mes después en su casa hice una demostración y la esposa de Will Smith[2] estaba ahí y le encantó, yo no sabía quién era ella, yo no sabía nada. Entonces Jada y yo nos hicimos buenos amigos, porque ella tenía cuatro perros. Le dije que yo quería tener un show de radio o un show de televisión, y me dijo que lo lograría, pero tenía que hablar inglés. Me mandó

---

2. Will Smith es un reconocido actor norteamericano. Ha sido nominado a cuatro Premios Globos de Oro, dos premios Oscar y ha ganado premios Grammy. Su esposa se llama Jada Pinkett Smith.

a una maestra por un año para que aprendiera inglés, tres días por semana, dos horas al día, entonces ese es otro ángel.

Aprendí inglés y para entonces ya tenía clientes como Nicolás Cage, a los Lakers, a personas de la NFL. Ya me conocían como "el mexicano que caminaba una manada de perros". Yo caminaba con cuarenta perros sin correa.

En el periódico *Los Ángeles Times* me hicieron un reportaje; me siguieron por tres días y me preguntaron lo que me gustaría hacer. A esto respondí que un show de televisión.

El artículo se publicó un domingo y el lunes había una línea de productores afuera del South Center de Los Ángeles. Nadie en el mundo, incluyendo a personas muy cercanas a mí, se imaginarían que un show de televisión saliera del South Center, menos de un mexicano, menos de perros. Todos los perros eran de gente muy famosa. South Center era el barrio de donde normalmente la gente quería salirse, pero había gente de Beverly Hills que en limusinas mandaba a sus perros a que se los entrenara.

Los perros sienten si estás tenso, nervioso, excitado. El perro va a tener cuatro opciones: morder, correr, ignorarte o someterse. La última opción es la que queremos.

Yo trabajé mucho tiempo desde las cinco de la mañana hasta las once de la noche, todos los días. Tenía a cargo 65 perros, no tenía a nadie que me ayudara. Todavía estaba aprendiendo el negocio, lo que es tener una licencia, lo que es tener aseguradora, ya todo era diferente. Hasta la fecha sigo aprendiendo…

El momento más difícil de mi vida fue cuando traté de suicidarme hace tres años. Mi perro Daddy murió antes de irme a Inglaterra, un perro que quise mucho. Estando en Londres me habló mi esposa para decirme que nos íbamos a divorciar, y que los niños estaban de acuerdo, para mí eso fue un shock. Sientes que no sirves para nada y eres un perdedor. Eso me afligió mucho, me dolió mucho al punto de decir, "para qué sigo viviendo si de nada sirvo". Perdí mi casa, perdí el dinero, perdí todo. Ya cuando regresé dije, "bueno, si Diosito no quiso que me muriera es porque tengo una misión", recobré otra vez las ganas y saqué otro show en televisión.

Lo bonito es que ahora voy a lugares donde la gente me sigue inspirando y mucha gente ha pasado por lo mismo. Acabo de llegar de un hospital de Iowa, donde a los pacientes les ponen "el encantador de perros" como terapia.

En los momentos más difíciles de mi vida la manada me ayudó bastante. Ellos me rehabilitaron. Si me hubiera suicidado, no hubiera podido ayudar a estas personas. En ocasiones, nos olvidamos del significado de la vida, porque nos enfocamos en otras cosas. Hoy me siento bien, como cuando me crucé el "borde", que sabía a dónde iba y lo que tenía que hacer.

En la vida se requiere saber lo que quieres: yo quiero a los perros, yo quiero ser el mejor entrenador de perros del mundo, eso es lo que quiero.

Estoy orgulloso de ser mexicano. Saber de dónde vienes es súper importante, son tus raíces, es tu fundación. Aparte de los famosos que tengo en mi lista de clientes, tengo ocho millonarios y cada uno de ellos te dice que Estados Unidos no puede funcionar sin la existencia de los inmigrantes. En una manada todos sirven a un propósito y cuando la manada no tiene cierto individuo no funciona igual, entonces el migrante llega y llena ese vacío, que muchas veces la gente que es legal no lo quiere llenar. Eres importante por el simple hecho de que mueves este país.

No tiene nada que ver con que seas legal o ilegal, simplemente eres un individuo que está ayudando al progreso. Todo el mundo sabe que Estados Unidos ha sido creado por sus inmigrantes. Yo le doy trabajo a personas, El Encantador de Perros es el programa número uno en el *National Geographic*.

Tardé diez años en regresar a mi casa en Sinaloa. Era un sacrificio oír a mi madre en el teléfono decir "ya no puedo, ya no puedo, quiero verte, háblame más seguido". En cuanto me dieron mi *green card* me fui a visitar a mi familia en México.

Cuando tienes tus papeles, te puedes mover como pájaro, si no los tienes estás encerrado en una jaula. Y mucha gente se siente encerrada, la verdad que muchos inmigrantes dicen, "ya no puedo ir a ningún lado", pero tampoco le ponen el esfuerzo.

Yo no me rajo, cuando uno está un poquito triste o se siente pobre, pues la familia ahí está, pobre no de dinero, pobre de que te olvides que todavía tienes a tu gente.

La vida es fácil, nosotros la complicamos, y eso fue lo que aprendí. Me cansé de ser la víctima, y ya.

Julián Castro

Alcalde de la ciudad de San Antonio, Texas, destacado abogado graduado con honores y mención honorífica en la Universidad de Stanford y doctor en Leyes por la Facultad de Derecho de la Universidad de Harvard.

"Por primera vez en la historia de nuestra democracia, el impacto electoral de la comunidad latina en Estados Unidos, incluyendo a la gente que se ha naturalizado, tuvo un impacto considerable en el resultado de las elecciones."

La sociedad americana tiene, por lo general, una visión muy dividida en cuanto a lo que piensan de los mexicanos viviendo en Estados Unidos. Piensan en mexicanos que trabajan como jardineros, albañiles; piensan en agricultores y no les dan más crédito. No ven en el mexicano a un emprendedor, no ven comerciantes, doctores, abogados, no los ven como profesionistas. Lo que creemos aquí, en San Antonio, y lo que es representado por la Asociación de Empresarios Mexicanos (AEM) y otras organizaciones, es que se trata de gente de negocios, gente emprendedora, profesionistas que han tenido éxito en Estados Unidos. Son los que han ayudado a San Antonio a ser una de las ciudades más prósperas durante esta depresión económica.

Así que nuestra visión en San Antonio es diferente en cuanto a la relación que tenemos con los mexicanos en nuestro país. Y estoy convencido de que la presencia de mexicanos en nuestra ciudad va viento en popa; que son un ingrediente crucial en nuestra prosperidad.

Es necesario que se creen organizaciones como la AEM. Esta organización ha crecido de manera acelerada y lo que nos concierne es que la nueva comunidad mexicana se integre de manera exitosa a la comunidad en San Antonio. Creo que este tipo de organizaciones tienen que hacerse presentes con estas nuevas oleadas de inmigrantes para integrarlos.

[La ciudad] tiene tres Casas San Antonio. Son casas de comercio establecidas en Monterrey, en la Ciudad de México y en Guadalajara. Creo que para todas las ciudades importantes en Estados Unidos lograr este tipo de relación es crucial, sobre todo para las ciudades del suroeste, que están creciendo de manera acelerada. Es importante para los gobernantes de Dallas, Austin, Houston, Phoenix y Los Ángeles comprender la importancia de esta relación bilateral y también crear políticas al respecto.

Hace más de un mes en una conferencia en Washington D.C., escuché un comentario de Louie Gohmert, quien es un conservador de hueso colorado, republicano del estado de Texas. Dijo que Al Qaeda tiene gente que trabaja para ellos en México y que es muy fácil meterse a nuestro país. Él se retractó al respecto, pero al momento de dar una explicación sobre la naturaleza de su comentario, sostuvo que los hispanos son gente trabajadora y que quiere que se facilite la entrada de este tipo de personas al país. En este punto, la transición de la idea que la gente tiene sobre la comunidad latina de que son flojos, opinión que insulta en demasía, a la concepción de que son gente trabajadora, es un paso positivo; creo que esto ha generado un impulso enorme que ha traído como consecuencia un cambio de mentalidad bastante amplio.

Ésta es la mejor oportunidad que se ha presentado para la reforma migratoria, desde 1996. A la vez considero que aún hay muchos obstáculos que superar. Yo diría que el mayor riesgo es que algunos republicanos pueden votar por una reforma migratoria más flexible que la actual y por eso hay tensiones.

La necesidad de ser un poco más flexibles ideológicamente representa un gran riesgo. El obstáculo más grande que hay que superar es el tiempo, mientras más nos acercamos al año 2014, menos probable es que pase, porque la preocupación se inclinará más hacia otros asuntos, por la manera en la que los distritos funcionan.

Lo más importante es avanzar en educación. Creo que si la comunidad inmigrante se enfocara en asegurarse de que sus niños consigan la mejor educación posible, eso ayudaría demasiado. Hemos visto esto en muchas comunidades en Estados Unidos y lo hemos visto también con la comunidad nativa-americana. Hay muchos inmigrantes hoy en día que sobresalen a nivel educacional. Y muchas veces parece que la gente se siente intimidada por el sistema educativo, se sienten exiliados. Si participaran, se darían cuenta de que ellos [los padres] tienen que estar pendientes de la situación que enfrenta la escuela de sus hijos. Se darían cuenta de que tienen que presionarla para que el nivel educativo suba, porque obviamente los profesores y administrativos de las escuelas no son dioses y a veces no hacen todo lo que podrían por mejorar sus programas de estudio. Así que necesitan ser presionados por las familias de inmigrantes para que se esfuercen en hacer lo mejor por sus estudiantes.

En San Antonio lo que nos proponemos es ser la tercera ciudad con más importancia en el país por su contacto con México. Queremos ser una puerta más para el intercambio comercial, dado que nos encontramos en el centro, y en verdad nos proponemos lograrlo…

Sólo me gustaría agregar que creo que nuestra comunidad será más próspera en el siglo XXI, que lugares como San Antonio serán líderes en el establecimiento de relaciones más fuertes con México.

Alfredo Quiñones Hinojosa

Profesor de Cirigía, Neurología y Oncología, director del programa de cirugía de tumores cerebrales, director del programa de hipófisis del centro médico del hospital de John Hopkins. Autor del libro recién publicado, *Becoming Dr. Q.* (*Convertirse en el Dr. Q.*)

> "Cuando miro el cerebro pulsándose, moviéndose, entiendo que también late al mismo ritmo que el corazón."

Fue cuestión de suerte y, a veces, de no perder la esperanza. Cuando llegué a Estados Unidos tenía 19 años. Llegué de una forma humilde, sin dinero, sin inglés, sin familia, a trabajar en la agricultura, en el área del Valle de San Joaquín en Fresno, Mendoza.

Jamás perdí la esperanza. Sabía que si seguía trabajando continuamente, si me levantaba antes de que el sol saliera y me acostaba después de que el sol bajara, al final mi vida iba a cambiar. Tenía una esperanza y una fe completamente ciega, jamás me imaginé que un día iba a llegar hasta donde estoy ahora.

Nunca pensé dejar mi país, pues lo amo. Cuando me vine en el 86-87 estábamos pasando por una etapa económica muy crítica.

Decidí venir a trabajar por un año a Estados Unidos y pensé que podía ganar miles de dólares, lógicamente fue incorrecto pero es el sueño de la persona humilde. Un día brinqué el cerco, llegué a trabajar al campo ganando 3 dólares y 30 centavos la hora…

Mis padres y mis hermanos se vinieron de repente, dos años después. Yo no tenía ningún centavo, me sentía como si tuviera la cola entre las piernas y me daba vergüenza regresar a México, porque no tenía nada. Fue cuando decidí aprender inglés, dejé de trabajar en el campo y me cambié a una ciudad pequeñita, donde ya estaban mis padres. Vivíamos en un cuarto pequeñito, teníamos tres camas. Ahí dormíamos todos amontonados y había un solo baño para diez familias.

Estamos hablando de 1988, para ese entonces tenía tres trabajos. Trabajaba todo el día y en la noche iba a aprender inglés.

La percepción que tiene el norteamericano de la gente humilde como yo es que no tenemos la misma capacidad intelectual para salir adelante, pero yo estoy completamente en contra de esa percepción.

Apliqué para ingresar a la universidad; de repente me empezaron a aceptar por todos lados. Trabajaba, estudiaba, mi vida era sencilla y compleja al mismo tiempo, podía pasar sin exagerar, tres o cuatro días sin dormir.

Yo estudiaba y tomaba clases de física, de matemáticas, química y la razón por la que lo hacía es porque todo el tiempo me estaba retando.

Me aceptaron en Berkeley, que es una de las universidades más grandes en Estados Unidos, aunque me sentía fuera de mi nivel de confianza.

Mi abuelita María era curandera, una persona muy inteligente, entonces empecé a contemplar la idea de estudiar medicina, pero no tenía ni la menor idea de cómo hacerlo.

Busqué los números telefónicos de Stanford, Harvard, Columbia y llamaba buscando una posición de investigación. Toda la gente se reía de mí, hasta que una persona me habló de un joven que se llama Hugo Mora. Me dijo que ese joven podía ayudarme y lo busqué. Hugo me pidió llevar mis calificaciones y un ensayo, y nos vimos en el café Estrada, de la Universidad de Berkeley.

A las dos semanas me habló Hugo, preguntando por mi ensayo. Empezamos a trabajar y un año más tarde ya estaba inscrito en Harvard. Me aceptaron en la escuela de medicina inmediatamente, sin ningún problema, me habían ofrecido una beca. Comencé a estudiar y fue ahí cuando surgió mi vida.

De repente, los profesores me pedían mi opinión y me sentaba a comer con gente que había ganado el Premio Nobel en Ciencia, en Medicina, ellos me daban clases, me ponían atención, yo me sentía que había dejado de ser invisible y eso fue para mí algo muy poderoso, que a pesar de que algunos profesores me decían que era imposible que yo llegara a ser neurocirujano. Ahora los he llegado a sobrepasar no sólo a nivel nacional e internacional, sino también académicamente. Por cierto, dos profesores que me decían que no sería neurocirujano, ahora han escrito algunos capítulos para mis libros.

Me gradué en Harvard y me fui a la Universidad de California en San Francisco para practicar en tumores. La Universidad tiene una historia increíble y uno de los primeros jefes que formó el Centro de Tumores Especializado fue un doctor que se llama Charlie Wilson. Él salió en la portada de *Time Magazine* en 1991-1992. Wilson era un cirujano increíble, pero lo que mucha gente no sabía es que su papá era irlandés, tenía un problema terrible con el alcohol y lo golpeaba cuando era pequeño… Nos identificamos mucho, porque teníamos ambición, el deseo de salir adelante.

Llegué a Hopkins en 2005 y la práctica ha sido increíble. Con residentes que han venido de todo el mundo, pero al mismo tiempo, pienso que la gente que sacrifica mucho más es mi esposa y mis hijos.

A pesar de que dejé México, mi corazón se quedó allá con nuestra gente, yo sé de la importancia que tiene educar, el avanzar en la clase media de nuestro país.

Tenemos que invertir en nuestra juventud, por eso estoy tratando de fortalecer los puentes entre México y Estados Unidos. Hace tres años hice mi primera misión a México, fui a Guadalajara.

Pienso que tenemos que darle oportunidad a nuestra gente. El reto es cómo identificamos a esos jóvenes para que salgan adelante, para que la clase media siga creciendo en México y en Estados Unidos.

En Estados Unidos, tenemos que cambiar la forma en que ellos piensan acerca de México. Tuve la suerte de que me identificaron algunos mentores, se dieron cuenta al momento de que estaba estudiando inglés, que tenía un potencial, me empezaron a empujar, y empecé a tomar ventaja de eso. En la evolución económica y social que vivimos, los dos lenguajes más importantes son el chino y el español. Y en especial aquí, en Estados Unidos, donde tenemos millones de personas que hablan en español.

Los mexicanos tenemos que seguir soñando, seguir trabajando arduamente, tener esa fe ciega, que no importa qué tan difícil sea nuestra situación, si seguimos luchando, si seguimos trabajando honestamente, si seguimos levantándonos todos los días en la mañana sin perder esa fe, vamos a salir adelante. Podemos hacer lo mismo con nuestra juventud en México, especialmente cuando muchas personas no creen en sí mismos. Es el momento de creer en nosotros y tratar de salir adelante.

Recientemente estaba en el quirófano y de repente en el radio tocaron una canción de 1986-1987, de cuando llegué a Estados Unidos. Estaba operando el cerebro de una parte muy delicada, y me transporté a 1987, cuando estaba trabajando en el campo y pensé que con las mismas manos que yo recogía tomates, ahora operaba tumores del cerebro.

Mis padres en la actualidad se dan cuenta de lo que hago por medio de la televisión o entrevistas; hablo con mi madre todas las noches, ha sido un ejemplo para todos nosotros, ella es una guerrera. Ella es la heroína y todos queremos estar al lado de ella.

Lo que hago con mis manos cambia vidas de una manera increíble. Tengo vidas en mis manos todos los días. No puedo encontrar una cura en contra del cáncer, pero les puedo dar constantemente esperanza, y para mí la esperanza es un sentimiento mucho más poderoso que cualquier otro, más poderoso que el temor, que la envidia.

Salir adelante en Estados Unidos ha sido complejo para mí, ha sido un poco de suerte, pero al mismo tiempo es el resultado ser humilde y trabajador, eso es todo.

La gente que he sacrificado mucho más en mi vida han sido mi esposa (jamás me imaginé que una joven tan guapa como ella iba a estar interesada en un joven como yo) y mis hijos.

Salvador Pedroza

Presidente de la Cámara de Comercio de la Villita, y miembro de la mesa directiva por más de 25 años en Chicago, Illinois.

"La tecnología es la que ha cambiado todo de una forma muy importante. Y el que no trata de subirse a ese tren, puede quedar rebasado."

Llegando a Chicago trabajé en un restaurante de lavaplatos. Mis primeras semanas fueron de 76 horas. Años más tarde formé mi propio negocio en la construcción, en impermeabilización, y me hice miembro de la Cámara de Comercio de La Villita. Mi primer contrato me lo otorgó un museo que se construyó en lugar del restaurante que me dio mi primer empleo. Lo que gané en un mes fue 100 o 200 veces más que cuando lavaba platos, ¡fue como un sueño!

Me uní al Club Compañeros Unidos de Ocampo, los de mi pueblo, y empezamos a hacer obras para nuestras familias en México. Que la ambulancia, el parque infantil, la Casa del Anciano, que las fiestas del pueblo. Yo viví todo eso desde el 1984 hasta 1998, cuando logramos abrir una maquiladora en mi pueblo (Ocampo).

A los diez años de haber ingresado a la Cámara de Comercio de La Villita, me nombraron presidente. Me apasiona mucho el servicio a los demás; empezamos a dar becas. Ya dimos más de 600 mil dólares en becas para jóvenes, aunque no tengan documentos. Eso te da grandes satisfacciones en la vida.

A La Villita le llaman la capital mexicana del medio oeste, porque sus más de 90 mil habitantes son mexicanos. La Villita es la incubadora de todos los negocios. Hay más de mil 400 negocios con licencias.

Antes de que pasara lo de las Torres Gemelas en el 2001, en La Villita se vendían cerca de un billón de dólares, lo que la convirtió en la segunda zona más poderosa después de la Avenida Michigan. El alcalde la llamaba la "segunda magnífica milla milagrosa de Chicago", donde lo que pongas se va a vender, se vende lo que quieras. Es gente muy trabajadora, muy pujante. Cuando esas oportunidades existen, el mexicano las toma y las saca adelante. Creo que a veces es un reflejo de lo que puede hacer el mexicano.

Hay muchas facilidades aquí para iniciar tu propio negocio. Existen préstamos diferentes, pero aquí si haces las cosas como deben ser, con organización y cumpliendo las reglas, hay muchas oportunidades.

Ha llegado gente sin documentos y sale adelante. Y hacen negocio, porque aquí pagas impuestos si no tienes documentos, pero no puedes reclamarlos.

Es importante que se ponga en práctica un proyecto de enamoramiento hacia México, para conocer a los migrantes por dentro y por fuera, enamorar a los de aquí y también a los de allá, con un proyecto binacional. Hay que impulsar primero los intercambios.

Hay un aspecto muy importante de Estados Unidos, que ojalá en México fuera avanzando más rápido, y esto es el trabajo de las organizaciones no lucrativas, voluntarias. Hay mucho voluntariado en Estados Unidos, creo que eso es el corazón de cualquier país. Si se promueve más el voluntariado en México, será también un gran país.

Tenemos que hacer un examen de conciencia para sobrepasar las barreras culturales y participar políticamente en Estados Unidos. Creo que por la historia de lo que fue nuestro México todavía traemos con nosotros esa actitud de apatía o indiferencia.

La participación de los mexicanos debe ser mucho más abierta. La comunidad cubana, que representan el 2 o 3 por ciento a nivel nacional, tiene más poder que los mexicanos. Los puertorriqueños, que son el cinco por ciento a nivel nacional, tienen más poder que los méxico-americanos.

El Partido Republicano ha fallado en acercarse a los latinos, no obstante que la gran mayoría somos religiosos y católicos, que somos conservadores. El demócrata lo ha hecho mejor, ha sabido cómo acercarse más.

Esta reforma migratoria no es sólo para los mexicanos, sino para todos los países del mundo. Debemos trabajar para que, cuando se apruebe, los mexicanos estemos al frente y no seamos los últimos. Porque nos ha tocado siempre estar en la lucha y a veces somos los últimos en recibir los beneficios. Se debe reconocer la gran participación de los mexicanos, la gran mayoría es gente muy buena y trabajadora. Para estar en la primera fila hay que seguir trabajando honestamente, levantándose todos los días temprano, porque para levantarse temprano hay que dormirse temprano, seguir educándonos con el idioma. Tenemos que integrarnos, ser parte de este país como ciudadanos con un enfoque binacional.

Hay muchas historias de éxito; pero también antes del éxito ha habido mucha dedicación, sufrimiento y persistencia para llegar a cualquier parte a la que se desea llegar.

Jaime Lucero

Presidente de la empresa Gold and Silver. Ha recibido reconocimientos a su gestión empresarial y filantrópica, actualmente preside la Federación de Asociaciones Mexicano-Americanas (FAMA) y es fundador y presidente de Casa Puebla New York.

> "Es tiempo de organizar una red de poder económico, político y trabajar en educación."

Soy originario del municipio de Independencia, en el estado de Puebla. Crucé el río por Ciudad Juárez y me dio pánico, lo crucé con ocho personas de diferentes países. Recuerdo que fue un 15 de septiembre de 1975, porque yo alcanzaba a escuchar la fiesta.

Estuve trabajando como empleado con mi hermano Julio, pudimos comprar una camioneta usada para transportar mercancías. En 1985, teníamos más camionetas y fundamos nuestra distribuidora de ropa llamada Azteca Enterprises. En 2002 nuestra empresa tenía veinticinco camiones, ya era toda una flotilla y distribuíamos a 47 tiendas, incluyendo las famosas marcas como Saks Fifth Avenue y JC Penney.

En 1993, decidí formar Gold and Silver Inc., una compañía puente entre la industria manufacturera y las tiendas, una empresa dedicada a reparar, limpiar y coser los últimos detalles antes de que la ropa fuera puesta en vitrina. Hoy sólo en Nueva Jersey, la empresa tiene 250 empleados.

Nosotros construimos un edificio con nuestras propias manos, para 300 personas y ahí aprendimos a creer en nosotros mismos, a crear en nuestras oportunidades, a ser constantes e insistentes.

Lo más importante es el grupo, no basta el individuo; cuando se fracasa en un proyecto, hay que volver a insistir, insistir e insistir, el orgullo es lo más importante.

Es tiempo de organizar una red con poder económico, político y trabajar en educación. Si no hacemos algo, las remesas van a caer hasta cero. Me pregunto si en México ya están preparados para eso. Nosotros necesitamos gente comprometida que nos entienda.

Hace 35 años fundamos Casa Puebla y es lo que más me enorgullece, fuimos veinte fundadores y hoy somos miles preocupados por nuestra comunidad.

Carlos Gutiérrez

Secretario de Comercio de 2005 a 2009 en el gobierno de George
W. Bush y CEO de la multinacional Kellog Company.

"Hay un gran debate entre los que piensan que la clave es la seguridad fronteriza,
si un muro de veinte metros no funciona, pongan uno de cincuenta metros."

Los mexicanos llegan a Estados Unidos con sueños, con ganas de
trabajar. Hoy en día, hay mexicanos recogiendo lechugas pero sus
hijos irán a la universidad.

Los *dreamers* están sacando promedios de diez y siguen luchando
sabiendo que probablemente algún día los agarran y los deportan. Entonces, Estados Unidos tiene que reconocer la importancia estratégica
de México. Cuando hay un problema de drogas nos metemos, pero
México es un aliado para siempre. México es un vecino geográfico, hay
que invertir, ayudar y hace falta que México acepte esa ayuda.

Se necesitan inmigrantes para crecer. Estamos hablando de inmigrantes de bajos y altos conocimientos. El problema de la legisla-

ción que se debate en el Senado es que pretenden poner cuota a los trabajadores de agricultura, a los trabajadores de construcción. No estamos reconociendo el valor de la inmigración. El trabajo que hizo Demetri [Papademetriou] reconocía una cierta circularidad, reconocía que la inmigración es estratégica. Hoy en día hacen falta enfermeras en Estados Unidos, la gran mayoría son de Filipinas. Podría idearse un acuerdo bilateral, entre México y Estados Unidos, para formar un instituto o varios, asegurando que el currículo y el plan de trabajo para una enfermera en México sea el mismo que en Estados Unidos. Necesitaremos 50 mil enfermeras de aquí al año 2020. Pueden venir como trabajadoras temporales, estar cuatro años y aplicar para quedarse.

Las enfermeras son un ejemplo de cómo puede funcionar el proceso. Si se regresa la enfermera a México, regresa siendo bilingüe y con más experiencia bicultural, y eso aportará a la sociedad mexicana. Lo mismo sucede con un ejecutivo americano que se va a México y regresa hablando español.

Algo que me tiene frustrado es que Estados Unidos gasta miles de millones para construir instituciones en Afganistán y en Irak, ¿cuánto estamos invirtiendo para ayudar a México a crear instituciones? El problema también es la historia, "no quiero que tú, Estados Unidos, te metas aquí: la historia es nuestro enemigo".

Eso va requerir un cambio político, diplomático, de gente que sepa, estadistas, ¿qué puede hacer Estados Unidos sin que lastime la soberanía de México?

En el proceso actual, México no debe meterse o involucrarse en la reforma, pero lo ideal sería cambiar de proceso, donde México tenga una responsabilidad compartida con Estados Unidos, así los republicanos se tranquilizarían y tratarían de cuidar que la gente no muera en el desierto.

Los que están estorbando son los de la izquierda, y los de la derecha no ayudan tampoco mucho. Un inmigrante con sueños que tiene dos o tres trabajos no le importa porque quieren mandar a sus hijos a la universidad, por eso hay que hacer un programa de becas, no de amigos.

La reforma migratoria tiene que salir en este año 2013, y desafortunadamente buena parte de los que se oponen no son antiinmigrantes, más bien son anti-Obama. La inmigración es un asunto político.

El 9/11 cambió el sentido de la inmigración; algunos están diciendo que hay árabes que se parecen físicamente a los hispanos y están cruzando la frontera como hispanos, sin el 9/11 hoy tendríamos una relación mucho más estrecha entre nuestros países.

Para mí la clave es un sistema legal que funcione y aquí la política es lo que está estorbando.

México se debe convertir en un país que reciba inmigrantes. Que se vuelva un país importador de inmigrantes sería extraordinario, pues habría más similitudes entre ambas naciones y se podrían ajustar las leyes de mejor manera.

Antonio Díaz de León

Destacado empresario, ex funcionario federal por más de veinticinco años en Administración Aduanal en México, presidente de
la Compañía Ardyss Internacional, con principal presencia en el
mercado de América del Norte, Asia, Sudamérica y Europa, acompañado por su esposa la señora Armida Díaz de León.

"Mi meta era ser el mejor y siempre logré serlo."

En México llevábamos doce o trece años con la empresa, teníamos
mil máquinas, llegó el sindicato, me hizo pedazos y perdimos todo.
Nos acabó el sindicato, fue en el 2002 y eso nos arrastró; cuando llegamos a enero del 2003 quebramos. Nos quedamos debiendo y sin
materia prima. Había dos opciones: quebrar y no pagar las deudas o
pedir un crédito. Opté por lo segundo y me quedé endeudado, debiendo 8 millones de dólares.

Me vine a Estados Unidos en 2003 y trabajé en todos los pueblos de
California, la zona de Chicago, toda la zona de Nueva York. Todo lo re-

corrí en repetidas ocasiones; para ese entonces ya tenía una línea de productos más grande: más bodies, más fajas… En dos años logré pagar los 8 millones de dólares, por eso afirmo que ésta es una empresa bendecida.

Nosotros como empresa iniciamos en Miami. Empezamos un poco en California, pusimos oficinas en Tijuana y ahí empezó a crecer el negocio; esperando que se diera la apertura comercial.

Nosotros no teníamos acceso a otros proveedores y sin el producto se te muere el mercado: es la sangre viva de lo que hacen los vendedores. Si no existe el producto, matas a la fuerza de ventas.

Al día siguiente que se dio la apertura comercial estábamos en Nueva York comprando directamente, pero el día que llegó una empresa de Estados Unidos y se puso en Cuernavaca, en un solo día vendió toda la producción.

Los que te hacen fuerte son los que trabajan. Es muy apasionante este negocio. No existe en el mercado una empresa tan agresiva como la nuestra. Nuestra empresa da mucho dinero, nuestros líderes en ventas ganan hasta 100 mil dólares mensuales. Es una gran satisfacción, actualmente hay más de 100 mil personas involucradas. Yo entiendo muy bien al hispano, entiendo a los afroamericanos, hemos logrado hermanarlos y en nuestros eventos está la mitad de afroamericanos y la mitad de hispanos.

Tenemos un programa que se llama los "Hijos de Díaz de León". Tengo hijos aquí en Estados Unidos, México, Perú y me reúno con ellos, hacemos toda la labor que haces con los hijos, y cuando hay un bautizo me invitan. Si quieres ser hijo mío, tienes que ser exitoso, tienes que superarte y les exijo que trabajen.

Sé manejar masas. Nuestra empresa está en México, Estados Unidos, Inglaterra, Canadá, Perú, Colombia, Chile, Ecuador. Acabo de inaugurar oficinas en Chile y me voy a Bolivia; no me enfrasqué en México, ¡me hice universal! Uno tiene que pensar no sólo en México, debe pensar en ser universal, pensar de manera global.

Todas estas personas son capaces de hacer algo que nunca se imaginaron, cuando descubren y reconocen sus capacidades.

Yo siempre trabajo en generar ideas, hay mucho por hacer a esta edad. Sigo viajando a países abriendo mercado, sigo manejando gente.

A nosotros nos cambió la vida esta empresa. Somos la única familia mexicana que hemos logrado unir a los hispanos con los afroamericanos.

Es muy apasionante este negocio, es muy amplio en el sentido de la palabra. Voy a Colombia, Perú, me levanto a las cuatro de la mañana, sale el avión y todo el día trabajo en estos eventos, regreso en la noche y al otro día de vuelta. Es una gran satisfacción esta misión porque gracias a Dios por algo la tenemos, para seguir ayudando a tanta gente.

Creo que cuando tienes una misión y estás convencido, todo es mucho más fácil porque en la vida nada es fácil.

Citlallí Álvarez

Estudiante de la Universidad de Georgetown

"Llegué a los Estados Unidos a los 4 años. Los primeros años de mis estudios
fueron en español. Fue hasta tercer grado me pusieron a estudiar en inglés.
Después fui a *high school* y llegué a Georgetown en donde estoy
estudiando gobierno y sociología."

Yo me siento mexicana más que nada. Ser hispano es una categoría,
por eso siempre manifiesto que soy mexicana. Muchos de mis amigos, cuando yo estaba creciendo, me decían que era diferente. Pero
obviamente eso no era real, yo sí me sentía mexicana, mi familia es
mexicana; me sentía muy mal cuando me decían eso.

Hace algunos años mis papás estaban tratando de arreglar nuestros papeles. Lo que pasó fue que pusieron su aplicación en el 2000 y
en el 2001 con los ataques en Nueva York todo se complicó.

Desde chiquita mis padres me dijeron: "No digas nada hasta que
arreglemos nuestros papeles." Cuando llegué a *high school* mi mamá
me dijo: "Pues vas a tener que ser la mejor porque tienes que llegar a la

universidad." Ella sabía que las universidades más prestigiosas eran las que me iban a aceptar o las me iban a dar dinero para ingresar.

Sientes mucha responsabilidad, porque tu comunidad quiere ver que tú seas la mejor, que tú puedas llegar a estudiar a una escuela a la que ellos no pudieron llegar. Mi familia siempre dice: "Tú sí fuiste a la universidad."

Yo no pude ir con las consejeras de mi escuela,[3] porque creían que una persona indocumentada no podía ir a la universidad o al colegio. Había una maestra que me escribió una carta para entrar a la universidad, pero siempre decía que no le gustaban los inmigrantes. Ella creció en El Paso y como que se sentía muy diferente.

Estoy tan frustrada con el sistema de migración que tenemos aquí, porque hablamos mucho de poner más personas en la frontera, hablamos mucho de cambiar el sistema, muchas personas hablan de nosotros como si fuéramos criminales.

Hay políticos que insisten en que muchas personas todavía están viniendo a Estados Unidos y esa no es la realidad, muchas personas se están regresando porque hay problemas económicos. Pero los políticos aquí muchas veces están ignorando eso, ellos lo que tienen en la mente es que las personas que están aquí están usando todos los programas del gobierno y que no están cobrando más impuestos. La verdad es que nosotros estamos pagando impuestos que nunca nos van a regresar. Las personas que sí quieren venir [a Estados Unidos], se están viniendo por partes muy peligrosas, se están muriendo más personas en la frontera que en cualquier otro tiempo.

Los estadounidenses deben reconocer que nosotros somos familia, que somos personas, porque como hablan de nosotros no hablan de familia. Deben reconocer que somos parte de México y también parte de Estados Unidos, porque hemos crecido aquí y hablamos inglés, estudiamos aquí, tenemos a nuestra familia aquí. Me siento mexicana, pero no conozco México, yo no conozco mi país y eso es lo más difícil para mí.

---

3. En el sistema de educación media-superior en Estados Unidos, los consejeros se encargan de orientar a los estudiantes sobre sus solicitudes para ingresar a la universidad.

Leopoldo Becerra

Dueño de la cadena de restaurantes Post Oak Grill,
en Houston, Texas.

"La calidad es lo mejor y hace diferencia tanto como persona como en la cocina."

Todavía recuerdo cuando mi madre compraba una barra de pan blanco para todos; éramos ocho y a cada quien nos daba un pedazo de pan. La primer Coca-Cola la compramos entre mi hermano y yo cuando tenía 6 años.

Comencé a trabajar de cocinero. Un día la dueña del restaurante donde trabajaba entró a la cocina y me dijo: "Polo, quiero hablar contigo. ¿Quién eres?", "¿Cómo que quién soy? Soy su cocinero, soy su empleado. Vengo de México. ¿Por qué esa pregunta?", contesté. "Porque eres diferente, eres muy diferente. Sabes cocinar, eres cuidadoso, estás al pendiente de todo." Le respondí que yo tenía escuela en restaurantes y había trabajado en hoteles de Puerto Vallarta. Después de esa conversación me dieron el puesto de asistente de chef, con el tiempo me ofrecieron el puesto de chef ejecutivo, y en ese puesto duré casi doce años.

Algunos chefs vinieron a hablar conmigo, querían que trabajara para ellos pero no acepté, así que los dueños me vendieron el 10 por ciento de los restaurantes.

Un día los dueños decidieron vender los restaurantes donde trabajaba, hablé con ellos y les pedí unos días para buscar algún socio y comprar los restaurantes, les pregunté a algunos clientes, a los banqueros, nadie me quería apoyar, porque era un chef comprando un restaurante sin dinero. Había una familia muy querida comiendo en uno de los restaurantes que estaban en venta y el señor Antonio Simón me felicitó por la comida que le había preparado y me dijo que cuando abriera un restaurante lo invitara como socio. Era justo lo que necesitaba, así que de inmediato le comenté que estaban vendiendo los restaurantes y necesitaba apoyo. Le pedí 600 mil dólares y él me ofreció un millón de dólares.

Un par de años después un programa que se llama Small Business Administration, que ayuda a los pequeños empresarios, me apoyó con 900 mil dólares y pude pagarle a mi socio.

Lo más importante en nosotros, los mexicanos, es que tenemos mucha integridad, somos muy chambeadores, pagamos las deudas y nunca quedamos a deber. Aquí el mejor cliente que hay son los hispanos, porque compran a crédito un coche y están pague y pague, hasta que lo liquidan.

Lo único que me heredó mi padre es que fuera responsable y que pagara mis deudas, y la gente aquí en Houston ha confiado mucho en mí.

Yo fui presidente de la Cámara de Empresarios Latinos, fui a la Casa Blanca. En el Small Business, hubo una competencia y gané en el estado de Texas, representando a los afroamericanos, a los hispanos, a los asiáticos, a todos y me preparé para ir. Un periódico de México sacó un artículo, "'Un mojado' va a comer con el Presidente Bush", creo que esa fue la palabra. ¿Cómo es posible que ocurra eso? A los dos meses, me invitaron a México, me nombraron hispano distinguido en Estados Unidos y cuando tomé la palabra, les dije que deberían aprender a decir las palabras, porque nosotros no somos mojados, somos inmigrantes; "cualquiera de ustedes", les dije, "así tenga mucha lana van a Estados Unidos y se quedan allá y ya son inmigrantes así que no somos mojados, esa palabra es inaceptable, yo no acepto eso."

Aquí hay que trabajar duro, aquí hay que picar piedra; aquí no te regalan nada. Pero eso sí, este país te apoya, no importa quién seas, aquí te apoyan. Aquí te cortan con la misma tijera, aquí no se nota quién es rico y quién es pobre, porque todos pueden entrar y vestirse bien y entrar al mejor lugar en Estados Unidos, darte tu lugar, respetarte.

La reforma migratoria es buena para la comunidad, no nada más para los mexicanos. Ya puedes ir a visitar a tu familia, te compras tu casa, te compras tu coche. Se te abre el mundo.

Gabriel Rincón

Reconocido odontólogo y Presidente de la Organización Mixteca, en Nueva York, ganador del premio nacional de la Fundación Robert Wood Johnson en Nueva York como uno de los diez líderes comunitarios en Estados Unidos que han contribuido a mejorar la salud y la calidad de vida de la comunidad inmigrante.

"Cuando salimos de la primaria hicieron un festival; tuve la suerte que me tocó bailar con la muchacha más bonita, pero como no tenía para comprar zapatos llevaba huaraches, ella pidió que me cambiaran y no quiso bailar conmigo."

En septiembre de 1972 llegué a Nueva York, yo era menor de edad y sólo tenía visa para San Antonio. Estaba temblando porque había policías, el inspector que llegó era un señor grande y calvo, que después de poner un sello me dijo "go". Ahora ya sé que significa "go". El primer trabajo que conseguí a los cuatro días de haber llegado fue en una fábrica, pintando muñecas. Después trabajé en un restaurante lavando platos, todo eso fue entre 1973-1974. Un día cuando llegué al departamento estaba migración esperándome, porque ya habían agarrado a mis hermanos, me detuvieron y regresé a México.

Ingresé al bachillerato en Atlixco, estudiaba de las siete de la mañana a la una de la tarde, y de las tres de la tarde a las once de la noche trabajaba en una fábrica textil. Al terminar, me inscribí en la facultad de odontología, pensando que era más económica que medicina, y resultó que era diez veces más cara, así que trabajaba también muy duro.

A los 23 años, me detectaron diabetes. Entré en una etapa de depresión, no obstante, logré terminar la facultad con buen promedio y estuve entre los primeros cuatro o cinco del grupo.

Enfrenté algunos otros desafíos y decidí irme a Nicaragua. Daba higiene dental a los niños de primaria, debajo de un árbol y ahí me di cuenta de que hay algo especial con los niños, que algo había cambiado en mí. Regresé a México con Rosa, mi pareja, y con mi hijo de quince días de nacido.

En 1984 busqué incansablemente una oportunidad de empleo en México y al no encontrarla solicité la visa estadounidense y me la dieron para los tres. Llegué a Estados Unidos a trabajar en una fábrica de aluminio. Me rodaban las lágrimas porque pensaba que había estudiado mucho para vivir en esas condiciones, pero no me di por vencido, seguí en la fábrica hasta 1989 y me fueron ascendiendo, hasta ser el inspector.

Hice una cita en la universidad y me aceptaron. Ya había financiamiento por parte de la escuela, así que ya no tenía que trabajar más que un día para mis gastos. Fueron casi 100 mil dólares de préstamo y cursé de nuevo la carrera de odontología. Al salir de la universidad todavía cursé un año más en cirugía maxilofacial.

Tuve que prepararme, tuve que certificarme ante el departamento de salud y así inicié el proyecto sobre salud preventiva.

Empezaron a pedirme que hiciera cosas para la comunidad y creo que la vida me ha dado todo. Después de todos los tropiezos que he tenido, me ha dado la oportunidad de brindar a mi comunidad lo que sé de medicina.

En 1998 salió un artículo muy fuerte en el *New York Times* sobre la alta incidencia de tuberculosis en la comunidad mexicana. Para apoyar a las familias, en el consulado me motivaron a hacer un comité de ayuda a mi pueblo.

Así iniciamos Fundación Mixteca, con un proyecto de agua potable para Chautla de Tapia en el estado de Puebla. Una vez sorteada la burocracia y la prepotencia de algunos funcionarios de Puebla, se logró el primer sueño, nosotros pusimos 20 por ciento del costo del proyecto, que fueron como 18 000 dólares, y para enero del 2002 estábamos inaugurando el proyecto de agua potable en Chautla.

La gente ha creído, se ha acercado a la organización porque nos hemos ganado la confianza en estos trece años. Se están dando clases de primaria y secundaria, computación e inglés, y charlas de salud. Hay promotoras que traen grupos de mujeres campesinas a las que les enseñan a explorar su cuerpo, tenemos el apoyo del hospital. Eso beneficia muchísimo a nuestra gente. La organización se ha dado a conocer y hemos hecho un trabajo de servicio directo. Nuestra misión ha sido en salud y educación.

Cada año, en promedio, 20 o 25 mil personas se atienden en Mixteca. Cuando inicié Mixteca todo salía de mi bolsillo. Fueron muchos miles y miles de dólares que salieron de mi consultorio para mantener y sostener Mixteca. La idea de mantenerla era sólo por orgullo.

Yo les he dicho a los del *staff* de Mixteca que ellos pueden equivocarse, pero sólo hay dos cosas que no pueden hacer: tratar mal a la comunidad y tomar dinero ajeno. El día que lo hagan están despedidos, incluso hasta una denuncia se puede levantar.

En el 2004, Unión Square Award, una organización que da premios a los individuos que más han hecho por su comunidad, me reconoció y fue el primer premio de 25 000 dólares para la organización. En el 2005 me gané el Bank of América Local Heroes Award, y en el 2001 me nominaron para un premio muy prestigiado que es el Robert Wood Johnson, un premio por 125 000 dólares. El comité que otorga este premio selecciona cada año a diez líderes a nivel nacional, luego de una investigación y yo quedé entre los primeros catorce. El 8 de junio del 2011 fue uno de los mejores días de mi vida, porque logré este preciado reconocimiento.

Para mí un líder es aquel que se preocupa por el bienestar de los demás. No siempre se puede hacer todo, pero uno se levanta y uno va a pelear las causas como si fueran propias. Cuando se logra ayudar a alguien, sin necesidad de hacerlo notorio, es una satisfacción aún mayor.

Carlos Gaytán

**Dueño del restaurante Mexique en Chicago, Illinois.
Chef galardonado con una estrella Michellin.**

"Cuando la economía se estrelló en Estados Unidos yo no sabía qué hacer, si cerrar o no, y yo decía: 'lo que Dios me diga', hice una oración con mi esposa y al otro día me llamaron para avisarme que me habían dado una estrella Michelin."

La mía ha sido una vida muy difícil, pero me ha llevado donde estoy. Nací en México en 1970, en un pueblito muy pequeño del estado de Guerrero, somos una familia muy humilde.

Cuando tenía 21 años, un buen día, decidí emigrar a Estados Unidos. Intenté tres o cuatro veces sacar la visa, pero nunca pude. Entonces, me aventé ahora sí que "a la brava" y pasé sin papeles por Tijuana, y de ahí volé para Chicago.

Llegué sin hablar inglés, sin dinero y mi calvario fue feo. Había días en que tenía que caminar tres o cuatro horas para llegar al trabajo. Cuando salía a las once o doce de la noche, volvía a caminar de regreso otras tantas horas. Me contrataron para hacer pizzas y en un hotel lavaba platos.

Comencé a preguntarles a los cocineros en qué los podía ayudar, porque quería aprender de ellos. Me ponían a hacer todo lo que no les gustaba, como limpiar las papas, cortar cebolla; eso me empezó a ayudar mucho.

Mi patrón me ayudó mucho. Él siempre me dio las herramientas necesarias: me compraba cuchillos, y así comenzaba a hacer figuras de frutas; cuchillos de mantequilla, de vegetales, de queso. Me mandaba a competir y siempre sacaba el primer lugar con chefs profesionales.

Cuando comencé a trabajar en un restaurante francés como chef ejecutivo, todo cambió mucho y me dije: "¡¡¡Guau!!!... la pasión hasta dónde te puede llevar", pues en ese momento lo que ganaba se multiplicó a una cantidad que en mi vida imaginé, nunca pensé hacer tanto dinero porque no estaba acostumbrado y se me hacía demasiado para mí.

Me dieron todos los lujos que quería tener en un restaurante. Tenía cuatro semanas de vacaciones y me dije "...es que yo nunca en mi vida he tenido cuatro semanas de vacaciones". Todos los servicios como doctores, dentista, para mí y para mi familia, eran gratis. Yo me sentía súper especial.

Del restaurante francés, me fui a un restaurante mexicano porque quería aprender. Estuve en ese restaurante mexicano un año y cuando se dieron cuenta de que yo había abierto un restaurante me corrieron.

Después de grandes dificultades y el apoyo de mucha gente, obtuvimos todos los permisos. Y fue así que abrimos las puertas y rápido comenzó a llegar la gente, se empezó a llenar el lugar. Empezamos a cocinar lo que a mí me gusta hacer, con el estilo que quería y mi comida mexicana presentarla de una manera especial.

En los tres primeros meses nos pusieron dentro de los mejores veinte restaurantes de Chicago y de ahí no nos han bajado hasta ahora. Soy el primer mexicano en el mundo, dueño de un restaurante con una estrella Michelin.

Me invitaron a ser maestro en la Kendall College, que es una de las mejores escuelas de cocina en Estados Unidos. Cuando me llamaron yo dije: "¡¡Noooo!!, yo nunca he ido a una escuela de cocina, ¿cómo es que me piden de esa escuela de mucho prestigio que sea un maestro de ahí?"

Ahora mi clientela cambió mucho; viene mucha gente europea y de otros países del mundo. También en México ya me tomaron como ejemplo y eso es grande para mí. Nunca pensé ser un ejemplo, ni mucho menos que me reconocieran en mi país. Aquí he tenido puros grandes chefs de México que quieren ver qué es lo que estoy haciendo.

Este país exige más porque estás compitiendo, ya no nada más con gente de tu país, sino con el mundo entero.

Henry Cisneros

Fue presidente de Univisión, miembro del partido demócrata, se desempeñó como secretario de la Vivienda y Desarrollo Urbano (HUD) en la administración del presidente Bill Clinton de 1993 a 1997 y fue alcalde de San Antonio, Texas por 4 periodos.

"Los inmigrantes son hermanos de México, no son diferentes, ni son inferiores, ni son enemigos de Estados Unidos. Los inmigrantes pueden servir como puente y fuente de intercambio de una agenda económica más próspera."

En este país nunca ha habido un sistema para legalizar a la gente, para adquirir ciudadanía. Reconocemos a las personas que estudian, pagan impuestos, respetan la ley, si viven formalmente a través del tiempo se pueden hacer ciudadanos.

Respecto a la reforma migratoria, lo que estoy viendo es que durará hasta el año siguiente. Ojalá que no sea así, sin embargo, van a lanzar candidatos de la derecha en contra de personas que voten a favor de la reforma… Y tienen miedo de las elecciones primarias, pues si una persona quiere ser de centro y quiere votar a favor de la reforma, tendrá un candidato a su derecha para presionarlo a que no lo haga.

Hay muchas partes de Estados Unidos donde crece la comunidad mexicana, trabajando en tecnología, manufactura de muebles, restaurantes.

Hay que educar al americano y mostrarle que el mexicano tiene mucho en común con su cultura. Nosotros somos trabajadores, llegamos con nuestra familia, vamos a nuestras iglesias.

Podemos iniciar programas para integración de los inmigrantes, que incluyan características como cuáles son las costumbres de Estados Unidos y cómo se puede uno integrar a este país. Muchas personas van a venir y formarán sus negocios y serán exitosos porque los mexicanos han demostrado que respetan la ley.

Muchos mexicanos no regresan a México porque aprenden mucho de este país y se quieren quedar. Mi abuelo vino a San Antonio, porque lo iban a fusilar y después los cinco hermanos de mi madre sirvieron a Estados Unidos. Mi abuelo nunca se hizo ciudadano, porque creía que si aceptaba la ciudadanía iba a rechazar a México y sus cinco hijos estaban en la política de este país.

Fui el primer alcalde mexicano desde el Álamo, en una elección gané con un poco más de 94 por ciento. Muchos no querían que la ciudad creciera, no querían aumentar los sueldos, les gustaba ese pueblito y yo quería una ciudad moderna.

Creemos que cada mañana comienza un nuevo día, lleno de posibilidades y que los mexicanos serán parte de éste. Tenemos una Organización llamada America Sunrise, en la que desarrollamos un plan de diez puntos:

1. Para tener éxito en este país es necesario hablar inglés y aprenderlo.
2. Voy a estudiar los procesos históricos de ciudadanía para dedicarme a ser ciudadano, la historia de inmigrantes.
3. Voy a prepararme en mis capacidades para ganar dinero, en mis capacidades profesionales.
4. Voy a desarrollar un plan financiero para mí y mi familia, asegurarme de ahorrar, fondos de escuela, de gastos médicos, plan financiero.
5. Voy a transmitir una cultura de educación.

6. Voy a desarrollar un plan para que mis hijos vayan a educación avanzada a la universidad.
7. Nutrición, porque tenemos un académico que estudia los problemas de alimentación de los migrantes y de la gente humilde.
8. Voy a balancear las relaciones en las familias por la disfuncionalidad, debido a la pobreza.
9. Voy a participar en la vida comunitaria, iglesia, escuela, etcétera.
10. Voy a llevar mi país en mi corazón, pero respetaré a Estados Unidos y cargaré mi herencia, reconoceré que para avanzar en este país debo reconocerlo.

Mi visión sobre la reforma migratoria es que todos los conceptos tienen tres partes:

1. Seguridad en la frontera, un país soberano es una nación con frontera, no hay reforma sin saber que hay frontera.
2. Un sistema de legalización para gente trabajadora. Tenemos aproximadamente 12 millones de personas indocumentadas, de los cuales 10 millones son mexicanos, por ello necesitamos un sistema para regularizarlos, que tengan la tranquilidad de que vivan en este país. Necesitamos varios sistemas para legalizar y hacer de mayor plazo la acción diferida y fortalecerla, hacer un mayor esfuerzo con los *dreamers*.
3. Un sistema de trabajadores huéspedes se puede probar que vienen a trabajar, que respetan las leyes y tener un tiempo de gracia; no son ciudadanos, pero sí están legalizados; no Programa Bracero, algo de mayor formalidad y de largo plazo.

Los republicanos creen que los inmigrantes van a ser demócratas. Aunque los mexicanos en Estados Unidos son republicanos, porque son conservadores, religiosos, de familias conservadoras.

Un gobernador republicano se puso en contra de los inmigrantes mexicanos y ahora los republicanos no pueden ganar California. Cuando hay elecciones para presidente, tenemos que ir a California, porque es nuestro, es azul, es demócrata gracias a ese gobernador republicano…

Es urgente concentrar en las familias mexicanas la educación.

Porque hay un sentimiento de que las familias pobres y humildes no tienen tiempo, no tienen interés en la educación de los hijos. No sé si es verdad, pero falta un elemento de entendimiento o cultural; no tenemos la ideología de la comunidad judía sobre la educación.

Raúl Rodríguez

Líder de opinión, graduado con honores de la Universidad de Harvard y del Tecnológico de Monterrey, fue secretario de Fomento, Económico de Tamaulipas, consejero comercial de México en Canadá, director ejecutivo en Bancomext y director general del Banco de Desarrollo de América del Norte.

"Alguna vez le dije al Presidente Fox, en transición, 'Presidente, vea los éxitos de mexicanos en Estados Unidos, lo han hecho contra todo y esa es la demostración de que si cambiamos las circunstancias, la plataforma de producción, el reconocimiento al trabajo, nuestra gente hace todo.'"

En esencia tenemos un problema en México, lo digo con toda franqueza. Me refiero a los estudios recientes del Consejo Nacional para Prevenir la Discriminación (CONAPRED), que son dramáticos, en términos de discriminación, de clasismo, de racismo, xenofobia, y eso se traduce con lo que uno ve aquí y seguramente no soy el primero en observarlo.

Hay un grupo que se llama IDEA, que arrancó en la frontera de Texas con México, la zona más pobre de Estados Unidos, entre Brownsville y McAllen. En esa zona tienen doce escuelas, en este momento creo que son quince mil alumnos. Llevan seis años graduando alumnos en el sistema *charter*[4] y el resultado es espectacular.

Yo le digo también al director, que a estos cuates no solamente les cambió la vida, las calificaciones, los conocimientos y las posibilidades, la mentalidad y no tomó, como solíamos decir, tres o cuatro generaciones. En unos tres o cuatro años cambian.

Estas historias contrastan con la de una niña que ganó la olimpiada de matemáticas en México y que no tiene para seguir con sus estudios… Y a tan sólo 15 kilómetros está este otro muchacho triunfador con otra mentalidad y otras oportunidades.

4. Una escuela *charter* es una "escuela pública independiente basada en la elección libre de reglas, pero responsable de los resultados". Una escuela *charter* es una nueva especie, un híbrido, con importantes similitudes con respecto a las escuelas públicas tradicionales. Contiene algunos de los atributos apreciados de las escuelas privadas, pero, a la vez, diferencias cruciales con respecto a estas dos formas conocidas.

James Kolbe

Investigador del German Marshall Fund, consultor de Kissinger McLarty Associates y miembro de la Junta de Asesores de International Relief and Development Inc.

"Estados Unidos y su fundación están basados en la inmigración. Es la columna vertebral de este país, desde antes de su fundación como nación independiente, así que nuestro trabajo es hacerle entender a la población que los inmigrantes dan más al país de lo que le quitan."

La situación migratoria era completamente distinta en esos tiempos: uno podía cruzar la frontera una y otra vez sin generar ningún tipo de conflicto porque en realidad nadie le prestaba tanta atención al asunto de los papeles.

Los mexicanos son importantes, es más, yo diría que son sumamente importantes para nosotros y creo que su relevancia a nivel social crece día a día. Es bastante obvio que las comunidades de inmigrantes (ya sean irlandeses, vietnamitas, alemanes, etcétera) saben integrarse muy bien a la sociedad americana, y no sólo eso, también lo hacen de una manera muy rápida: sus hijos hablan inglés, van al colegio, consiguen trabajo, son responsables, pagan impuestos… Esto los hace personas muy productivas.

Estamos mucho más abiertos a recibirlos y aceptarlos completamente como integrantes formales de nuestra sociedad. La mayor parte de la población del país sabe que la fundación misma de esta nación está basada en la migración y que el llegar a ser una potencia si hacemos la legislación correctamente, será definitivamente una posibilidad para que los inmigrantes desarrollen una vida plena, que vengan y sepan que son bienvenidos, que los queremos aquí, que queremos gente trabajadora y capaz (después de todo, gente así ha logrado colocar a Estados Unidos en la posición en la que nos encontramos ahora). Se sabrá que son personas que han hecho grandes aportaciones a nuestra sociedad. Que son los que vienen de México, Centro y Sudamérica quienes han trabajado por este país también.

Sabemos que esta gente viene y contribuye, que trabaja, paga impuestos y que en su mayoría no recibe los servicios que el resto de la ciudadanía sí. No es gente calificada legalmente para recibir atención médica. Ellos no reciben servicios como el resto, pero existe esta idea equivocada de que sí los tienen. Creo que esto viene principalmente de tres cuestiones que se pueden apreciar con facilidad.

La primera es que los hijos de indocumentados reciben educación. Esto hace que la gente vea a estos niños en la escuela y piensan que son ellos, la gente que nació en Estados Unidos, quienes están pagando impuestos para que estos niños reciban este servicio, no sus padres. Pero por supuesto que sus padres pagan impuestos, no de manera directa, pero pagan al momento de adquirir alguna propiedad o artículo.

La segunda es la acción penitenciaria. No cabe duda de que el americano cree que esto representa un gran costo, porque por desgracia una gran porción de la población en las cárceles americanas son afroamericanos, hispanos (mexicanos), lo cual se debe al tráfico de drogas —que es nuestro problema— y a muchas otras circunstancias. Así que otra vez la gente ve las enormes cantidades de inmigrantes en la cárcel y piensan que son los que pagan por la estadía del criminal.

La tercera es la atención médica. Ellos no tienen seguro, así que cuando en realidad necesitan el servicio, terminan en la sala de emergencias (tenemos una ley que prohíbe a los hospitales rechazar a quien requiera atención médica inmediata). Así que la gente ve inmigrantes entrando a emergencias y aunque tengan que esperar veinte horas para que un médico los atienda, recibirán los cuidados necesarios. Esto también cuesta y la gente al notarlo olvida que a pesar de estas situaciones, los inmigrantes están contribuyendo activamente a la sociedad, que pagan impuestos y generan ganancias.

Encontramos divisiones dentro del Partido Demócrata, pero sus diferencias son menos pronunciadas: algunos quieren legalizar a los inmigrantes, pero sin que ellos tengan trabajos, porque esto a los sindicatos de obreros les molesta, nunca les ha parecido. En contraste con esto, los republicanos, quienes representan a la gente de negocios, no quieren legalizarlos, pero sí quieren que trabajen en el país. Ésta es la diferencia que existe y que genera tanta tensión en relación a la reforma migratoria.

El problema que tienen los republicanos es que no van más allá de las bases ideológicas del partido, las cuales con el paso del tiempo se han convertido en bases arcaicas que no hacen más que alejarnos de la realidad que vivimos. Por esto les resulta muy difícil a mis compañeros de partido tomar la misma postura que yo tengo en relación al tema, principalmente a los que están en los niveles altos de la organización.

Me involucré en el tema migratorio desde el momento en que se empezó a dialogar y debatir al respecto. El gobierno mexicano nunca hizo nada al respecto, porque consideraba que era un asunto que sólo debería importar a Estados Unidos y que ellos debían mantenerse neutrales. Nosotros les insistimos en que se involucraran, pero ellos nunca lo hicieron.

Así que, la situación ya se ha presentado con anterioridad. Mi respuesta es la misma de ese entonces: no es un problema meramente norteamericano, nos concierne a todos los países involucrados en el conflicto migratorio. Claro que como gobierno soberano tenemos la obligación de legislar lo que nos incumbe, pero nunca ha habido un vocero que repele a alguna medida en interés del pueblo mexicano o de cualquier otro país. No opinan sobre cómo se debe tratar a su gente o lo que las leyes deben garantizarles. Desde mi punto de vista, debemos ser muy cautelosos con este tema, por eso debemos educar y generar conciencia en la gente para que noten la relevancia que tendría su participación en el asunto. Ustedes desde México deben involucrarse, porque también les afectan las medidas que tomemos, porque tienen el derecho a decir lo que piensan y a representar a sus compatriotas.

Debemos reforzar la seguridad que hay en la frontera, y con esto no sólo me refiero a la que compartimos con México.

Es imperativo crear conciencia en los partidos políticos, en la Casa de Representantes para que esto se lleve a cabo dentro de los próximos cinco años, o el asunto de la legalización será una causa perdida. Entonces debemos ponernos a pensar en cuál será el factor que permita que todo esto se lleve a cabo y que no sólo quede en intenciones o en papel.

Retomando el punto de los trabajadores, debemos estandarizar el número permitido de trabajadores foráneos. Aunque esto vaya en contra de mi postura, porque siendo honestos creo que no debería haber un límite, pero también hay que ser realistas y darnos cuenta de que las posibilidades de que esto suceda son casi nulas.

Luego tenemos el problema de la legalización. ¿Cuánto deberán pagar para poder vivir aquí regularmente? ¿Tendrán que volver a su país para iniciar el trámite de la visa? ¿Tendrán que esperar una cantidad de años más para conseguir la nacionalidad? Todas estas preguntas se están debatiendo. El patrón migratorio en Estados Unidos cambió en forma negativa; la ironía es que nosotros lo hemos cambiado así.

Robert Pastor

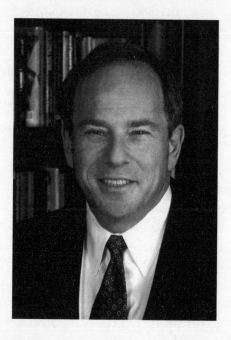

Vicepresidente de Estudios sobre América Latina, en la School of International Service de la Universidad Americana en Washington DC.

"La mayoría de los méxico-americanos que están aquí no ven hacia atrás, sino que ven hacia el frente, no ven al pasado y quieren ser ciudadanos de Estados Unidos."

En estas últimas elecciones nos despertamos y nos dimos cuenta de que los méxico-americanos son importantes. Yo, como demócrata, quisiera que fueran demócratas, pero los republicanos todavía piensan que los pueden recuperar y eso está bien. Es mejor que suceda así, porque esto significa que van a tener que adaptarse a ellos.

Una migración indocumentada es malo para ambos países. Es bueno a corto plazo para los negocios de Estados Unidos, porque tienen mano de obra económica. Pero es malo a largo plazo, pues crea una economía informal fuera del marco de la ley.

Los beneficios reales de la legalización para Estados Unidos es empezar a sacar a la gente de las sombras, traerlos a una economía formal y que se vuelvan ciudadanos, que puedan ser más móviles. Espero que el debate sobre la reforma migratoria sea positivo, a diferencia de lo que se registró en 2007, que fue terrible. Si permitimos que se queden los 11 millones y también abrimos otros canales, éste va a ser el verdadero puente hacia el futuro.

Hay que dejar de pensar en asegurar las fronteras, ya hicimos suficiente de eso. Ya gastamos 186 mil millones de dólares y nunca se va a asegurar por completo la frontera. Lo más difícil para los republicanos es la legalización de los que están aquí.

Nosotros no debemos deportar a los que ya viven aquí, pero los republicanos tienen razón, que si no lo hacemos de manera correcta, va a haber otra ola.

La única manera en la que podemos manejar este problema a largo plazo es subir la condición de la economía de México, para cerrar la brecha con Estados Unidos.

Trato de persuadir a los estadounidenses y les digo que si sube la economía de México, servirá y será bueno para Estados Unidos por eso hay que invertir. Ayudar a México a pasar a una posición de primer mundo, en un trabajo en equipo, ese es mi sueño.

La violencia e inseguridad han sido algo terrible internamente para México, pero todavía es peor cómo la ve Estados Unidos. La perspectiva de la nación con respecto a México aún es negativa, principalmente por la violencia. Pero también los estadounidenses no están actualizados. Su visión con respecto a México data de hace veinticinco años. Cuando yo estoy hablando de México siempre les digo: "¿Saben ustedes cuáles son los mercados más importantes? Ni China, ni Japón, sino México y Canadá, ellos son fuentes de energía."

El mejor puente es cambiar la perspectiva de los tres países: México, Estados Unidos y Canadá. Porque si nada más es México y Estados Unidos o Estados Unidos y Canadá, se dan asimetrías y desequilibrios tan grandes que no creo que podamos llegar a un punto de respeto.

A mí me gustaría ver una mayor movilidad entre los países. Me gustaría ver mucho más estudiantes moviéndose entre un país y otro. Es necesario un intercambio mayor y esto, cuando suceda, va a marcar una gran diferencia, pero la mayoría de los estudiantes estadounidenses no quieren ir ni a México ni a Canadá.

Yo voy a conferencias y programas, en ellos me dicen: "¿Por qué usted está tratando de acabar, transgredir la soberanía de Estados Unidos?" Y yo les contesto: "¿De qué habla? ¿Usted cree que Canadá y México tomarán posesión de Estados Unidos? Eso es ridículo."

Demetrios G. Papademetriou

Presidente y co-fundador del Instituto de Política Migratoria (MPI), con sede en Washington, DC dedicada exclusivamente al estudio de la migración internacional.

"Todos sabemos que hoy la comunidad latina, en su mayoría, no reside de manera legal. No votan y, por lo tanto, no representan una gran cantidad de votantes. Pero en diez o quince años, si no consigues el voto latino, no serás electo."

También es el momento en que el Presidente Obama tiene un papel de mucha importancia. Normalmente, el presidente, y esto nos ha costado mucho trabajo de explicar al gobierno mexicano, no tiene tanta importancia. Éste es un país dirigido por el Congreso, aunque el presidente sea el que se presenta en las ceremonias y firme acuerdos de menor importancia; en realidad, el presidente no tiene tanto peso.

Cuando Fox no se comunicó con nuestro presidente después de los atentados terroristas del 11 de septiembre de 2001, todo cambió en cuanto a nuestra relación con México. Fue un gran error. Fox tenía que haberse comunicado instantes después de que el primer avión chocará con la torre. En ese momento sus consejeros no lo consideraron apropiado. Estas situaciones sólo le dieron un nuevo impulso a toda la gente que decía que no se debería confiar en México y que los mexicanos no eran aliados. Después del ataque a las Torres Gemelas nuestro gobierno no tomó cartas en el asunto migratorio.

Así pasó el tiempo hasta el año 2007, cuando una propuesta de reforma migratoria fue detenida. Michael Chertoff, secretario de Seguridad Nacional, y Carlos Gutiérrez dieron, en ese entonces, una conferencia de prensa después del rechazo de la propuesta de ley. Michael dijo que hicieron su mejor esfuerzo y que a pesar de eso fallaron, que lo triste era que se tenía que empezar de cero y volver a pasar la propuesta y presionar para que se aceptara. Esto lo dijo porque él y Carlos entendían que la gente en el país necesitaría estar convencida de que el gobierno haría todo lo posible para que la ley se aplicara.

En los últimos cinco años, hemos deportado a dos millones de personas, como muestra de aplicación rigurosa de la ley; éste es el resultado de lo que ocurrió después de aquel 11 de septiembre…

Se ha vuelto mucho más caro, más peligroso que la gente pueda venir a Estados Unidos y la probabilidad de que te deporten ha aumentado. Pero, tras haber dicho todas las cosas que el gobierno pudo haber hecho y que no hizo, la variable principal de lo que le ocurrió a la relación México-Estados Unidos, en cuanto a migración, no es lo que el gobierno hizo o dejó de hacer, es la recesión económica que vivimos en la actualidad.

Empecemos con los requisitos de la legalización. Estoy convencido, desde hace ocho años, que fue la primera vez que escribí sobre el registro de inmigrantes (cuestión que hizo que todo mundo se molestara conmigo), debemos empezar con un registro. Debemos estar seguros de que toda esta gente tenga la oportunidad de lograr la residencia legal en Estados Unidos. Si vamos a invertir en un nuevo sistema, debemos asegurarnos de la cantidad de gente que será incluida. Para mí esto es un requisito indispensable en el camino para lograr hacer bien las cosas.

El problema es la idea de que Estados Unidos no negociará en lo absoluto la mejora de su sistema de inmigración con nadie. Lo cual es una mentira porque si vemos la legislación, hay todo tipo de concesiones para muchos países: cinco mil visas a los irlandeses, tres mil para los coreanos, etcétera.

Recientemente estaba rodeado de republicanos, gente que es profamilia, y les dije que los países que tienen buenos tratados en cuanto a la migración son países que aceptan a las familias desde un principio.

El siguiente paso es hablar con México, no en relación a los migrantes mexicanos, sino haciendo referencia a las facilidades que le dan a gente de países tercermundistas de entrar a nuestro país a través de su frontera con nosotros. Ese será uno de los desafíos más importantes que tendremos en los siguientes años. Porque, en el curso del año anterior, la gran mayoría de la gente arrestada por cruzar su frontera era ajena a México, y eso es un gran desafío.

Robert Smith

Académico, Profesor de Sociología, Estudios de Inmigración y Asuntos Públicos en la Escuela de Asuntos Públicos de Baruch College y el Graduate Center City de la Universidad de Nueva York, autor de *Mexican New York: Mundos transnacionales de nuevos inmigrantes* (University of California Press), que ganó cuatro premios de la American Sociological Association y el Premio Thomas Zaniecki al mejor libro sobre la migración.

"Los mexicanos en Nueva York están teniendo una integración en dos vías. Por un lado, los nacidos en Nueva York o los que tienen estatus legal están progresando, algunos muy poco, algunos muy bien y algunos están progresando de manera impresionante, no están mal de ingreso, no están mal de educación. Están progresando mejor que los italianos hace cien años. Por otro lado, los que todavía no tienen estatus legal, están apenas arrancando y no por falta de esfuerzo, no por falta de voluntad, sino por una exclusión estructural."

Yo he seguido de diez a quince años un grupo de cien jóvenes mexicanos desde que estaba en la escuela secundaria, cuando tenían entre 18 y 20 años. Ahora están casados, tienen niños, son adultos. Una parte grande, como 15 por ciento, está bien, va a la escuela de derecho, hizo una maestría, tiene su propio negocio; otro 25 por ciento se va a la universidad; el 40 por ciento está más o menos, sale de la escuela secundaria, tal vez hace un año de entrenamiento y consigue un trabajo; un 25 por ciento está arrancando mal. Los indocumentados están en los últimos dos grupos, aunque muchos de ellos son *dreamers* que han salido de la universidad y algunos tienen maestría.

El país no cumplió con su compromiso de que "si tú trabajas duro y estudias, si tú te aplicas, nosotros te vamos a dar una vida razonable." Esto fue una mentira. La gente que abandonó la escuela secundaria para trabajar directamente fue más racional que seguir en la universidad. Fue un chiste cruel decirles "sí te vamos a dar chance de ir a la universidad", y te vamos a joder de todos modos, no fue justo.

Ahora sí vamos a cambiar, creo que vamos a tener pronto una reforma migratoria, no obstante tenemos todavía una generación, dos generaciones completas que vinieron de niños, de adolescentes, de adultos, de padres indocumentados, tenemos un país entero dentro del país, que no tiene papeles, son 11 millones de personas.

Tenemos que crear maneras de acercarnos, porque esto no va a desaparecer cuando los niños de la gente excluida tengan un estatus legal.

Pongo el ejemplo de un joven que es líder de una organización comunitaria. Él tiene demasiados años, vino de 14 y ya tiene veinte años en Nueva York. A veces duerme tres horas porque trabaja de tiempo completo en la organización comunitaria. Además está estudiando su maestría y todavía no tiene papeles, él está trabajando en el mismo lugar donde empezó desde niño: en el centro comunitario. Las paredes están llenas de placas felicitándolo por su trabajo comunitario.

Los republicanos han tenido una estrategia de demonizar a los ilegales hasta el punto de que se vea a un hispano y se crea ilegal; han querido mostrar al grupo de hispanos y al grupo de ilegales como un sinónimo.

De toda esta inseguridad que la clase media está experimentando aquí en Estados Unidos, le echan la culpa a los ilegales. Por eso, una de la cosas que tenemos que cambiar es la imagen del inmigrante, del mexicano en Estados Unidos, se debe reconocer que hay contribuciones que hacen los migrantes.

Yo recuerdo que hace diez años tuvimos la misma conversación, Carlos González Gutiérrez y otras personas, y una de las cosas que queríamos hacer era cambiar la imagen del migrante en Estados Unidos, en los pueblos donde hay todas estas leyes antiinmigrantes. Porque los nuevos inmigrantes y los residentes establecidos casi no tienen ninguna relación, casi no se conocen y tienen cosas en común.

Actualmente, estoy haciendo un trabajo en un pueblo en donde había conflictos electorales, violación de derechos. El gobierno federal se metió, pero las imágenes de los indocumentados y de los latinos son muy negativas: 1 de cada 6 personas de aquel pueblo tenían miedo de que los inmigrantes estuvieran votando. Pero si ellos no tienen papeles, no quieren votar, no quieren relacionarse, pero tenían tanto miedo de que los latinos estuvieran tomando el control, que no se dan cuenta de que viven en el mismo pueblo, que tienen un futuro común y deben trabajar juntos.

La imagen que se tiene en el país es que los inmigrantes están ocupando servicios, que no pagan impuestos o que quitan empleos. Y no están viendo que están progresando, es la misma historia que tuvimos hace cien años con los irlandeses, los italianos, los judíos.

Una de las razones por las que los mexicanos en Nueva York se están superando es porque tienen mucha ayuda de las instituciones públicas. Hace diez años sólo 32 por ciento de los nacidos aquí en Nueva York estaba en la universidad, ahora son 51 por ciento.

Los *dreamers* nunca perdieron su optimismo, ahora, además de optimistas, están bien movilizados y organizados.

Como académico, siempre hay razones para preocuparnos, pero soy optimista. Hoy todos le están dando más importancia al voto latino. Estoy muy optimista de que vamos a tener un cambio migratorio, la pregunta es: ¿bajo qué condiciones?

No es sano tener un grupo tan grande de personas que vive permanentemente en la sociedad, pero que no tiene acceso político en perpetuidad y que por toda su vida va a estar excluido. Porque ellos se convierten en mano de obra pagadora de impuestos y nunca van a tener voz, lo cual es peligroso para una democracia. En los últimos veinticinco años se ha hecho más débil la democracia aquí en Estados Unidos.

En el pueblo donde estoy haciendo mi estudio, más de la mitad de la población son inmigrantes, de los cuales casi 70 por ciento son latinos y la mayoría son mexicanos. No obstante, 60 por ciento de los votantes son blancos y los políticos se van a hacer campaña siempre con los mismos, y no por racismo, sino porque todos los barrios latinos allá son un desierto cívico. Que la gente viva políticamente invisible no es bueno para Estados Unidos.

Estoy muy cómodo y muy seguro de que si ellos progresan, la democracia americana va a estar muy sana y se va a renovar, así que es un paso muy importante.

Una de las cosas fundamentales es que en México dejen de creer que no tienen nada en común con los migrantes; que son de otro planeta y que cuando se van a Estados Unidos ya están en otro país. Y la élite en México, la concentración del poder es muy fuerte en México, sin duda, es peor que en Estados Unidos.

Recientemente tuvimos una reunión con algunos de la élite de México en Nueva York. Estábamos pidiendo diez becas para alumnos indocumentados. Eran becas de 500 dólares para ayudarlos con libros, incluso los estudiantes vinieron a explicarles. Un joven estaba hablando, cuando interrumpió uno de los empresarios para decirle: "500 dólares cada una, si nosotros gastamos más que eso en una sola cena." Lo dijo enfrente de los alumnos, fue una persona sinvergüenza, una persona con nombre muy reconocido en México. Yo le dije: "¿Tú no vas a darnos el dinero, verdad?" Me dijo que no y sólo respondió: "Ahí muere."

Había machismo en México y los migrantes de primera generación siguieron igualito. La segunda generación está americanizada y todo está mejor. He visto cambios importantes dentro de las parejas mexicanas: ambos tienen que trabajar, hombres cambiando pañales, cuidando niños. He visto que está pasando lo mismo en México. Yo no creo en la imagen de que todos los hombres mexicanos son machistas y las mujeres son rancheras.

La legalización de miles de mujeres y hombres que han estado excluidos tanto tiempo va a abrir una energía política positiva en los Estados Unidos.

Obama es el rey de las deportaciones, yo creo que él está haciendo eso para hacer un espacio político, para tener una reforma migratoria, para que cuando los republicanos digan "estamos bajo una invasión y tú quieres ayudar a la gente que ha invadido al país", él pueda responder que ha deportado más gente que George Bush. Y es verdad, el récord de Obama en deportaciones es un récord muy difícil para la gente que lo apoya, como yo, pero creo que fue un juego político.

Gabriela Teisser

Destacada líder de opinión en diferentes medios de comunicación en Estados Unidos.

"Yo nunca creí que me iba a ir de México. El día que me ofrecieron trabajo en Estados Unidos yo no quería aceptar, porque en México estaba muy bien. Mi papá, periodista, me aconsejó que aceptara por un breve tiempo, que era una oportunidad única."

Pasaron tres meses, me pidieron que me quedara otros seis, después, el resto del año y luego me contrataron por tres años más. Es el caso clásico del inmigrante. Pero yo no creí que me iba a suceder.

Cuando llegué a Estados Unidos lloré por nueve meses. Fue como nacer otra vez, quería regresar a México, extrañaba mi casa, mi ciudad de México; extrañaba mi tráfico, mis calles, mi comida, mis sonidos, mis mañanas, mi bazar del sábado, mis visitas a la catedral, mis visitas al Zócalo, extrañaba poder ir a comer cosas ricas en Coyoacán; extrañaba poder ir a la Ibero, extrañaba mi vida, esa era toda mi vida.

Tratar de integrarme fue muy difícil para mí. Me dediqué a trabajar como catorce horas al día sin saber qué más hacer. Estaba soltera y no veía la hora de regresarme a México. Y cuando ya me casé dije: "Se acabó, yo creo que yo ya no me voy a México nunca más." Y no me siento menos mexicana por eso.

Me impacta lo resistentes que somos los mexicanos, la fuerza que hay para agarrarse unos a otros. Me impacta sobre todo que pasan los años, que pasan los dolores, que pasan las afrentas y la gente sigue intentando. Me sorprende cómo no tiran la toalla.

Los inmigrantes todo lo hacen en función de la familia; toda esperanza está en las generaciones futuras, todos están poniendo esos dolores de lado, porque viene alguien detrás.

Todos siempre dicen: "Es que vamos a mandar un poquito de dinero para mi pueblo, porque van a hacer esto o aquello." Y es impresionante para mí ver cómo trabajan tan duro. Mi esposo y yo tenemos un restaurante y se vienen cuatro en un coche, porque uno maneja y los tres aprovechan para dormir.

Como inmigrante sufrí mucho rechazo, hasta en mi propia casa. Mi suegro no entendía, decía: "Hay tantos inmigrantes aquí, yo me tengo que mudar." Y yo le decía que si no se daba cuenta de que yo también era inmigrante.

Independientemente de eso, aquí en Estados Unidos los niños son ciudadanos norteamericanos y, por tanto, tienen derecho a servicios en la escuela, como cualquier niño ciudadano estadounidense. Cuando uno llega y pide esos servicios, automáticamente te ofrecen el mínimo requerido. Por eso me he convertido en una voz para muchas de estas familias. Voy a las reuniones y les digo que no es posible esa respuesta, que deben pedir tal o cual programa, que tienen que exigir porque es su derecho y deben rechazar un "no" como respuesta.

El mensaje para nuestra comunidad tiene que ser de confianza en sí mismos. Ahora es muy difícil, ante la posibilidad de ver que te saquen del país, ante las deportaciones, porque ése es el temor máximo de muchas familias.

Emilio España

Empresario en manufactura de dulces, en San Antonio, Texas.

"Esto es como el futbol, allá en México es soccer, pero aquí es futbol americano. Tú piensas que hacer negocios aquí es lo mismo que en México, pero que seas un buen jugador de soccer no implica que seas un buen jugador de americano."

Mi arribo a San Antonio fue básicamente una casualidad. En los años setenta, cuando empezaron muchos problemas con el suministro de azúcar en México, porque había cuotas y lo manejaba una organización gubernamental, se tomó la decisión de poner una planta aquí en Estados Unidos, porque supuestamente no había los controles de azúcar y se podía tener más facilidad para la exportación.

La planta se montó por ahí de los ochenta y fue un fracaso total. Por eso, yo insisto, no porque una gente en México sea muy exitosa va a ser exitosa aquí en Estados Unidos.

Cuando me vine a vivir realmente la sufrí, de llorar. Aquí tú crees que los negocios son seguros y no lo son. Aquí la gente también te roba, te tima, abusa, saben que no tienes la experiencia. Aquí el tema es el mundo de los seguros, el mundo de la *legality*, los que demandan, los abogados.

Fue un aprendizaje de mucho tiempo, como en todo, tienes que ser perseverante. Mucha gente confunde la perseverancia con la necedad, y no, la necedad es cuando haces algo con el mismo sistema y te encuentras con pared, eso es ser necio. Si ves que te estás peleando, pues dale la vuelta y vete a otro lado, búscate otro camino, y así es como vas encontrando tu nicho.

Hoy por hoy, México tiene una enorme oportunidad con sus migrantes, y los migrantes necesitamos de México. No es que México necesite de nosotros, es al revés. Veo también que aquí en Estados Unidos, casi todas las universidades educan a la gente para que entre a trabajar a una gran corporación, pero no hay suficiente gente emprendedora. Y en México casi todos son emprendedores, agarran una taquería y todo mundo se pone a trabajar y subsiste el negocio veinte años, eso aquí no funciona.

Aquí en Estados Unidos nadie me hacía arriba de mil cajas de dulces al día, nadie. Yo llegaba a México y eran mil seiscientas por persona y de una calidad veinte veces mejor que la que podemos hacer aquí.

Como están las cosas ahorita, pienso que México tiene una oportunidad de oro. Lo veo en la Asociación de Empresarios Mexicanos.

Cuando entré en el Consejo de los Mexicanos en el Exterior y me nombraron coordinador, había tres temas que me interesaba explorar: el tema de las remesas, por el enorme abuso en las remesas a través de Western Unión; era un desfalco terrible para los migrantes. Otro era el del voto del mexicano en el exterior y, finalmente, el de los proyectos productivos.

En lo primero que participamos fue en las remesas, cuando logramos que el Congreso de Estados Unidos aceptara la matrícula consular para bancarizar al migrante. Fue muy interesante, porque se rompió el monopolio del envío del dinero y eso permitió que entrara mucho más dinero a México.

El reto ahora es ¿cómo podemos hacer que ese dinero se convierta en algo productivo? Lo importante es crear una red para que haya negocio. En eso debemos enfocarnos. Hay un potencial enorme, tanto de productos mexicanos que pueden vender aquí, como mucha gente de Estados Unidos que puede invertir en México.

En ocasiones, cuando las grandes corporaciones mexicanas vienen a Estados Unidos, sufren muchísimo y tiran dinero a raudales, los negocios que tienen aquí no son tan redituables como piensan o como lo son en México. Insisto en que las reglas y los mercados son muy diferentes y muchas veces no se tiene la humildad para reconocerlo.

La verdad es una diferencia abismal, el problema son las regulaciones es la barrera que fastidia todo. Ahí entra el tema político, uno de los grandes obstáculos.

Para lograr un mayor respeto, tanto a nuestra comunidad en Estados Unidos como en México, es indispensable que primero vean que estamos unidos y que somos una sola voz, que no estamos dispersos por todos lados. Porque es lo que siempre han dicho de nosotros, pero ahora al ver lo que ya hemos logrado, lo que hemos hecho, la gente empieza a decir: "Estos cuates sí van en serio, lo están haciendo bien." Yo creo que México tiene un momento histórico, creo que ya lo merece.

Samuel Magaña

Empresario y productor tortillero en Los Ángeles, California.

"Me vine solo en el tren y así llegué hasta Estados Unidos. Me llevaron a un rancho a pizcar algodón, pero no me gustó; nada más duré una semana y le pedí al mayordomo que me trajera a Los Ángeles."

Agarré un trabajo en una compañía que hacía tortillas y me quedé veinte años trabajando. Ahí aprendí mucho y también fui a la escuela. Era el único trabajador cuando empecé en ese negocio, y después de veinte años teníamos 300 trabajadores.

Empecé a hacer tortillas y las vendía, porque no tenía con qué pagarle a alguien que las pudiera repartir. Después, cuando ya creció un poquito el negocio, hacía un recorrido y ocupaba una persona, le daba la mitad del recorrido y yo me quedaba con la otra mitad.

Para que los clientes tuvieran tortillas calentitas y frescas tenía que ir todos los días a llevárselas. Empecé a trabajar siete días a la semana y así empecé a agarrar más negocio y fui subiendo. Ahora ya tenemos tortillas por cuatro o cinco estados aquí en Estados Unidos y vendemos hasta Hawái y Japón.

Cuando viene uno aquí, viene a trabajar. Si es bueno tiene trabajo más tiempo que el mal trabajador; yo me dediqué a trabajar día y noche, sábado y domingo, por eso siento que una persona que se dedica a trabajar y no tiene vicios sale adelante.

Mi éxito radica en saber invertir, porque hay mucha gente que quiere invertir, pero no sabe cómo. Mi secreto fue que yo nada más compraba cosas que tenían entrada de dinero, para que sólo se fueran multiplicando, porque aquí todo lo compra uno a crédito.

También participo financiando una escuela en la plaza comunitaria y ahí no cobramos, todo es gratis, eso lo hacemos con el Club de Durango. Ahora, la gente viene con mucho gusto y está muy contenta y orgullosa estudiando.

Mientras que en México no haya mejores oportunidades, la gente se va a querer venir. La misma gente que viene de México y que allá no tiene oportunidad de hacer nada o le perdió la fe al sistema, viene aquí y hace algo.

Cuando llega uno aquí, ve que puede hacer lo que quiera y no hay limitaciones. Pienso que eso le falta a México, que hagan un programa que le dé esa seguridad a la gente, la oportunidad de que pueden hacer algo.

Tú y yo nacimos igualitos, como naciste tú, nací yo. Y yo no voy a creer que yo soy más que tú, ni menos que tú.

La gente puede progresar donde sea, si de verdad lo quiere.

Alyshia Gálvez

Académica de la Universidad de Nueva York. Su libro *Guadalupe en Nueva York. La devoción y la lucha por los derechos ciudadanos de los inmigrantes mexicanos* fue lanzado en diciembre de 2009 por la misma universidad.

"Me interesaba mucho la conexión entre la religión y el activismo. Y en un barrio neoyorquino encontré por primera vez a los guadalupanos. Ellos no usan utilitariamente a la Virgen, sino toman el mensaje de ella, que da protección a sus hijos donde estén y aplican ese mensaje a la situación que enfrentan, es un mensaje para proteger a los inmigrantes en Nueva York."

Hoy tenemos por primera vez a los hijos de los guadalupanos de hace quince años, los que se criaron en las iglesias en el Bronx, en Queens, en Staten Island, escuchando los mensajes de humanismo, que la Virgen es igual para todos, que todos tenemos derecho y dignidad; es un mensaje que ellos llevan muy adentro.

Se criaron pensando, por un lado, que tienen derechos, que tienen dignidad que tienen la capacidad de ejercer su voz, y a la vez los papás los han formado diciéndoles que la educación es el puente para ir a donde tú quieras ir. Empezaron a darse cuenta de que estaban chocando con un cielo de cristal: "Hasta aquí llegas por falta de papeles." La religiosidad es algo que ha logrado mucho en Nueva York, tiene un papel realmente muy importante.

Encuentro que en el pasado hubo lazos mucho más fuertes, más amistosos entre México y Estados Unidos. Había un intercambio constante. Ahora existe el intercambio en términos comerciales, pero el intercambio humano, el intercambio cultural, se ha ido distanciando.

La gente quisiera ir y venir [a México], pero por falta de la reforma migratoria se ha quedado, se ha destruido la movilidad histórica. Mucha gente se siente súper vulnerable, sobre todo ahora con las deportaciones, como es el caso de Chicago. Allá el tema de las deportaciones es fuertísimo. Chicago es una zona roja de deportaciones. Es un problema bastante grave. La separación de las familias es muy dolorosa. Obama ha deportado más personas en cuatro años que [George W.] Bush y que otros presidentes en otros años de la historia de Estados Unidos.

Hay gente que quisiera decir: "Hagamos un acuerdo especial para los jóvenes y les damos sus papeles, porque son limpiecitos, estudiantes con futuro, quieren ser doctores, ingenieros. Así que les damos sus papeles y nos olvidamos de hacer cualquier otra cosa, ellos no cometieron el delito de cruzar la frontera, a ellos los trajeron." Y los estudiantes, los jóvenes, en su gran mayoría, están rechazando esta idea, están diciendo: "No, yo no quiero papeles si mi mamá no tiene papeles, si mi papá no tiene papeles. Ellos sí cruzaron la frontera sin papeles, pero no fue un delito, fue una necesidad económica de proveer un futuro a sus hijos, y yo no voy aceptar que se le criminalice a mis papás y me den el favor a mí."

Paradójicamente, los que están en contra de la migración crearon una situación donde millones de personas nunca se van a querer ir a México, porque lo único que escuchan son cosas violentas y eso es terrible.

Sin ser mexicana, en mi casa se comía tortilla. No se comía pan, en la mañana se comía tortilla, en la tarde también. Y no hay duda de que gracias a mi estancia en la Ciudad de México cuando tenía diez años hoy hablo de esta manera.

Alberto Sandoval

Especialista en tecnología de información y comunicación en San Antonio, Texas.

"No importa de dónde vengas, sino hacia dónde vas. Salirnos de nuestra área de confort es lo que hace que crezcamos."

Para mí lo más importante no es la tecnología, sino para lo que sirve.

Cuando llegas a Estados Unidos te das cuenta de que no sabes hacer nada. Y que el sueño americano es "hágalo usted mismo". Y tienes que asumirte como tal. El asear toda la casa, hacer camas, planchar, eso no me hace un mandilón, al contrario, es algo que ya se espera como pareja.

Estamos en Estados Unidos y venimos a dar lo mejor de los dos mundos. Y si estamos aquí es para seguir las reglas, estamos para adaptarnos y para hacer este país mejor, sin perder nuestras raíces.

Hemos adaptado lo que nos funciona de los americanos y lo que nos funciona de México; creo que eso también ha cambiado mucho la percepción de los americanos hacia nosotros.

Me acuerdo de una de las primeras reuniones de trabajo con el que es hoy el presidente de la compañía. El día que lo invité a desayunar aceptó, siempre y cuando fuera a las 07:30 am. Entonces, aprendes que culturalmente somos muy diferentes. Cuando empecé a trabajar, éramos prácticamente 400 empleados y hoy somos más de 5 000 colaboradores a nivel mundial.

Como empresa impulsamos mucho al emprendedor, a la persona que está pensando e innovando el negocio. Este programa ha sido un éxito en Estados Unidos, Europa, Asia, porque hay gente que dedica su tiempo para hacer esto sin ningún fin de lucro, sino sólo para ayudar a estos jóvenes. Para ayudar a estos nuevos empresarios a generar nuevos empleos. Cuando propuse este modelo para llevarlo a América Latina, en especial a México, me encontré con quienes me preguntaban, "¿qué hay para mí?" Y les respondía: "Pues la satisfacción de ayudar y de ser un mentor para el joven que quiere abrir su negocio. Si tú ya lo hiciste, ¿por qué no ayudar a alguien para que lo logre?"

Prácticamente llevo diez años fuera de México, he creado nuevas estrategias para la compañía, divisiones grandes, nuevos productos, nuevos mercados. Trabajé en Londres durante dos años y me llevé a toda mi familia. Abrimos una nueva área de desarrollo de productos internacionales, para mí fue una experiencia muy interesante.

Estoy de regreso en San Antonio, manejando América Latina y nuestra expansión hacía México, Brasil, Colombia, para desarrollar nuevos mercados e incrementar nuestra presencia y nuestras fuentes de ingresos.

Alejandro Quiroz

Destacado inversionista, emprendedor y líder de diferentes iniciativas, en San Antonio, Texas.

"Cuando sales de México, te vuelves más mexicano, eres un embajador."

Le dije a mi esposa: "Nos vamos un año a Estados Unidos y probamos." Me puse una arrepentida tremenda, no sabía ni ponerle gasolina al coche. Era yo un verdadero inútil. Libramos ese año y un segundo año y decidimos quedarnos. Nuestros hijos se fueron acomodando, primero lloraron porque dejaban a los amigos y luego se empezaron a adaptar.

Tuve nueve años la empresa y después la vendí a un grupo de Dallas, una empresa pública que hoy es la más grande de Estados Unidos. Me hice amigo del presidente del Consejo y me invitó a ser parte de él. Ya tengo diez años de trabajar con ellos.

Llegué en 1994, después de lo Colosio y esas cosas que sucedieron tan horribles en México. Después de ponerme a trabajar, veía que mi esposa, aunque era tan sociable no conocía a nadie, no tenía nada que hacer, más que llevar a los niños a la escuela. Yo conocía a la gente de mi trabajo, pero no teníamos ninguna relación. Decidí tocar la puerta del Consulado. Platicando con el cónsul Carlos Sada le dije que no había nada que nos uniera a los mexicanos, que como siempre cada uno jalaba por su lado. Desayunábamos informalmente cuatro, cinco o seis amigos y ahí nació lo que hoy es la Asociación de Empresarios Mexicanos.

Hubo un presidente que estuvo muy poquitos meses, la Asociación no jalaba, típico de nosotros los mexicanos, te acercabas con cada uno y lo invitábamos y la respuesta era "pero qué me das, qué me ofreces", en vez de tener el espíritu de hacer algo juntos. Me tocó ser Presidente y empecé a tratar de demostrarle al mexicano que veníamos en serio por el lado cultural.

Había personas que todavía te decían: "¿Qué me das?" "Te doy un mundo donde te puedes relacionar con los otros y nos echamos la mano, no estamos para otra cosa." Ya son casi dieciséis años de la Asociación, está muy fuerte, creció mucho, hemos llegado a otros lugares. Algo muy interesante es que México nunca nos peló en nada.

Aquí en Estados Unidos hay un orden, todo es por escrito, culturalmente hay una diferencia enorme en la forma de hacer negocios. Somos vecinos, pero no sólo hablamos un idioma distinto, sino que es una cultura distinta y hay que entenderla. Debes tener calidad, no fallar, si dices "a las dos de la tarde", pues hay que estar a las dos de la tarde. En México es el amiguismo, en Estados Unidos es bajo la ley. En Estados Unidos creen en los contratos y por eso se gastan lo que se pueda en abogados, se firman las cosas y no se vuelven a preocupar. Aquí sí tienes esa certidumbre, no depende de un cambio de administración de un municipio o de un gobierno, aquí es institucional.

En México, tú haces todo tu esfuerzo, pones todo tu capital y llega alguien que es amigo del que llegó y te va a atacar, te va a competir y a lo mejor te va a acabar. Aquí no, aquí todo es un solo camino y no te vuelves a preocupar, mientras tú estés haciendo las cosas conforme a la ley.

Estamos luchando para que nuestras raíces no se pierdan. Hay tantos tipos de mexicanos en Estados Unidos que eso también nos hace más difíciles las cosas.

Ahora estamos trabajando en la Asociación para tener una división de mujeres, para que las que ya estén adaptadas jalen a las que aún no lo están.

La discriminación no ha cambiado, empiezan a aceptar que no hay de otra porque somos una gran mayoría: ya entramos, ya estamos aquí, ya no les queda de otra.

El gobierno de México tiene que trabajar y actuar distinto, no es sólo un Consulado y ya, tienen que estar comprometidos a poner el nombre de México en alto, a luchar, a hacer algo.

En el ámbito de los negocios, hoy México está sensacional, es una oferta maravillosa. Creo que económicamente vamos bien, ojalá que no se nos descomponga nada, porque vamos de maravilla. En la parte de negocios, ahí vamos en general. La gente aquí está abierta para hacer negocios, está cerrada a hacer turismo, porque tienen mucho miedo por como ven las cosas.

Aquí cuando el joven llega a la universidad se transforma, estudia y se hace; en México no todos trabajan, no todos estudian, están esperando una herencia, están esperando trabajar en la empresa de papá y es un talento desperdiciado.

Alfredo Martínez

Dueño de diferentes restaurantes de comida mexicana en Las Vegas, Nevada.

"El futuro de Estados Unidos somos nosotros, nuestra juventud, y aquí hay otra mentalidad, tienen otros deseos, otra educación, social, cultural, y eso los ha hecho salir adelante. En nuestra comunidad, nuestros jóvenes se reciben en la universidad, les entregan sus diplomas y hay bastante latino que sale adelante, preparado y con grados altos, con menciones honoríficas."

Ya no es como antes, ahora la gente habla los dos idiomas, se prepara, genera empleos, ayuda mucho a la economía del país.

Llegué a Los Ángeles, California, a jugar futbol. En un partido estaba un entrenador que conocía y me invitó a jugar con el equipo a San Francisco, en la Ciénega, fue ahí donde conocí a mi esposa.

Se acabó la etapa del futbol y aprendí el oficio de la construcción. Compré un pedazo de terreno y poco a poco empecé a hacer la casa. La terminamos y le dije a mi esposa que regresáramos a México, pero ella me dijo que nuestros hijos ya habían nacido aquí y que no se iban a acostumbrar, así que nos quedamos.

Seguía trabajando, compraba terrenos y construía otra casa. Posteriormente compré un restaurante italiano que ya habían cerrado, El bello Antonio, lo remodelé y lo ampliamos tres veces; teníamos bastante clientela. Yo hice el menú, me puse a estudiar combinaciones de tamales, enchiladas, taquitos con enchiladas, chiles rellenos y creció el menú.

Un día mi hija dijo que quería poner su negocio y encontramos otro restaurante para 390 gentes que querían vender. Fui y hablé con el banco, porque aquí todo es financiamiento. El banco nos dio un préstamo de un millón de dólares, pero el dueño del restaurante quería al menos 1 millón 750 mil dólares. Así que hice una segunda nota, aquí eso se acostumbra, hasta una tercera nota, pero con un interés mucho más elevado. Entonces con el banco y un préstamo de gobierno, que por ley le toca a uno cuando hace negocios con el *small business* e hicimos el trato. Ya teníamos el otro restaurante y también fue un éxito rotundo, ni nos dábamos abasto.

Nuevamente con apoyo del banco compramos veinte locales, porque había suficiente estacionamiento y también pegó. Los rentamos, aquí no es como en México, aquí firman un contrato por cinco o tres años y se respeta y se cumple, hay gran acceso al crédito, es la gran diferencia. En México, la gente no está acostumbrada al crédito, imagino que en México el 95 por ciento es dueño de sus cosas y el 5 por ciento trabaja con crédito. Aquí es al revés.

Desde 1988, cuando Reagan dio la amnistía, fue cuando creció la comunidad hispana, fue cuando nosotros pensamos en el restaurante. Yo pienso que en Las Vegas hay una comunidad de 600 mil personas entre mexicanos y latinos. Ahora no hay lugar donde no hablen español, somos una comunidad muy importante.

Siempre hemos sido trabajadores, este país es de migrantes. Llegamos aquí con las manos vacías...

Hay mucha gente que viene a Estados Unidos a trabajar, porque en México no encuentra trabajo. Y no puede ser que nuestro país no nos apoye, pienso que México tiene el dinero suficiente para apoyar, porque se pagan muchos impuestos. Hay mucho dinero que se puede usar para la juventud, para que sean el mañana que necesitamos. Si no encauzamos a la juventud por el buen camino, viene la delincuencia, la drogadicción, las malas cosas y nos vamos por el camino equivocado.

Alexandra Delano

Académica, PhD en Relaciones Internacionales por la Universidad de Oxford, dedicada al estudio de la migración, el papel del Estado en la gestión de políticas de participación de la diáspora, la gobernanza de la migración y la migración a nivel bilateral, regional y multilateral, y las relaciones transnacionales entre los estados y los migrantes.

"¡Tú tienes voz, ve y vota!"

Los líderes me dicen: "En parte nos unimos y crecimos, tenemos más fuerza porque nos están chingando tanto." Así lo dicen ellos, si no nos estuvieran atacando tanto, no nos estaríamos organizando tanto. Es una provocación a la que están respondiendo.

El voto latino en el 2012 fue fundamental y para nadie pasó inadvertido. A la comunidad mexicana la tenemos que apoyar, tenemos que hacer que su voz cuente, tenemos que hacer que su voz se oiga. Hazte ciudadano si tienes esa posibilidad y aquí están los recursos para apoyarte, regístrate para votar, si tienes esa posibilidad, ve y vota.

Tienen que cambiar su cultura cívica, porque quizás la comunidad latina viene arrastrando un poco de sus propios países. Suelen pensar que las elecciones no importan, que "va a ganar el que va a ganar de todas maneras", o que es la única forma de participar, cuando esto no es así. Hay muchísimas otras formas de participar aquí en Estados Unidos para influir en la política y organizarse. Ha sido todo un esfuerzo para educar a la comunidad sobre la manera en la que pueden influir. Ha habido un cambio muy grande en los últimos seis años. La movilización que han hecho los jóvenes con el Dream Act es realmente impactante. La capacidad que han tenido para organizarse y la manera en que lo han hecho: utilizando redes sociales y acciones de protesta que se han usado en otros movimientos.

La representación política de mexicanos es nula o muy pequeña en comparación con el tamaño de la comunidad.

La postura de migración de Romney y de muchos republicanos tuvo un efecto negativo; creo que si pasa una reforma migratoria y empieza un proceso de regularización aunque sea gradual, va a implicar un cambio muy grande en cómo se relaciona esa comunidad con México.

Si hay una regularización, los mexicanos se van a quedar aquí. Traerán algunas de sus familias, no creo que pase lo de 1986, ésta vez sí se va a controlar, y cuando estén regularizados, ahí va a surgir la gran pregunta: ¿van a seguir mandando remesas a México? ¿Van a seguir estando interesados en colaborar y participar con el gobierno mexicano? ¿Van a querer seguir votando desde el exterior?

Esas van a ser preguntas importantes que México se tiene que replantear, realmente acercarse a la comunidad y ver de qué forma se pueden ayudar. Los mexicanos, por más años que llevemos fuera, tenemos el corazón en México y de alguna manera queremos ayudar a nuestro país. Entonces, esas oportunidades no se pueden desaprovechar. Es mayor la tendencia de irse quedando, de irse haciendo más de aquí, que de regresarse para allá, sobre todo en los últimos tiempos cuando ha sido mucho más difícil regresar, debido a los controles migratorios y a la situación en México.

Andrew Selee

Académico, vicepresidente del Woodrow Wilson Center,
Washington, DC.

"El debate de migración no ha sido serio. Antes el debate era sobre los mexicanos que iban a 'quitar' trabajo, pero ahora las empresas mexicanas están dando empleo en Estados Unidos. Esa narrativa va a empezar a ganar…"

Yo creo que el nuevo debate va a ser sobre las empresas mexicanas que llegan a invertir en Estados Unidos y hablan de "tú a tú". [Son empresas que] llegan a Estados Unidos por el buen mercado. Saben moverse y están comprando. Algunas ya tienen la tercera parte del mercado aquí en Estados Unidos, ¡la tercera parte! Otras como Femsa, Corona, Alfa y Cemex también están en el mercado. Y están también los mexicanos que llegaron como migrantes, como emprendedores. Vamos a empezar a descubrir la narrativa de los migrantes que llegaron e invirtieron y que son exitosos. La calle más dinámica es la calle de latinos.

Cuando surgió el tema de la reforma migratoria, muchos en México pensaban que no debían meterse en el debate. Pero es un tema de tanta importancia que tenemos que cooperar, y vale la pena poner en la mesa la voz de cada parte involucrada.

La gente común y corriente sí tiene un sentido palpable de la migración, porque tienen gente en Estados Unidos, pero a nivel político la imagen es más una caricatura.

Los mexicanos se están naturalizando, pero se convierten en ciudadanos en una tasa mucho menor que a la de otros grupos de migrantes aquí en Estados Unidos. Aunque el proceso es más lento, ahora tienen un gran potencial.

Sabemos que el tema de la seguridad fronteriza será parte del debate. Lo que esto significa es que contrataremos a más *Border Patrol*, más gente allá. Debido al aumento en los controles fronterizos, para ingresar a Estados Unidos, el comercio está retrasándose, la gente hace menos compras, porque tiene que esperar. Estos controles son destructivos para la manufactura, afectan a todos. Tienen repercusiones muy drásticas sobre la economía. Aun así hay formas de mejorar también la seguridad (como la economía), haciéndola más eficiente, pero a la vez necesitamos cambiar el enfoque. Para esto tenemos que definir los criterios de seguridad fronteriza.

Artemio Arreola

Líder comunitario, director político de la Coalición de Illinois pro Derechos de los Inmigrantes y Refugiados, a cargo del Proyecto de Democracia para los Nuevos Americanos (NADP), que se propone afiliar nuevos votantes entre los inmigrantes ya naturalizados, bajo el lema "Nuestro voto es poder".

"No nos ven como gente que vinimos también a contribuir al engrandecimiento de esta sociedad."

En 1989 me vine por cuestiones económicas. Cuando veía que no podía despegar en México, dije: "Ah, chingá me voy a Estados Unidos." Y empecé lavando platos. Lo que ganaba en un fin de semana en mi negocio de billar en México, me lo vine a ganar aquí en dos semanas de trabajo.

Busqué otro trabajo en una fábrica, ¿cómo iba a ser posible que me regresara a mi pueblo diciendo que no la hice? Como al año y medio salí un poco de mis deudas y empecé a ver qué era lo que estaba haciendo aquí en Chicago. Porque la gente de mi pueblo que regresa sin haber hecho nada en Estados Unidos es un fracasado.

Tenía que luchar fuertemente, buscaba en las fábricas todo el material que se echaba a perder, lo comprábamos y nos lo llevábamos a los *flea markets* los fines de semana. Siempre haciendo negocios, haciendo más cosas.

Me sentía muy mal porque ni siquiera entendía el idioma. Empecé a ir a la escuela. Lo que me impulsó más fueron las condiciones de abuso que se vivían en la fábrica. Empecé a levantar la voz, no teníamos horas de descanso, era un trato bien feo. Conocí el sindicato y me empecé a involucrar con ellos, alrededor de 1990-1991, ya era su representante sindical.

Llegué a ser el Presidente de la comunidad oaxaqueña, porque la Federación de Michoacanos todavía no existía. Lo que me mantenía a flote era la lucha laboral y la lucha con las comunidades.

Regresé a mi pueblo en el 2003 y me sentía un triunfador. Ya había puesto computadoras en las escuelas y había empezado a hacer tramos carreteros para mi gente de México, de mi pueblo.

Cuando pasó la iniciativa Sensenbrenner en 2006, empezamos a hacer reuniones para derrotar esta iniciativa. En Casa Michoacán organizamos la primera marcha, que fue la del 10 de marzo.

Nunca pensamos que íbamos a tener la respuesta que tuvimos, fuimos los primeros sorprendidos. Habíamos hecho el permiso para 50 mil personas y se burlaron de nosotros cuando dijimos que íbamos a lograr juntar a 50 mil. No fueron 50 mil, ¡fue más de medio millón de personas en la calle!

Los tres mensajes de esa marcha, que yo considero bien profundos, fueron: primero, "nosotros somos América"; segundo, "nosotros no somos criminales", ese era el mensaje fuerte; y tercero, que se gritó y se trabajó desde entonces, fue "hoy marchamos pero mañana votamos."

El poder político lo tienen los inmigrantes. Los irlandeses son los maestros de la política en Chicago, son apenas el 3 o 4 por ciento y tienen el 80-90 por cierto de las posiciones de poder. Las organizaciones también tenemos cohesión.

En la pasada elección presidencial aquí en Estados Unidos hicimos dos demandas: reforma migratoria y licencias de manejar. La licencia es una cosa de vida o muerte para nosotros, porque de esos casi dos millones de deportaciones que están ocurriendo y que aquí en Illinois han dejado más de 56 mil niños sin un padre y sin una madre, la mayoría ha ocurrido por infracciones de tránsito.

El liderazgo que tenemos los mexicanos o méxico-americanos actualmente es bajo. No obstante, 58 por ciento de nuestra población está entre los 10 y los 15 años. Esos jóvenes, esos niños van a ser adultos en una década y vamos a ser la mayoría más grande. Estoy seguro de que muchos de esos jóvenes van a estar en el poder.

En las escuelas, estamos peleando porque no se pierda el español, pero de México no hay un plan. Es increíble cómo los productos y servicios tienen más valor que los derechos humanos de los individuos. Mi esposa una vez le dijo a Zedillo: "¿Qué va usted a hacer para la gente de acá?" Y él le respondió: "Yo no los mandé, no puedo hacer nada." ¡No puede ser! No puede ser que el país se tenga que callar por defender a su gente.

Si le pasa algo a un americano en México, su gobierno lo defiende y México nos ignora. Por eso a nosotros no nos toman en cuenta. Por ejemplo, Estados Unidos trae muchos médicos, ¿por qué no trae de México? Porque no hay esa negociación previa.

La llave para muchas cosas son los papeles, pero nada más es la llave, después vamos a tener que preparar a nuestra gente. Ahora que se dieron las licencias de conducir, aquí en Illinois, hay una gran demanda de documentos. El Consulado necesita más apoyo, porque nada más se convierte en proveedor de ese servicio y queda desplazado para todo lo demás.

Bernardino Bautista

Empresario en el ramo de jardinería en Las Vegas, Nevada.

"Empezamos a trabajar la jardinería, a escarbar con pico y pala. El primer día no soportaba mi espalda, llegué a arrepentirme. Un día mi padre me preguntó, '¿quieres estudiar o quieres trabajar?' Pero la primera semana recibí un cheque de 80 dólares, ¡era mucho dinero para mí! Yo hacía mis cuentas y le dije: 'Déjame trabajar tres meses y yo te aviso.'"

Yo le decía a mis amigos: "Yo no nací para esto, algún día voy a ser jefe." Ellos decían: "Jefe, ¿dónde? Si ni los que tienen estudios han llegado a ser jefes." Pero nunca les hice caso, yo trabajé; tuve una familia muy positiva, que siempre me impulsó a trabajar y a estudiar. Siempre hay personas que te motivan para aprender.

En Phoenix ganaba 1.25 dólares la hora, eso era menos del mínimo que se pagaba. Mi hermano menor llegó a Las Vegas y ganaba 5 dólares la hora. Fue por eso que me invitó a venir. Mi hermano me dijo que como sabía algo de inglés me pagarían aún mejor.

No le hice caso, pero en 1991 me vine a Las Vegas. Fue cuando pasó la reforma. Mi padre solicitó por mí y me dieron mi permiso de trabajo. Fue así que empecé ganando 5.50 la hora, ¡era un dineral!

Mis hermanos y mis tíos me recomendaron obtener mi licencia de construcción. Se me hizo fácil obedecer a mi familia y fui a la escuela. Pensé que aprobaría el examen en menos de media hora, porque creí que me iban a preguntar cómo se planta un árbol, cómo se poda un árbol, pero no fue así.

El Estado es el que te hace el examen. Se me hizo fácil no ir a la escuela e ir directo al examen, pero no sabía ni lo que estaba haciendo...

Batallé mucho en aprender lo necesario para pasar el examen, porque no soy bueno para la matemática. Fue por eso que decidí inscribirme en la escuela para estudiar y prepararme. En la mañana iba al trabajo y saliendo del trabajo iba a la escuela. De tanto estudiar, ¡aprendes! Para ser un contratista es difícil, te hacen preguntas sobre cómo se corta un árbol, en qué grado, en qué altura, o si manejas una irrigación aquí de tres pulgadas y terminas en media pulgada, ¿qué presión recibes? Aprendí bastante en la escuela, y aunque tuve que presentar el examen tres veces, finalmente lo pasé en 1998.

Empecé a trabajar por mi cuenta, haciendo trabajos pequeños. Ahora tengo a dos americanos trabajando para mí. Empleo nada más a siete personas, antes de la crisis económica éramos diecisiete.

Cuando te superas, aprendes el idioma [inglés], ganas más, te tratan mejor y tienes mejor estilo de vida. Eso es lo que he aprendido. Si sabes inglés, en donde sea que vayas, siempre están las puertas abiertas y siempre te necesitan. Es la educación lo que más interesa aquí. Yo llegué a Estados Unidos hablando otomí, tuve que aprender inglés y me casé con una americana. También tuve que practicar español.

A los funcionarios de México les pediría que miraran que si nosotros nos venimos aquí, no nos venimos porque somos traidores de la patria. Simplemente nos venimos a Estados Unidos porque queríamos una superación que en nuestro país no pudimos obtener fácilmente.

Y nosotros, al estar aquí, queremos que nuestro lugar de origen prospere. Si yo mando dinero para construir una casa, estoy empleando a cinco personas. Hemos tenido esta visión: vamos a mejorar nuestro pueblo, vamos a construir un hospital...

A los americanos quiero decirles que nos miren como gente que aporta a la economía. Nosotros no vinimos aquí para robarles, vinimos a trabajar y también pagamos impuestos. Teniendo papeles o no, vayas a donde vayas, te quitan el 8 por ciento de impuestos que tienes que pagarle al Estado en cada compra.

Si miraran que somos gente trabajadora y no una carga para la comunidad, las cosas cambiarían, Estados Unidos marcharía mejor y todo mundo tendría mejor vida, porque nos quieran o no nos quieran, estamos aquí, y si estamos aquí da lo mismo con papeles o sin papeles, estamos pagando, estamos cooperando.

Carlos Álvarez

Propietario de diferentes cadenas de cerveza artesanal, en Estados Unidos.

"Ser exitoso en el mercado más grande y más competido del mundo y hacerlo en un negocio tan especializado donde el conocimiento también es fundamental, requiere ser audaz. Porque haber tenido esa audacia de comprar cuando el momento tal vez no era el más lógico para hacerlo, eso solamente se entiende con un espíritu emprendedor."

En grupo Modelo me asignaron para hacerme cargo de la exportación de cerveza Corona, vendíamos 20 mil cajas al año y no representábamos ni siquiera un 1 por ciento de ventas de cerveza mexicana fuera del país.

La Corona Extra con envase trasparente y la etiqueta grabada, la empecé a vender en Austin, con un distribuidor bastante modesto de bar en bar, de tienda en tienda, pero tuvimos éxito ese verano de 1981.

Estar a cargo de un "patito feo" era poco agradable; hoy las ventas de Cervecería Modelo son cerca de 200 millones de cajas de cerveza fuera de México, de 20 mil a 200 millones, fue un éxito fuera de serie.

Es un gran orgullo el que se siente cuando estás representando un producto de tu país en el mercado más grande de consumo del mundo, y el más competitivo. Y lograrlo con un producto mexicano y en una forma "tan a la mexicana", porque me aventé como el "Borras", sin todos los elementos: fue una razón de orgullo.

Estar dentro de las diez cervezas más vendidas en Estados Unidos y con una presencia en todo el mundo, ha sido una razón de orgullo para los mexicanos.

Llegué a Estados Unidos con una cultura. Yo vivía una situación de bonanza, con todo y eso es extraordinariamente difícil hacerla en este país.

Admiro a nuestros compatriotas que llegan a tener sus dos o tres trailercitos y andan moviendo mercancía, o tienen sus dos o tres trocas y andan atendiendo los jardines, o tienen sus dos o tres taquerías; se necesita valor y audacia en trabajos que nadie quiere entrarle. Ellos tienen el reto de cruzar el río y pasar, y seguir adelante sin descanso el día siguiente y el siguiente. Esos logros, ya sean pocos o muchos, deben ser apreciados, porque lo han hecho a base de mucho esfuerzo.

En mi caso, relaciono el éxito también con el equipo humano, pero en particular con tratar de establecer la mejor práctica. Tratar de ser los mejores y de contratar los mejores. Desde ese punto de vista mi empresa nunca fue un club mexicano de amigos, estaba buscando tener expertos en el área, gente con experiencia y con capacidad, con conocimiento, que se moviera más como pez en el agua. Ese fue un acierto, buscar gente que supiera mucho más que yo, que me pudiera enseñar y que pudiera poner en práctica algo mucho más rápido de lo que yo pudiese haber hecho.

Cuando establecí mi empresa aquí en San Antonio me acordé de una cerveza que había conocido cuando empecé a vender la Corona en Austin, la Shiners of Austin. En 1989, compré esa cervecería que había sido establecida en 1909, tiene 103 años y estaba en las últimas, a punto de quiebra, sin embargo veía la energía del producto y pudimos revitalizar la marca.

Esta cervecería que estaba a punto de desaparecer, hoy es una de las cervecerías más exitosas. De 200 mil cajas que se vendían, se han convertido en más de 7 millones y medio de cajas. Ésta es una de las cervecerías de mayor ranking. Somos la número cuatro de las cervecerías artesanales de los Estados Unidos.

En 1995 compré otra cervecería en Portland Oregón, la capital de las microcervecerías. Esta cervecería que adquirí fue la primera, la más antigua en el estado de Oregón, conocido como la cuna de las cervezas de especialidad o artesanales.

Finalmente en 2004, en Berkeley, California, establecimos otra cervecería hermana de otra que empezó hace 400 años en Salzburgo, Austria.

Carmen Velásquez

Directora del Centro de Salud Bicultural Alivio Medical Center, en Chicago, Illinois.

"Si usted me pregunta: ¿usted es doctora? No. ¿Usted es enfermera? No. Pero soy muy cabrona. Fácil. Sé a dónde quiero ir, sé a dónde no quiero que me lleven y sé reconocer lo que no sé."

A mí me dicen: ¿quién es tu jefe? La comunidad, los empleados.

Cuando tenía 10 años un compañero de la escuela me dijo, "Who are you? Are you Mexican? Are you a nigga?" (¿Quién eres tú? ¿Eres mexicana? ¿Eres un *nigger*?, una palabra feísima.) Ni sabía lo que quería decir con eso, pero me ofendí. Fui a la casa llorando, estaba mi papá y le conté lo sucedido y me dijo: "Nunca se te olvide que eres mexicana. Ese niño que te habló así de feo, no te dejes de él. Lo que nosotros tenemos como familia, como historia, música, cultura, es una bendición. No nos pueden tocar."

Desde ese día me prometí que nunca me iba a dejar.

A mí no me gustan esas palabras, latino e hispano, porque te quitan la identidad. Yo nunca he visto un latino, he visto mexicanos, puertorriqueños, cubanos, pero nunca he visto un hispano o un latino.

Los jóvenes tienen que reconocer que no deben permitir que nos quiten nuestra identidad con estas palabras de "hispano" y "latino". Ahora si voy a una junta con el alcalde y somos mexicanos, puertorriqueños y cubanos, y alguien se presenta como: "Soy Juan Velázquez, soy latino o hispano", no es aceptable. Tienes que pararte y decir: "Soy Juanito Velázquez y soy mexicano, soy puertorriqueño, soy cubano".

En 1987 empecé a fijarme más en el ramo de la salud. Viendo que no había acceso a los servicios de lo que se llama el cuidado primario, formamos un comité porque había oportunidad de acceder a un fondo de 10 millones de dólares para hacer algo en salud.

Decidimos que queríamos un centro comprensivo de salud y un local con enfermeras y trabajadores sociales. Lo solicitamos y nos dieron casi un millón de dólares. ¡Ay Dios! ¿Y ahora qué vamos a hacer?

Nuestro centro de salud es un centro con voz, muy reconocido, pero batallamos porque con el presupuesto que tenemos actualmente —15 millones de dólares— no es fácil manejar unas 150 personas.

En este país dicen que hay varias enfermedades que se tienen que sobrepasar: obesidad, asma, la diabetes, depresión. Todo eso es cierto, sin embargo, la persona que está indocumentada, está en desventaja, sufre muchísimo. Cada vez que se sube a su auto tiene que pensar: "Ay, Dios mío, no tengo licencia, si me paran me mandan a la prisión, me van a deportar y a mis hijos." Ya son 56 mil niños a los que les ha pasado eso, entonces sí hay una diferencia tremenda entre quienes tienen sus papeles y quienes son indocumentados.

Edmundo Escobedo

Dueño del periódico *El Mundo* y líder de opinión
en Estados Unidos.

"Una de las cosas que mi papá me dijo fue: "Hijo, yo sé que si me uno con gente que
está capacitada en sus ramos de negocio, ellos nos pueden ayudar a ser mejores.""

En Las Vegas había un cine que enseñaba películas en español.
Tenía uno que viajar casi una hora y media para llegar. La ciudad
estaba lejos y en ese entonces menos de 40 mil mexicanos vivían
aquí. El día de descanso de mi papá era ir al cine a ver películas
mexicanas.

   Un día mi hermano y yo nos pusimos a correr por el pasillo,
llegó el dueño del teatro y le dijo a mi papá: "Saca a esos mexicanitos
de aquí." Y de tanto coraje que le dio a mi papá, en menos de un mes,
fue y rentó un local, y puso su propio cine. Así le dio competencia
al cine de donde nos habían corrido. En un año cerró el otro lugar y
mi papá ya tenía el primer cine mexicano aquí en Las Vegas. Eso fue
en 1972. Yo trabajaba vendiendo palomitas y era el cácaro, ponía las
películas y además estudiaba en la universidad. Siempre trabajé con
mi papá en todo lo que hizo.

Después del cine, mi papá compró una estación de radio e invirtió en el periódico *El Mundo*. Le fue muy bien, pues fue presidente de la *Spanish Picture and Services Asociation*, la SPSA, que trabajaba con la ANDA de México. En esos tiempos, en los setenta, el gran porcentaje de dinero que ganaban las películas mexicanas era de Estados Unidos.

Cuando la población hispana de Las Vegas subió a 100 mil habitantes, y después a 200 mil, nosotros estuvimos ahí; sufrimos mucho, pero después subimos mucho. En esos tiempos no había televisión, cable, ni nada. Era el periódico *El Mundo* y/o la estación de radio y punto.

Mi papá hizo todo con su esfuerzo, con el apoyo de la familia y trabajando con buena gente que él conocía; entonces formó un grupo que se llamaba el Comité Patriótico Mexicano.

Cerca de veinte líderes se unieron aquí en Las Vegas para abrir negocios, promover la comunidad y dar becas a los estudiantes. Ahorita hay doctores, licenciados, ingenieros, que por esas becas de mil, 2 mil dólares cambiaron sus vidas. Hay muchas personas que regresan al periódico y dicen: "¿Sabes qué? Tu papá nos ayudó mucho."

Mi papá fue afortuando, pues tres o cuatro veces fue a Los Pinos, empezando con López Portillo y Miguel de la Madrid. Pero también estuvo en la Casa Blanca, con el Presidente Bush y con Clinton. Uno de los amigos de mi papá me platicó que después de ir a Los Pinos y a la Casa Blanca, mi papá se sentó, se puso a llorar y dijo: "Lástima que mi papá no está aquí para ver qué le hice a sus negocios, pero qué hice con mi vida." Despúes de haber malgastado todo en México, él llegó aquí con las manos vacias y pudo hacerlo otra vez.

La estación de radio la vendió mi papá tres años antes de fallecer. Los que tenemos tiempo viviendo aquí queremos dejar nuestra huella, ayudar a nuestra gente, que no los abusen, que siempre respeten la ley y que además no se olviden de sus tradiciones. Y si esas tradiciones son de Honduras o México o Puerto Rico, tienen que sentir orgullo y mantener ese tipo de respeto para donde viven y de donde son, para dejar la mejor luz en este país.

Eduardo Bravo

Presidente de la Asociación de Empresarios Mexicanos en Estados Unidos.

"Uno de los grandes retos de los mexicanos es que se la crea, la integración es clave, otros grupos se apoyan entre sí, pero nosotros los mexicanos no, aquí a diferencia de México hay una participación comunitaria."

¿Cómo llegué a Estados Unidos? Tengo dos etapas. Llegué la primera vez en 1990, casado, con dos hijos pequeños. Ahora tengo 51 años. Yo fabricaba ropa en México y empecé a vender aquí en Estados Unidos. Abrí una bodega y tiendas en San Antonio, en Nueva Orleans, vendía muchísima ropa. Desde los 17 años, cuando iba en preparatoria, empecé con este negocio y la verdad me fue muy bien, tuve un crecimiento espectacular.

Cuando llegué a Estados Unidos me empecé a topar con ciertos problemas, a lo mejor un poco de inexperiencia. Básicamente vendía camisas de manta, la tela me la mandaba mi papá, era una tela tipo artesanal como de red de algodón. Vendíamos mucho en el mercado de Miami. Siguiendo el consejo de unos puertorriqueños, abrí en México una línea y la comercialicé, fue un éxito rotundo. Era la única empresa mexicana en ese momento que estaba en Nueva York y Los Ángeles, pero de repente llegó una huelga en México y de la noche a la mañana todo se derrumbó. Fue una época muy difícil, con tres hijos volteé y dije: "¡No tengo nada! Ahora sí hay que empezar de nuevo", y empecé un negocio de mensajería entre México y Estados Unidos.

Me tocó participar en la fundación de la Asociación de Empresarios de San Antonio. Fue de una manera informal, porque en 1996, el de prensa que estaba en el consulado me pidió organizarle a Carlos Sada una bienvenida con los mexicanos. Gracias al cónsul Carlos Sada se impulsó la asociación. Éramos muy pocos en aquel entonces, al igual que los empresarios en San Antonio. Cada que llegaba alguien era como una gran fiesta, pero el cónsul tenía mucha visión y sabía cómo juntar a la gente.

Al principio, era un lugar donde nada más nos íbamos a lamer las heridas, porque vienes con muchos sueños, con muchas expectativas de hacer negocio y vienes a invertir. Pero te vas metiendo en todo tipo de situaciones, donde si no lo haces de una manera correcta, no te va a ir bien. Así como hay muchos casos de éxito, hay muchos casos de fracasos. Lo que hemos tratado de hacer aquí en la Asociación es apoyarnos mutuamente, hacer sinergia, no perder la identidad, no perder nuestro idioma. Lo dijo Vasconcelos: "Si tú pierdes tu idioma, pierdes tu identidad y pierdes hasta tu religión", y es la verdad. Es todo un reto para nosotros tratar de poner el nombre de México en alto, porque aquí estamos etiquetados y los mexicanos prefieren, en un momento dado, que les digan hispanos en lugar de méxico-americanos, y eso es muy triste.

En la Asociación nos dimos a la tarea de abrir capítulos en distintas ciudades, en el valle de Texas, McAllen, Dallas, Austin, Houston, Woodlands… Ahora en California estamos abriendo seis capítulos, y la idea es hacer una red de empresarios y profesionistas mexicanos que pueda tener una presencia y podamos acercar a los mexicanos con empresarios americanos.

La parte cultural es la clave porque si quieres llegar a hacer negocios en Estados Unidos, como hacemos negocios en México, estás perdido. En México, la gente llega tarde, la gente quiere hablar de otras cosas, menos del negocio. Aquí es un *lunch* de una hora y vas al grano. Sólo al final, si hay oportunidad, hay un diálogo con el interlocutor. Otra de las cosas que tratamos de hacer en la Asociación es integrar a los empresarios a la comunidad, y la mejor manera de involucrarse es que vayas a un museo, que le devuelvas algo a la comunidad.

Aquí trabajas, trabajas y trabajas, no hay de otra. Te tienes que adaptar y además tienes que tomar un lugar dentro de la comunidad. En Estados Unidos debes tener un buen abogado, un buen contador, pagar tus impuestos, hacer las cosas correctamente. Haciendo lo anterior vas a ser muy exitoso. Algo que tratamos de hacer es promover esa legalidad, porque el mexicano siempre está etiquetado con la ilegalidad. En el trabajo de la Asociación nosotros no nos metemos nunca en política.

Francisco Gutiérrez

Egresado de la Universidad de Georgetown.

"A los mexicanos con frecuencia en Estados Unidos se les ha visto como inferiores y es una lástima, porque nosotros sólo contribuimos de manera positiva."

Yo tuve el placer de nacer en Lázaro Cárdenas, Michoacán, y llegué a Estados Unidos cuando tenía 2 años, por eso ya no recuerdo México.

Hace veinte años que no he regresado a México. Soy de Nueva York, pues he vivido la mayor parte de mi vida ahí y ahora estoy en el último año de la Universidad de Georgetown, estudiando *marketing* e italiano.

En *high school*, a cualquier estudiante indocumentado se le decía: "Tú no puedes ir a la universidad", entonces si tenías según ellos calificaciones mediocres, pues no te ayudaban. En mi caso era diferente, porque fui el estudiante perfecto, el buen mexicano, entonces sí hubo ese apoyo de nuestros maestros y del director, lo cual se me hace un poco injusto.

Me tomó por sorpresa saberme indocumentado. Estaba en segundo año de prepa y quería aplicar a un programa de verano, porque todos mis amigos estaban haciendo lo mismo. En un cuadro del formato tenías que poner tu número social. Nunca antes había tenido que escribir ese número, así que le pedí a mi mamá el número y me dijo: "No tienes número de seguridad social." Le pregunté entonces que dónde podía obtener el número, a lo que ella respondió "Nosotros no podemos darte ese número porque no estamos aquí legalmente."

Sabiéndome indocumentado, fue cuando conocí perfectamente la situación que iba a enfrentar. A mí me dio un poco de tristeza, me sentía como cualquier otra persona, me sentía como el vecino, como el compañero de escuela, me sentía americano y también sabía que era mexicano, que tenía la cultura mexicana, que comíamos comida mexicana todo el tiempo, que hablábamos español. Teníamos otros familiares en la ciudad, entonces estaba muy, muy acostumbrado a la idea de que era mexicano, pero al mismo tiempo no sabía qué significaba estar aquí sin papeles.

Recuerdo haber llorado cada noche, le rogaba a Dios, le preguntaba por qué tenía que pasar por esto. En ese tiempo quería ir a Harvard, Princentown, Columbia y pensé que eso nunca sería posible.

Al ver mi situación, platiqué con mi consejera de la prepa y le conté todo por primera vez. Mi consejera habló con el director y empezamos a aplicar a diferentes becas para diferentes escuelas. Me quedaba en la escuela hasta las siete de la noche para poder encontrar esa solución y, bueno, tuve suerte, tuve el amor de mis papás y pude llegar a donde estoy ahora. Finalmente, encontré esa beca y tuve el apoyo aquí en Georgetown. Ahora ya me voy a graduar.

El verano pasado el Presidente Obama, cuando pasó la póliza de acción diferida para nosotros como estudiantes sin papeles, fue un paso muy importante. Yo ya había decidido que iba a regresar a México.

El problema es que no sabemos qué pasará después de estos dos años, que es el término de la acción diferida. Si ya no podremos renovar ese permiso. El gobierno tiene ahora nuestra información, no nos sentimos muy cómodos con eso y tampoco nos sentimos cómodos con la idea de que tal vez puedan llegar a nuestros hogares y deportar a nuestros padres o a nuestros familiares.

Es tiempo para una reforma migratoria, para una reforma que no sólo ayude a estudiantes, sino que también ayude a nuestros padres. Se les hace fácil decir: "Bueno, ustedes están bien, ustedes no son criminales, pero sus padres sí", ¿cómo podemos imaginar nuestro futuro sin nuestros padres? ¿Cómo pueden otros jóvenes llegar a la altura que estamos llegando nosotros sin el apoyo, sin el amor de nuestros padres?

En Estados Unidos con frecuencia a los mexicanos se les ha visto como inferiores y es una lástima, porque nosotros sólo contribuimos de manera positiva.

Estoy muy contento, a unos meses de graduarme. Ahora estoy esperando recibir mi permiso de trabajo. Se me va a complicar mucho trabajar por los próximos dos años porque seguro el empleador preferirá un americano, porque sabe que va a continuar su trabajo en esa compañía. Por ahora tomo el riesgo, sin saber qué pasará en el futuro...

Francisco Valdovinos

Sacerdote y activista comunitario, en Los Ángeles, California

"El futuro me parece que es brillante y positivo, y mi fe es que la gente salga de la sombra y tenga una idea de cambio."

Creo que hay tres clases de mexicanos aquí: el mexicano indígena, que a veces le cuesta hablar español; el mexicano que es mestizo y habla español; y el mexicano americano. Son tres grupos que están aquí y a veces cuesta unirlos, que interactúen, que se amen y se respeten. El méxico-americano se siente mejor que el méxico-mestizo, y el méxico-mestizo, mejor que el indígena.

Yo llegué aquí a Estados Unidos en el año 99, a la región de Florida en la parte norte, para atender a la comunidad inmigrante.

De 1999 hasta el 2006 visité campos agrícolas, áreas donde vivía la comunidad migrante compartiendo un cuarto para diez personas. Los apoyaba en asuntos legales: cuando les daban alguna multa, tickets de la policía. Hablaba por ellos en las cortes, también en hospitales, ayudé a enfermos o accidentados.

Cuando me dijeron: "Queremos que vayas de párroco a la ciudad de Compton", dije: "¿Qué? Compton, ¡no!", porque Compton

242

tuvo la fama de tener el tercer lugar en violencia a nivel nacional. Cuando llegué había más de cinco mil personas en las pandillas de la ciudad de Compton.

Puede ser pobreza, educación, drogas, pandillas, prostitución, y todo esto un poco mezclado. Pero pienso, y creo, que el problema fundamental es la falta de educación.

Estamos creando un programa para atender a las mujeres. Tenemos un proyecto para abrir un centro para mujeres, porque hay mucha violencia doméstica en este momento. En la comunidad muchas mujeres están tomando la responsabilidad para sacar la familia adelante. Hay mujeres que son papá y mamá a la vez, mujeres inteligentes, bonitas, trabajadoras, honradas, dedicadas a la familia, sacando a sus niños, educándolos, formándolos.

Aquí muchas mamás migrantes han levantando a sus hijos de las drogas, de las calles, de la ignorancia, a veces de la falta de una buena alimentación. Veo muchas mamás que van caminando de un centro a otro para buscar un consejo para sus hijos.

Otro tema son los jóvenes, los niños. Si los educamos en la parte espiritual y académica, vamos a estar mejor en la próxima generación. Yo le digo a la comunidad: "Ustedes, papás, nunca dejen de contar la historia a sus niños. Ustedes no borren la historia en sus niños; aunque ellos nacieron aquí, ustedes cuenten la historia. No tengan vergüenza de compartir cómo era su vida en México, cómo cruzaron la frontera, sus penas, sus tribulaciones."

También trato que estos niños méxico-americanos sientan amor por nuestra gente de México, que los traten con respeto, que los apoyen. Es tan mexicano el que nació aquí como el que viene de allá.

He notado que la gente que va a la escuela tiene una mejor autoestima, más elevada. La gente se valora más, es más importante, y eso nos ayuda a integrar más a la comunidad. La ignorancia ha sido lo que tanto hemos combatido.

Gabriela Pérez

Comerciante de ropa y artículos mexicamos en la cadena de tiendas "Pedacitos de Patria".

"Cuando se llega a un país, tienes que acatar las reglas de ese lugar. Y es muy drástico, porque estamos acostumbrados a tomar, ir a la fiesta, salir, ser impuntuales. Aquí si tienes una cita con el médico y llegas veinte minutos tarde, tu cita te la dan hasta dos meses después. Entonces uno se tiene que acostumbrar a respetar reglas y leyes."

Yo llegué hace veintitrés años a este país. Empecé trabajando en restaurantes, ahora soy trabajadora social. Soy ciudadana hace como cinco años, tengo papeles hace catorce años, pero mientras no tuve papeles, hacía todo con temor, y pienso que es una de las más grandes dificultades.

Nuestra manera de lograr que el inmigrante se supere en este país es educándolo, porque en cuanto sepa las leyes, que sepa leer y escribir y que se acerque a las autoridades a preguntar todo, va a ser mejor para él.

Yo trabajé en una fábrica donde empecé haciendo trabajos manuales, pero el dueño se dio cuenta de que a mí me gustaba aprender

244

y me enseñó a utilizar todas las máquinas que manejaban los hombres, sin embargo, nunca me quiso dar el salario que le pagaba a un hombre.

Yo quiero ayudar a México, que hagamos un enlace, una tienda virtual. Quiero contactar a los artesanos, que le tomen fotografías a sus artesanías, que me las envíen para que yo las proyecte en un sitio de internet para los americanos. Después, que se haga el envío directamente para la persona que la va a comprar y que obtenga sólo un porcentaje, como le hacen las grandes compañías.

Muchos mexicanos que llegan acá no son precisamente personas educadas, tengo que convencerlos para que vayan y aprendan a leer y escribir. No piensan que sea importante, porque creen que ya son grandes para aprender.

Nuestro estandarte es alfabetizar, queremos que aprendan a leer y que vean la importancia del inglés. Además, queremos hacer que los niños tengan esa mentalidad de estudiar, para que tengan alguna carrera. Si logramos cambiar la mentalidad de los niños, habrá esa esperanza.

A los políticos de Estados Unidos les pido que no tomen en cuenta la raza ni el color. Que si es una persona que viene aquí a trabajar, a pagar sus impuestos y a cumplir la ley, que le den las mismas oportunidades para cualquier raza que quiera venir a unirse e integrarse en este país. Porque los mexicanos estamos en una línea donde no tenemos oportunidad para nada.

Y a los políticos mexicanos les diría que piensen que no es lo mismo quedar en la historia como que "hice algo por mi país", a quedar en la historia como que "fui un corrupto" porque gracias a ellos estamos acá.

Giselle Fernández

Ganadora de cinco premios Emmy, líder de opinión en Estados Unidos.

"Lo que tiene que cambiar en Estados Unidos es la percepción de quiénes somos."

El momento político para nuestra comunidad después de la elección del Presidente Obama es como un Ferrari, que si no se sabe conducir se perderá la oportunidad, ¿cómo aprovechar este momento de mejor manera?

Tenemos que romper el estereotipo, la opinión que tienen muchos americanos de quiénes somos. Muchos, como yo, crecimos aquí, nuestros papás vinieron para acá. Mantenemos la apertura, el orgullo de los dos idiomas, pero somos ciudadanos universales y necesitamos el mismo respeto, el mismo acceso a oportunidades para crecer en nuestra vida, en economía, educación y trabajo.

Es la primera vez en la historia de Estados Unidos que nuestra comunidad enseñó a todos su poder: cuando en la más reciente elección presidencial salimos a votar.

En California, los más altos profesores dicen: "Si no se gradúan más latinos, 20 por ciento en los próximos diez años, esta economía se va a caer." Nosotros estamos al pendiente de qué va a pasar con la educación de los latinos. Aquí tenemos 36 por ciento de nuestros niños latinos en California, que viven debajo de la pobreza. Tenemos que dejar la discriminación y la hipocresía, y tenemos que levantar nuestras voces para luchar por lo que es de nosotros.

Hay quienes sienten que ha habido una campaña de mayor discriminación que antes. Cuando se ve a los migrantes casi siempre se piensa en mexicanos, no se piensa en asiáticos, no se piensa en polacos, se piensa en mexicanos. Tenemos que decirles a los políticos aquí en Estados Unidos: "Tú no puedes tener nuestro apoyo, nuestros dólares, nuestros votos, si tú no nos das esto, esto y esto."

La imagen de quiénes somos y de México se tiene que cambiar en Estados Unidos. El éxito individual que tenemos los inmigrantes, representa lo mejor de nuestra comunidad, y también necesitamos el mismo reconocimiento de México.

Héctor Núñez*

México- americano, miembro de las Fuerzas Armadas Americanas, quien sufrió la separación de su familia por deportación.

"Todo empezó porque mi esposa mexicana, sin papeles, quiso regularizar su estatus migratorio y contraté un abogado. Él me pidió que fuera a Ciudad Juárez a una cita donde recibiría asesoría para que se pudiera arreglar la situación de mi mujer. Nos confiamos y al intentar regresar a Estados Unidos, nos dimos cuenta de que habían juzgado a mi esposa con la pena de no poder regresar a Estados Unidos durante los próximos diez años y fue deportada."

Nosotros tenemos dos hijos menores, uno de 4 años y el más pequeño de un año de edad. Al deportar a mi esposa, me quedé al cuidado de mis hijos en Chicago, no obstante que formo parte de la Reserva del Ejército de Estados Unidos y estuve en Afganistán.

A los funcionarios que deportan no les importa si tienes hijos, no les importa destruir tu vida, aun cuando estoy sirviendo a Estados Unidos en el Ejército.

A mí me ayudó el senador Luis Gutiérrez, quien comenzó a trabajar con fuerza. También me ayudó el Ejército de Estados Unidos; me regresaron de Afganistán, ya que tenía que resolver mi situación personal.

A mi hijo le detectaron un quiste en el cerebro. El médico también me apoyó, pidió que mi esposa regresara a Estados Unidos. Fue por esta razón que le dieron a mi esposa una visa humanitaria.

Estamos esperando que suceda un milagro. Mi esposa jamás ha cometido un delito, ni siquiera la han detenido por conducir. Ella trabaja, paga sus impuestos, no ha cometido ningún crimen y sólo por ser hispanos nos ven diferente. Ahora ya estamos juntos, pero vivimos con el miedo de que puedan tocar a nuestra puerta y nos quieran deportar.

---

*Por cuestiones de seguridad, el entrevistado solicitó que su fotografía no fuera publicada.

La comunidad hispana fue mi refugio, ellos me ayudaron y me acompañaron, jamás me dejaron solo: los sacerdotes, los líderes, los médicos y las familias, que vivimos día con día lo mismo, estuvieron a mi lado. Del apoyo de la comunidad te salen más fuerzas para luchar y seguir adelante. Fue gracias a la comunidad en Chicago que pudimos lograr el regreso de mi esposa.

Javier Barajas

Empresario restaurantero dueño de la cadena Lindo Michoacán en Las Vegas, Nevada.

"Si quieres hacer la diferencia, sí tienes que ser muy estricto. Todos los mexicanos venimos con una idea nada más, de venir a trabajar y que nuestras familias estén mejor."

Lindo Michoacán vino a enseñarle, no sólo a Las Vegas, sino a todo Estados Unidos, lo que es la comida mexicana.

Me di cuenta de que la comida aquí en Las Vegas, a la que le llamaban mexicana, no era mexicana. Y la decoración en los restaurantes, tampoco. Los decoraban con un sombrero que nunca había visto en Michoacán, así como con lana, peludos, brillosos, y unos sarapes de colores verde, blanco y azul.

En mis primeros catorce años en Estados Unidos pasaron muchas cosas. Empecé de lavaplatos, aunque los dueños del restaurante no sabían que yo cocinaba. Fue hasta después que se dieron cuenta, pero aun así no podía hacer mis recetas. Llegué a ser el chef del restaurante, pero todo lo tenía que hacer al estilo de la mamá del dueño. En una ocasión, ponerle cebolla a unos chilaquiles casi me costó el trabajo.

Al cerrar el restaurante perdí mi trabajo y tenía un poco de dinero. Afortunadamente, encontré el local donde ahora está Lindo Michoacán. Cuando abrí el restaurante nada más tenía cinco mesas. Yo tomaba la orden y le corría a cocinar, era el único. Después traje a mi hermano mayor, que estaba en Michoacán, luego al más chico, y ya éramos tres. También me traje a mi hermana, luego a mi papá y a mi mamá, más tarde a un primo.

Ahora tengo 89 empleados en mi primer restaurante, en otro tengo cien, en otro 68 y 42 más en otro. Son cuatro restaurantes y casi 300 empleados.

Tuve un negocio muy bueno, hice mucho dinero, creo que hasta me iba mejor que en los restaurantes. El negocio era de envíos de dinero a México. Inclusive Western Union trató de comprar mi compañía, me daba mucho dinero. Al final tuve que cerrar por lo que pasó en el 9/11, porque cambiaron todas las leyes…

Mi negocio fue creciendo como una bolita de nieve, pero sí tuve que ser muy persistente. Cuando abrí no tenía crédito, mi restaurante estaba chiquito. Inclusive fue muy duro, por tres años fue muy duro. Pero si quieres hacer la diferencia, tienes que ser muy estricto y ser un poco, como decimos, en México, "trucha".

Tengo una huerta de mamey en Turicato, Michoacán, que es mi pueblo, ahí tengo 1 500 árboles. Como es un municipio muy marginado, donde todos los jóvenes o se meten al negocio de la droga o se van a Estados Unidos, mi sueño es abrir un empaque, pero con la certificación para traer productos a Estados Unidos. Porque se da toda la fruta: mamey, zapote, hay mucho mango, mucha caña de azúcar, es una tierra en la que se da de todo.

No me interesa ganar dinero en esta huerta, les digo a mis trabajadores: "Échenle ganas y cuando la huerta empiece a dar, van a ganar más."

Hemos demostrado que nosotros no somos delincuentes, todos los mexicanos vinimos con una idea nada más: venir a trabajar y que nuestras familias estén mejor.

José Luis Gutiérrez

Fue presidente de la Federación de Clubes Michoacanos en Illinois, fundador del Frente Binacional Michoacano, consejero electo del Consejo Consultivo del Instituto de los Mexicanos en el Exterior, fue director de la Oficina de Políticas y Abogacía de los Nuevos Americanos en el Estado de Illinois y director asociado para iniciativas transnacionales de la Alianza Nacional de Comunidades Latinoamericanas y Caribeñas.

"El no hacer nada no es opción."

Estaba medio endeudado y un pariente me invitó a Chicago, porque ellos vivían aquí y porque mi padre había sido migrante hacía muchos años. Teníamos una red de conocidos y llegué a trabajar con una familia que era dueña de supermercados en 1986.

Al paso de los años me convertí en el gerente del negocio. Crecimos en el negocio, tuvimos otras sucursales. Me iba bien económicamente, pero no me sentía muy realizado. El negocio me permitía financiar el Club Morelia, después financiaba las actividades de la Federación. Decidí seguir estudiando, revalidé algunas materias y estudié una maestría en educación urbana.

Esto implicó mucho sacrificio, porque entonces empezaba a trabajar a las cuatro de la mañana, salía a las dos de la tarde para irme a la escuela y terminaba a las diez de la noche.

Trabajé los siete días de la semana durante siete años. No hubo un sólo día de descanso, no me di ese lujo, un poco por autodisciplina, un poco por compromiso y un poco porque tenía que hacerlo para poder cumplir con las metas que tenía.

Ingresé como presidente del Club Morelia. Tiempo después me convertí en presidente de la Federación y después, con otros líderes, se nos "prendió el foco" y creamos el concepto de La Casa de Michoacán. Empezamos la búsqueda de un lugar para La Casa de Michoacán, que sirviera como centro de operaciones, para reafirmar la identidad cultural de los michoacanos, de los mexicanos en Chicago. Queríamos un lugar donde pudiéramos hacer activismo político en búsqueda de la dignidad de los mexicanos aquí en Estados Unidos.

En Illinois existe un nivel organizativo muy alto de las comunidades inmigrantes, incluyendo la mexicana. California es el estado de los números, pero Illinois es el estado de las ideas, y aquí me van a refutar mucho mis amigos de California.

La visión del "3x1", así como las plazas comunitarias, han venido a contribuir al fortalecimiento de nuestros clubes. Han venido a crear mejores condiciones de vida para nuestras comunidades de origen, porque gracias a esos programas hemos podido decirle a nuestras comunidades y familias que estamos presentes, a su lado.

Estamos comprometidos y hemos sembrado mucha esperanza en que las cosas pueden ser mejor en México y, también, que si estamos organizados podemos ser respetados en este país. Hoy día hay una tendencia a estigmatizarnos como ciudadanos de segunda clase. No ha sido un camino de triunfos, hemos tenido derrotas muy graves, muy frustrantes, pero creo que en esto el valor más importante es la constancia y no perder la visión a largo plazo.

¿Qué queremos para los mexicanos, para los michoacanos, para los jaliscienses en este país y en México? Queremos mejores condiciones de vida, queremos respeto a los derechos humanos, queremos que nuestras contribuciones en México sean reconocidas, queremos que las contribuciones de los mexicanos sean reconocidas también en Estados Unidos.

Hoy día eso no lo entiende el político ni mexicano, ni estadounidense, estamos en una lucha de resistencia y ahí nos vamos a quedar. Si a veces resistir es ganar, pues en eso estamos.

La marcha del 10 de marzo de 2006 para rechazar la ley Sensenbrenner nos rebasó. Nosotros fuimos los más espantados. Fue tanta gente que no hubo marcha, ¡se inundaron las calles de Chicago!

Y esa lógica desde el 10 de marzo del 2006 ha ido permeando. Tenemos que fortalecernos aquí, porque en México no les importamos, porque en México no nos toman en serio; y no hemos tenido ni la sabiduría, ni la estrategia para hacerle entender al gobierno de nuestro país que los mexicanos de este lado podemos ser los mejores embajadores, podemos ser los mejores cabilderos de políticas públicas hacia México y Latinoamérica. Pero no nos han valorado.

Los republicanos no van a permitirle a Obama tomarse ningún crédito con la reforma migratoria. Esto no quiere decir que los demócratas son nuestros mejores aliados, porque tampoco lo son. El Partido Demócrata en el discurso ha sido más demagogo, en cuanto a que está con nosotros, pero en realidad no es cierto. Cuando el Presidente Obama nos prometió que en su primer año de gobierno íbamos a tener la reforma migratoria, no nos cumplió.

Me gustaría ver a un presidente que esté comprometido con los inmigrantes y reconociera que el sistema de migración ya está roto. Sabemos que no está funcionando, que hay que cambiarlo. En eso la mayoría, incluidos los republicanos y los demócratas, están de acuerdo.

No es una cuestión contra los inmigrantes en general, es una cuestión en contra del migrante mexicano y todos aquellos que se parezcan a nosotros.

A México le falta una estrategia de acercamiento a sus comunidades méxico-americanas, la agenda de los mexicanos aquí en Estados Unidos les vale un reverendo cacahuate. Este desprecio hacia nuestra agenda, hacia quienes somos, ha repercutido en un desprecio al méxico-americano, que no ve a México como la tierra de sus padres, sino la ve como un lugar donde ha sido despreciado.

No vinimos aquí porque nos guste la nieve de Chicago, o el calor en el verano, nos venimos en la búsqueda de una esperanza de poder tener mejores oportunidades, de que nuestras habilidades florecieran, de que nuestros talentos pudieran ser reconocidos.

José Luis Solórzano

Empresario en la industria del calzado y productos de piel en México con presencia en más de 20 ciudades en Estados Unidos.

"El mercado aquí en Estados Unidos es exageradamente grande; por desgracia la cultura o muchas veces el temor no nos deja salir adelante, todo lo que yo fabrico es 100 por ciento hecho en México."

Le garantizo que más del 60 o 70 por ciento de la gente que estamos aquí estamos físicamente, pero nuestro corazón sigue estando allá en nuestras comunidades. Es un monstruo que está ahí, ayudemos para que eso florezca.

Llegué a Estados Unidos en 1979, de 16 años, buscando oportunidades. Somos gente del campo. En aquellos años, en cuanto salía uno de primaria no había cómo salir a estudiar.

Empecé a trabajar en un restaurante barriendo y limpiando mesas. Y como a los seis años llegué a ser el encargado. Cuando me casé ya tenía mi negocio, empezamos a comprar cosas mexicanas de Tijuana. Traíamos cobijas, cosas que la gente nos encargaba, y de ahí empezamos con la línea del calzado.

Con el tiempo sentí que tenía un compromiso con la gente de mi comunidad, llevamos gente a León, Guanajuato, a enseñarles el negocio. Los resultados son muy buenos. Hemos tenido muchas altas y bajas, pero gracias a Dios seguimos con la mentalidad de mantener todos esos empleos.

Tenemos fábricas de calzado y productos de piel, donde damos trabajo a cuarenta comunidades en México.

Es una responsabilidad que tenemos porque por desgracia nos hemos dado cuenta de que entre 70 y 80 por ciento de los trabajadores son mujeres, y muchos de los esposos de esas mujeres se vinieron a Estados Unidos, otros ya no regresaron, otras son madres solteras.

Fabricamos mucho de nuestro calzado en una comunidad llamada El Varal, municipio de Abasolo en Guanajuato, ahí tenemos camiones que recogen gente en cuarenta comunidades alrededor.

Andrea (empresa multinivel de venta de zapatos por catálogo) es cliente de nosotros, de nuestras bodegas le surtimos, le fabricamos también.

Otro proyecto que estamos echando a andar es que el migrante, en lugar de que mande su dinero, le abra un pequeño negocio en su comunidad a sus familias. Vamos a hacer todo tipo de negocio. Estamos ayudando a una comunidad en el estado de Jalisco que produce mucho mango, tamarindo, plátano. Estamos en pláticas con algunas empresas del lado de la agricultura para conseguirle a toda la zona, fertilizantes y semillas. También estamos llamando a inversionistas americanos para que paguemos mejor a los trabajadores.

Abrimos un programa que se llama "Ahílesva.com", que promueve todo lo que se fabrique en México y se venda a nivel mundial.

Aquí hay un poder del hispano exageradamente grande, según datos, hay cerca de dos millones de dueños de negocios hispanos.

Lo único que sí hace falta es empezar a promover eso, que el paisano piense en su tierra, que no olvide sus raíces. Nosotros traemos muchos productos para ayudar a las comunidades de México.

José Hernández

Astronauta mexicano de la NASA, presidente de la Fundación Cosechando Estrellas dedicada a otorgar becas a jóvenes universitarios, es autor del libro: *El cosechador de estrellas*.

"Llegué a los campos a trabajar y ahí soñé alcanzar las estrellas, cuando abrí mis ojos ya no era un sueño, ya estaba en medio de las estrellas. La confianza en ti mismo es lo que te hace diferente. La tierra desde el cielo se ve bien bonita, las palabras no le hacen justicia, ni García Márquez podría poner las palabras justas."

Vengo de una familia muy humilde de campesinos de Michoacán, de ahí vienen mis padres. Somos una familia típica migrante, tres meses pasábamos en México y nueve en Estados Unidos. Nos íbamos a iniciar las cosechas en California y en noviembre mi papá hacía un anuncio de que nos regresábamos a México.

Tenía una maestra bonita, recién egresada de la universidad. Yo llegué al salón a pedirle mi tarea para tres meses porque me iba a México, ella enfadada me dijo que esa tarde iría a visitar a mis papás. Recuerdo las palabras que usó mi maestra cuando le pregunté a mi papá: "Dígame, señor, qué pasa cuando planta un árbol y lo alimenta", mi padre respondió "Crece fuerte". "Ahora dígame, ¿qué pasa cuando lo desplanta y lo pone en otro lado?", él contesto, "Pues no crecerá grande y se quedará chiquito", entonces la maestra le dijo: "Ustedes se deben quedar en un solo lugar para darle oportunidad a sus hijos."

Mi padre entendió el mensaje y los viajes cambiaron, pues en lugar de tres meses fueron sólo tres semanas, todo gracias a la maestra. Así empezó nuestro proceso educativo en Estados Unidos.

Mi madre siempre tenía una expectativa para nosotros cuando nos decía, "serás doctor o un gran ingeniero".

Los padres tienen el poder de cambiar el futuro de los hijos. Siendo niño y después de una larga jornada de trabajo en el campo con mis hermanos, mi padre exclamó: "Yo no los voy a forzar a ir a la escuela, si quieren ir lo pueden hacer y si no quieren ir, también. Ahora están viendo su futuro, si no van a la escuela su futuro será pizcar en el campo."

Años más tarde nosotros teníamos una televisión que parecía consola con su clásica carpeta tejida de mi mamá, la tele era viejita. En 1972, creo que era agosto y estaban televisando la caminata en la Luna, todo mundo lo veía, yo ajustaba la antena, la soltaba y se veía mal, hasta que me quedé deteniendo la antena. Escuchaba a los comentaristas más famosos narrando la caminata y yo no lo podía creer, ver en vivo la transmisión. Le dije: "Papi, ya sé qué quiero ser cuando sea grande, quiero ser astronauta." Y se me quedó viendo y me dijo: "Yo creo que sí la puedes hacer hijo, pero necesitas seguir una receta de cinco ingredientes y si lo haces, lo vas a lograr:

1. Tienes que definir qué es lo que quieres ser cuando seas grande... Yo respondí astronauta.
2. Tienes que reconocer qué tan lejos estás de esa meta... Y me quedé pensando y le dije: "Muy lejos. Soy hijo de campesino, más lejos no puedo estar", y él se sonrió, "qué bien que lo reconoces", me dijo.
3. Tienes que dibujar un mapa de dónde estás, hasta dónde sabes, a dónde tienes que llegar y estoy aquí para decirte que vas a tener la

tentación de brincarte escalones y tal vez llegues, pero no estarás muy preparado.

4. Necesitas prepararte con buena educación, y ya lo estás haciendo.
5. El mismo esfuerzo y ética que tienes en el campo hazlo en la escuela, siempre entrega más de lo que te piden.

"Si tú mezclas todo esto, yo te prometo que lo vas a lograr." Yo recuerdo cuando mi padre dijo eso, yo creo mucho en la habilidad de empoderar a los hijos, cuando doy pláticas o conferencias, menciono el ejemplo de mis padres que, contando sólo con una educación de tercero de primaria, dieron algo más valioso: que sus hijos puedan creer en sí mismos. Yo agrego a la receta de mi padre un sexto ingrediente: la perseverancia, porque nuestros propios enemigos somos nosotros mismos; a veces le sacamos y no le entramos a los problemas. La NASA me aceptó hasta la doceava vez que hice mi solicitud.

Los primeros seis años de intentar ingresa a la NASA me frustré un poco, aunque después me puse a estudiar los perfiles de los que sí seleccionaban y trabajé en eso. Me di cuenta de lo que tenían en común: todos eran pilotos. No me quedó de otra, hasta que ahorré y aprendí a volar avionetas. En otro año me di cuenta de que sabían bucear y entonces me preparé y me certifiqué como buceador avanzado. Otro año, cuando dejó de existir la URSS y se creó la nueva Rusia, se anunció un acuerdo con Estados Unidos para construir una estación espacial. Ese proyecto vino desde Washington, pero nadie quería ese trabajo porque había que viajar mucho a Rusia.

Yo levanté la mano, además de que quería conocer Siberia. Yo les dije: "Sí voy, pero necesito un instructor particular de ruso para hacer mi trabajo." Aprendí el idioma con veinticinco viajes a Rusia y mi maestro de ruso al lado, así mi perfil fue mejorando para ingresar a la NASA.

Llegué a la lista de finalistas en la NASA tres veces. De 4 mil aspirantes reducen el grupo a 300; de 300 seleccionan a 100 y de esos 100 los invitan a la NASA a hacer exámenes físicos, psicológicos y de actitud. Luego te entrevistan dieciocho panelistas y al final los que quedan son cuarenta y en ellos invierten, realizan una investigación de seguridad para garantizar que eres buen ciudadano.

En el año seis quedé entre los cien últimos, al año ocho me pasó lo mismo y no quedé; y hasta el doceavo año que intenté ingresar, por fin me seleccionaron. Siendo seleccionado te ponen el título de "candidato a astronauta", porque debes tener dos años más de entrenamiento, y es otro posgrado de estudios. Te mandan doce semanas para enseñarte a pilotear jets.

Mientras esperas una misión te ponen tareas y la mía era apoyar los despegues de los transbordadores. Tenía que ir a Cabo Cañaveral. Aprendí mucho. Llegaban mis colegas y yo era quien los preparaba en los asientos, mi cara era lo último que veían cuando se iban de este mundo. Preparé como siete misiones, ingresé en 2004 y terminé en 2008. Ese año me asignaron mi misión y el comandante, para mi sorpresa, me asignó como ingeniero de vuelo, que es el "gran mariscal". Despegué en 2009.

Sentí bonito cuando estaba despegando y me puse a pensar, sentado en la nave: "¡Qué oportunidad, si hace unos años yo pizcaba pepinos ahora soy astronauta de la NASA!"

Mi maestra de primaria fue a verme el día que despegué en Cabo Cañaveral así como mis papás.

Estoy trabajando mucho en mi fundación Cosechando Estrellas, que tiene como objetivo apoyar a jóvenes que no hayan podido estudiar una carrera. Organizamos un taller al año, donde traigo científicos de primer nivel, dan platicas y talleres para que los niños con sus manos se intriguen y formen sus vidas. También trabajamos con jóvenes de séptimo grado, principalmente latinos. Nunca conocí una universidad hasta que me inscribí, así que los vamos preparando para que se vayan familiarizando.

Con 11 millones de indocumentados aquí en Estados Unidos, hay que saber que las leyes de ahora no funcionan y por eso estamos peleando. Yo ya marché en muchos lugares. Creo que todos los individuos deben soñar y perseguir su educación, creo que a muchos de mis paisanos no los dejan estudiar.

Invitaría a Obama para que pase esa reforma migratoria. También es importante hablar con el presidente Peña Nieto, para que en México creemos oportunidades para nuestros jóvenes. Se deben crear empleos para que no exista necesidad de dejar sus países para buscar una mejor vida. Para mí, la mejor inversión es la educación, la ciencia, las matemáticas, todo lo relacionado con la tecnología. Nosotros, como México, debemos crear más alianzas entre la industria y la academia.

Juan Carlos Aguirre

Presidente de Mano a Mano: Cultura Mexicana Sin Fronteras, con sede en Nueva York. Es una organización que se dedica a celebrar la cultura mexicana y a promover el entendimiento de las tradiciones mexicanas a través del arte, cultura, humanidades.

"Si nuestra gente, por lo menos los líderes comunitarios, se uniera y trabajara juntos de la mano, seríamos un monstruo."

Mi familia llegó hace veinticuatro años a Nueva York y no había mucho mexicano aquí. Llegué a los 9 años, me enfrenté mucho al racismo en la escuela, al *bullying*, lo cual le dio un giro totalmente diferente a mi vida. Entré a *high school* y después decidí entrar a la Marina de Estados Unidos. Estaba muy interesado en ser independiente; a la edad de los 18 años quería alejarme un poco de Nueva York.

Estuve en Kuwait, fue una experiencia muy interesante. Entre más conozco otras culturas más quiero a la mía; y entre más me doy cuenta de la diversidad que hay en el mundo, más me gusta México, porque creo que México no le pide nada al mundo.

Creo firmemente en tener una identidad cultural, conocer de dónde viene uno. Existe una crisis de identidad del mexicano, en las escuelas se asimilan con otros grupos, a veces les da pena decir que son méxico-americanos.

Yo trabajé con un grupo de niños, la mayoría eran mexicanos pero decían que eran americanos, que sus mamás eran mexicanas o que sus padres eran mexicanos, incluso muchos de ellos no hablaban español. Si los padres no pueden transmitir los valores culturales, ¿cómo esperan que los hijos hablen un idioma? Si nosotros como población mexicana en Estados Unidos aceptáramos a México de una mejor manera, nos podríamos integrar mejor a la sociedad norteamericana.

Una de las celebraciones más grandes es el Día de Muertos. Esta celebración la hacemos en un cementerio aquí en Manhattan, la mitad de las personas que asisten son americanos y turistas, la otra mitad son latinoamericanos y en su mayoría, mexicanos. Presentamos la cultura de México de la mejor forma posible. Sin conocer la cultura, estamos perdidos.

Nos enfocamos a la música, cualquier música de México. Me di cuenta de que a la mayoría de los mexicanos la cultura no les llama la atención, pero a sus hijos sí. Quienes reciben de mejor manera son los méxico-americanos, porque ellos buscan una conexión con los padres.

Ahorita 50 por ciento del financiamiento es del gobierno local o del gobierno estatal; hay algunos fondos que son del gobierno federal de aquí, de Estados Unidos, y el resto viene de fundaciones interesadas en poblaciones emergentes. Nuestra misión es tener la cultura accesible a los mexicanos, pero también a los que no son mexicanos.

Las clases son en inglés y en español, todos los maestros son totalmente bilingües. Tenemos estudiantes que son norteamericanos y estudiantes de otros países latinoamericanos. Si se sienten más cómodos en inglés, hablan inglés, y si se sienten más cómodos en español, hablan español. Tratamos de que ambos se hablen correctamente.

Unos de los proyectos que estamos comenzando ahora es traducción e interpretación de mixteco y náhuatl al español o al inglés. Y hemos hecho eso con ayuda del Consulado para poder asistir a personas que están en la cárcel, en trámites de deportación, que no conozcan el idioma.

En las estadísticas de Nueva York no hay registro de la población indígena o que hablen lenguas indígenas. Es algo bien complicado, a muchas personas no les gusta decirlo, porque en México han sido muy discriminados. En Estados Unidos, al contrario, hablar una lengua indígena es algo súper valioso, creo que un 20 por ciento de la comunidad, si no es que mucho más, habla lenguas indígenas.

Creo que muchos mexicanos abandonan la escuela por esa agresión, el *bullying* no es algo que se ha tomado en cuenta. El que un sistema educativo no tome a tu nacionalidad en cuenta en las escuelas públicas, tiene mucho que ver con que nosotros como población estamos fuera de las decisiones.

Si Estados Unidos está armando o va armar un plan para una reforma migratoria, México tiene que hacer lo mismo, porque en Estados Unidos toda la red de consulados no va a ser suficiente para poder ayudar en este proceso.

Algunos cónsules están muy alejados de la realidad. La interacción que tuve con el reciente cónsul en Nueva York, Carlos Sada, fue muy cercana y solidaria.

Siento que no hay unidad en nuestra comunidad, sino más bien una competencia en ver quién sube más, ver quién tiene lo mejor.

Juan Manuel Fernández

Presidente de la Asociación de Empresarios Mexicanos, Capitulo
San Antonio y líder en construcción de casas verdes
de San Antonio, Texas.

"A no rajarte, antes que nada, es difícil pegarle a la primera."

Aquí en Estados Unidos empecé a construir de cero. Saqué mi licencia de contratista y fue a base de aprender, de empezar remodelando las casas. Aprendí muy bien y ya ahorita puedo construir perfectamente una casa.

Aquí te tienes que enfocar en algo y lo mío es remodelación de casas históricas y la construcción de casas verdes muy eficientes en energía, muy bien planeadas para que ahorren agua, luz, etcétera.

Algunas lecciones que he aprendido es que es difícil pegarle a la primera. Siempre hay que poner lo huevos en varias canastas y empujar, ya que algunos van a despegar y después debes concentrarte.

Aquí tienes que ser muy especializado en tu segmento. No me considero constructor de casas, me considero constructor de casas verdes en el centro de San Antonio. Debes tener muy bien definido tu campo, ser experto en tu segmento.

El americano se enfoca mucho en los detalles; quiere tener muy claro cada detalle, siento que los mexicanos somos un poco más fáciles, confiamos más. Cuando tú te comprometes a un tiempo con el americano, no hay flexibilidad, si tú te comprometes, debes cumplir con la fecha de entrega y con todos los acuerdos.

Los vecinos checan en internet si en realidad tienes permiso o no para construir. Si no tienes, los vecinos son los primeros que te van a denunciar. Está bien, porque hay un compromiso de amor a su vecindario y ellos lo cuidan. Sí hay inspectores de la ciudad, pero los primeros que denuncian son los vecinos.

En Estados Unidos, el mexicano se diferencia por trabajador. Al mexicano no le importa si es sábado, él va a trabajar en sábado y eso es un orgullo, y eso lo saben los americanos, saben que si contratan mexicanos, les van a sacar el trabajo, porque ellos quieren su cheque.

El americano sí se involucra con su iglesia, con su vecindario, con su compañía o su asociación profesional; dona y se compromete el tiempo que sea necesario y es incondicional. Al mexicano, en ocasiones, le falta entender y aprender de esta voluntad de participar y del compromiso con nuestra comunidad.

Juan Rangel

Director de la Institución Educativa UNO, en Chicago, Illinois.

"Espero mucho más de mí mismo, siempre debemos retar a la siguiente generación."

La educación es la base y siempre hemos empujado reformas educativas. No hay nada como administrar las escuelas, se necesita de uno mismo para dar el ejemplo.

Cada año tengo la ceremonia de graduación de kínder, y la pregunta que siempre les hago a los niños con todos los padres enfrente es: "Felicidades, se están graduando de kínder y ahora, ¿a dónde van a ir?" Y todos los niños gritan: "¡A primer grado!", "¿Y luego qué viene?", "¡Segundo!" Luego se gradúan de octavo y ¿a dónde van a ir?, "¡A *high school*!", "Muy bien, y ¿cuántos años de *high school*, son?", "¡Cuatro!", "Muy bien. ¿Y después?" Y los niños gritan: "¡*College* o *university*!" Y ahí los paro y les digo a los padres: "¿Sí los escucharon? Esos son los deseos de ellos y el trabajo de ustedes es asegurar que lleguen hasta ahí." Abrirles una visión más amplia, porque muchas veces nos limitamos.

Contamos con alrededor de 6 500 alumnos. Nuestras escuelas son públicas, financiadas por el gobierno, y son autorizadas por la Junta de Educación. La diferencia es que nos dan el permiso a nosotros para administrar esas escuelas, con el sistema *charter*, que son las escuelas autónomas. Tenemos el índice más alto de asistencia, 98 por ciento del año escolar.

Para inscribir a los alumnos hacemos un llamado a la comunidad. Tenemos gente tocando las puertas, dando información. Organizamos una o varias reuniones para explicar el sistema de la escuela y si están interesados, los papás deben llenar una aplicación y se hace todo el proceso. Y de ahí en adelante, se hace un sorteo para el ingreso de los alumnos.

Parte del problema en nuestra comunidad es la sobrepoblación, hay demasiados niños para el número de escuelas. El área donde hay menos niños son las áreas afroamericanas, donde hay demasiados niños son áreas hispanas, y en la mayoría son mexicanos, ahí hay necesidad de construir más escuelas y es donde nos estamos enfocado.

En el 2009 decidimos armar un equipo de cientos de padres e ir a la capital del estado. Porque en ese año iban a pasar una propuesta de ley para la construcción de edificios, bibliotecas, carreteras y puentes; vimos la manera de meternos en ese debate y que nos dieran dinero para construir escuelas así que decidimos participar y "pedir". Pensábamos que si nos daban un millón de dólares ya salíamos ganando. Decidimos que íbamos a pedir a la legislatura 100 millones de dólares y a ver qué obteníamos, pero armamos una campaña tan buena que nos dieron 98 millones, y en los últimos tres años hemos construido tres escuelas.

El amor que se le tiene a la familia, a la religión, son los principios que la comunidad mexicana tiene todavía, que el inmigrante trae, son la base sobre la que podemos formar una comunidad fuerte aquí en Estados Unidos. Y mientras no perdamos esa base, esta comunidad puede progresar y puede tener gran éxito en este país.

No hay nadie que trabaje más duro que la comunidad inmigrante, ni nadie que tenga tal deseo de superarse. Siempre digo que nada se les atora. De una forma u otra van a ver cómo tener una respuesta a algún problema. Mi papá siempre decía "lo hacemos a la mexicana", porque de alguna forma lo vamos a resolver.

Otro programa que tenemos muy aparte de las escuelas es el de desarrollo del liderazgo: liderazgo político, liderazgo en el sector privado. Hay mucho talento en nuestras comunidades y estamos hablando de cómo empezar a desarrollar el liderazgo dentro de nuestras familias.

En la Organización Uno tenemos ya casi treinta años que nos dirigimos a temas de importancia: el empleo, el crimen, la educación, la inmigración. Es un programa de un año. Ya tenemos diez años con él, estamos en el onceavo. Nos reunimos una vez al mes, empezamos con un entrenamiento de fin de semana donde les exponemos los conceptos del área pública; les enseñamos lo que es tener poder, porque la gran mayoría de las veces la gente no se siente "confortable" con la idea de tener poder; porque es algo que nunca nos han inculcado en nuestras familias. El alcalde ha venido a hablar con los participantes, el gobernador también. Nos encantaría ir a México y a otras partes de Latinoamérica. Ya tenemos más de 200 alumnos que se han graduado del programa. Contamos con personas que se han postulado como candidatos a puestos políticos, varios que han ganado y son concejales.

No somos menos que nadie en el mundo. Nuestra comunidad es muy fuerte, es una comunidad que tiene sus principios de familia, de trabajo. No hay nadie que trabaje más duro que la comunidad inmigrante, ni nadie que tenga tal deseo de superarse.

Mi historia es más bien la historia de mis padres, porque ellos son los inmigrantes que vinieron a este país. Mis hermanos y yo nacimos aquí en Estados Unidos, yo nací en la frontera en Brownsville, Texas, a donde llegaron mis padres en 1952, recién casados, bien jovencitos.

Aquí hay oportunidad, si no la aprovechamos ya es problema de nosotros.

José Manuel "Kino" Arteaga

Empresario en bienes raíces, protagonista del *reality show* de televisión en Estados Unidos, *Flip This House*. Dueño de la empresa Millennium Foundation Repair.

> "Involucrarnos un poco más para ayudar a la gente que necesita y tratar de no hacer lo que no quieres que te hagan a ti."

Mi esposa quería que nacieran nuestros hijos en Estados Unidos, así que por azares del destino vinimos a San Antonio, [Texas]. Ya con mis dos hijos, me puse a buscar trabajo, pero nadie me lo daba. Hasta que llegó un señor y me dijo: "Yo te doy trabajo nivelando casas, es el trabajo más duro."

Después de trabajar, llegaba con mis esposa llorando y le decía "mira mis manos…" Y pues traté de darle para delante. Vi la diferencia en el dinero, porque habíamos llegado desde cero y después ya le podía mandar a mi mamá 100 dólares, 200 dólares por mes. Así pude ayudar a mi abuela, a una hermana que estaba estudiando allá en Monterrey. El primer año que estuvimos aquí le compramos el vestido de graduación a una hermana que estaba estudiando química en Saltillo y ahorita ya es doctora.

Fue así que decidí hablar a Muzquiz [Coahuila] y les dije: "Cuenten todo, vendan todo, paguen todo." Fue la mejor decisión que tomé en mi vida…

Aprendí a nivelar casas aquí en San Antonio y avisé en la compañía que iniciaría un negocio por mi cuenta. "Nada más acuérdate de que no habrá trabajo otra vez", me dijo el dueño…

Hoy tenemos alrededor de veinticinco personas trabajando en el negocio, la mayoría son mexicanos. Y les digo que si yo pude, ¿por qué ellos no? Ya van ocho empleados que se han salido de mi negocio para poner el suyo. Es solamente trabajar catorce horas diarias todos los días. No hay crisis que aguante catorce horas diarias de trabajo.

Cumplir la palabra es lo mejor, la palabra es la divisa, que alguien te recomiende es lo mejor. Hay que trabajar, hay que trabajar; el negocio de aquí es diferente, hay que dar servicio de calidad al cliente.

Desgraciadamente entre nosotros mismos no hay ese espíritu de ayuda. Este espíritu sí lo tienen los chinos o los coreanos, vendría bien que nos ayudáramos más entre nosotros, los mexicanos.

La diferencia con Estados Unidos es que en México no creen, le falta fe a la gente. Los negocios [en México] los hacen poca gente: los caciques del pueblo, los de las radiodifusoras, los de los periódicos. La gente que tiene dinero es la que agarra todos los negocios. Aquí no, aquí todos somos iguales. Aquí para pagar la multa todos somos iguales, todos tenemos que hacer una fila. Para llevar todos los documentos, tienes que llevar el recibo y todos los requisitos si no te devuelven.

Pienso que Estados Unidos es muy bueno para la gente emprendedora. Si no me hubieran dado crédito, no estaría recibiendo rentas; no estaría moviendo el dinero y ganándomelo.

Ésta es la cultura [la estadounidense] del crédito, la cultura de "bueno, yo no puedo hacer nada con el lugar, pero él quiere, entonces adelante". En México, si yo voy con alguien y le pido fiado un terreno, no me lo van a fiar, aquí sí. Ésta es la cultura del crédito.

Los mexicanos somos una comunidad muy luchona, no nos cansamos nunca. A las ocho horas siempre queremos el extra, el más.

Cualquier persona que tenga ganas de salir adelante aquí lo puede hacer, si yo pude...

La comunidad mexicana en Estados Unidos debe respetarse como personas. Hay que involucrarnos un poco más para ayudar a la gente que necesita y tratar de no hacer lo que no quieres que te hagan a ti. La comunidad americana debe reconocer que los estamos tratando con todo respeto y que queremos estar aquí y ayudar en lo que sea: si hay que construir, pues construir; si hay que cooperar, pues cooperar, pero que nos acepten.

Laura Murillo

Presidenta de la Cámara Hispana de Comercio, en Houston

"No tener miedo de estar con personas que sean más inteligentes de lo que eres."

Soy la menor de nueve hermanos. Mis padres tenían sólo unos dos o tres años de escuela formal en México, no hablaban inglés, no tenían recursos, no conocían a nadie. Con ese sueño de una mejor vida, de que sus hijos pudieran estudiar, vinieron a Estados Unidos.

Mi papá era albañil, aunque no tenía educación formal, era muy inteligente, entendía números muy bien. Después de ser albañil muchos años, supo de una oportunidad para abrir un restaurante mexicano.

Cuando conocía a los líderes, me preguntaba:, "¿Qué tiene esta persona, que le da influencia, de poder?" Y la diferencia siempre era la educación. Veía que estos líderes tenían maestrías, que tenían doctorados y decía: "¡Yo quiero hacer eso!"

Mi padre me enseñó a negociar, a ser más lista. Empecé a los 10 años a trabajar en el restaurante, que estaba abierto los siete días de la semana, los 365 días del año. A mí me gustaba ayudar a las meseras o a los cocineros.

Fui a la Universidad de Houston, tuve tres trabajos: los sábados y domingos en el restaurante con mis papás; el lunes y miércoles trabajaba en Univision; los martes y jueves iba a la escuela todo el día; y los viernes iba con mis hermanas, porque tenían un salón de belleza.

Mis líderes y amigos de la universidad me decían: "Laura, tienes que tener maestría, tienes que tener un doctorado." Cuando estaba entrando al programa del doctorado, mi madre me dijo: "Creo que necesitas otro trabajo, esa gente te sigue mandando a otra escuela y creo que ya fue mucho, ya estás casada, ¿cómo es posible que te vuelven a mandar a la escuela, qué es esto del doctorado?"

El Centro Médico, el Hospital Memorial Hermann, me ofreció un empleo. Estuve ahí siete años con una mujer que fue mi jefa, que hasta la fecha ha sido para mí alguien que me ha enseñado mucho y en quien confío mucho.

Participaba en la mesa directiva de la Cámara de Comercio de Houston; aunque tenían sus problemas, me invitaron a dirigirla. Cuando les pedí mayor certeza, me hicieron saber que no me podían dar un contrato, entonces les dije: "Quiero que me vean a los ojos y me aseguren que me van a dejar manejar esta Cámara como una ejecutiva y no como una secretaria."

Después de cinco años llegamos a ser la cámara más grande de Estados Unidos. Fuimos recibiendo más confianza de los miembros, de las empresas, de los políticos y así se fue creciendo la cámara. Hoy tenemos un programa de televisión, un programa de radio y promovemos eventos internacionales.

Los hombres no me tratan a mí como mujer, no trato de presentarme como un hombre, soy muy femenina, lo saben, lo entienden, pero comprenden que a la vez puedo ser muy firme y con el tiempo me han llegado a tener un respeto, nos tenemos un respeto mutuo.

Todos los días tenemos gente que llega aquí con un sueño. Trabajan mucho, buscan los recursos, a veces abrimos puertas muy grandes. Veo el ánimo que tienen nuestros empresarios de tener éxito, no le tienen miedo a nada. Houston realmente ha visto un gran crecimiento de la comunidad latina, ha habido un gran crecimiento de empresarios aquí en esta ciudad.

Somos una comunidad todavía muy humilde, muy respetuosa y a veces tenemos que tener un mejor balance. Necesitamos más líderes, necesitamos estudiar más, necesitamos estar más involucrados en la política.

Debemos ayudarle a la gente a obtener esta confianza, veo eso como parte de mi trabajo, y más con las mujeres.

Las mujeres nos tenemos que educar, tenemos que estar en conversaciones donde no hemos estado, en la política, en los negocios. Tenemos que enseñar a nuestras hijas que ellas tienen que buscar carreras donde las mujeres no son representadas, por ejemplo, en las ciencias o en las matemáticas.

Como latinos tenemos que ver esas oportunidades, y eso se logra primero con educación, segundo, aprendiendo a hablar inglés, sin dejar de hablar español, que es de suma importancia para no perder esa cultura que nos hace diferentes.

La mayoría de los líderes que están en las conversaciones de inmigración son hombres americanos y están hablando de nosotros. Nosotros tenemos que ser parte de esa conversación. En el Congreso, en las áreas políticas, estamos muy mal representados. La comunidad es muy joven y se nos hace difícil, porque somos los primeros en lanzar empresas, negocios, campañas. No es fácil, pero debemos estar donde se toman las decisiones.

Luis Perea

Dueño de la cadena de restaurantes La Lagartija y de las pastelerías El Bombón en Chicago Illinois.

"Este país nos ha acogido, la ciudad nos ha brindado muchísimas cosas que a lo mejor en México hubiera sido un poco más difícil."

Nunca me gustó eso, siempre me gustó la gastronomía y me dieron la oportunidad de trabajar en la cocina. Empecé a subir y subir hasta que fui chef.

En el 2001 mi esposa y yo abrimos una pastelería, que fue nuestro primer negocio. La pastelería no era mi fuerte, era más de mi esposa. Empezamos en el área de Pilsen donde hay muchos mexicanos.

Hemos entrado a los dos mercados, nos compran los mexicanos, los hispanos y la gente anglosajona. Pienso que no hay límites, creo que si uno quiere, con determinación, esfuerzo, con educación, uno puede salir adelante en este país.

Actualmente tenemos tres pastelerías y una taquería. El gobierno y los bancos nos han ayudado mucho, también nuestros amigos con apoyo económico y los medios de comunicación han sido solidarios.

Hay personas que, a pesar de que no nacieron aquí, se han sabido involucrar en el medio anglosajón y quieren salir adelante; van más a la escuela, están más educados. Nos estamos expandiendo más, lo veo en mucha gente, en muchos chefs con mucha capacidad, en abogados, arquitectos que están saliendo adelante. Es algo que sí me enorgullece.

Empecé de cero, no tuve un padre rico. Tuve la fortuna de ir a la escuela, pero mi padre no me la pagó y hasta hace poco terminé de pagar mi escuela. Entonces, si tú tienes ese empeño, esa determinación, tú lo puedes hacer. Tenemos todas las puertas abiertas para salir adelante en cualquier otro país, sea en México o aquí, siempre y cuando uno tenga el empeño y la fuerza de hacerlo, no importa que sea pobre o rico, nunca hay que echarse para atrás, sino salir adelante.

En Estados Unidos hay más oportunidades, lo digo por mi experiencia. Como residente de este país me ayudaron a pagar la escuela, porque hay gente que tiene demasiado dinero, y siempre y cuando le manden las cartas lo ayudan a uno a pagar su escuela. Nada más me alcanzó para pagar dos semestres, para mí era muchísimo dinero. Entonces me dijeron "te corremos de la escuela o tienes que hacer esto". Lo hice y me ayudaron a pagar los últimos dos semestres.

En Estados Unidos están abiertos para nosotros, siempre y cuando tratemos de hablar el mismo idioma y ofrezcamos buena calidad y buenos servicios.

Ojalá pueda llegar una reforma migratoria, por la gente que en realidad lo necesita, porque a muchas personas los trajeron muy chicos y se sienten confundidos por no ser ni de aquí ni de allá y no tienen la oportunidad de poder estudiar.

Pienso que en México deberían estar más involucrados en la educación, porque es el futuro de un mejor país.

El mexicano ya no está solamente en los temas del campo. Tenemos empleados que desde que empezamos nuestro primer negocio están con nosotros. No sólo es un negocio para nosotros, es como una familia.

Pienso que la economía todavía se va a tardar un poco en mejorar, pero siempre y cuando tenga uno limpieza, buena calidad, buen servicio, buena actitud, buenos precios, la gente va a continuar viniendo al restaurante.

Manuel Madrigal

Dueño de diferentes compañías en servicios de construcción en Las Vegas, Nevada.

"Mi señora nunca se me rajó para nada. Cuando comenzamos la compañía comencé con el pico y la pala, mis dos hijos, mi esposa y tres empleados, y a trabajar, como cualquier otra persona. No como patrones, sino como trabajadores."

En 1988 comencé la compañía Lunas. Se llama así, porque mi nombre es Manuel Madrigal Luna. Después de diez años me cansé de ser trabajador. Al venir para acá, llega uno con el sueño de crecer, de quitarse un poco las necesidades que se tienen en el país de cada quien y tuvimos suerte.

Durante el primer año trabajé de lavaplatos, después trabajé en electrónica, carpintería, fibra de vidrio, ganando de 1.25 a 2 dólares la hora. Cuando llegué a Estados Unidos conocí a un amigo en la escuela, porque fui a la escuela a aprender inglés para progresar un poco más, y él me recomendó en su trabajo, que era la construcción.

En 1979, el patrón con el que duré veinte años trabajando en la construcción me mandó aquí a Las Vegas, a trabajar en una compañía que él había fundado un año antes, eran dieciséis empleados. Le eché más ganas que el encargado que estaba antes y poco a poco fui agarrando más trabajos, hasta que diez años después dejé la compañía con 150 empleados.

En nuestra industria hacemos de todo ahorita, desde que vino la crisis económica en el 2006 nos diversificamos, primero hacíamos construcción, ahora hacemos también clean up en la construcción, hacemos demolición, tenemos una planta recicladora y tenemos una compañía que se llama Green Build, que también es de construcción.

Veo una cosa muy buena en la comunidad hispana. Últimamente, hace como cuatro o cinco años, quizás seis o siete ya, se empezaron a formar clubes de diferentes estados, de diferentes comunidades y poco a poco como que se va educando la gente para tratar de ayudar a las regiones de donde es cada quien.

Esta crisis económica en Estados Unidos nos ha ayudado a pensar afuera de la caja, a no hacer siempre lo mismo. Lo veo en nuestra gente, ahora ves que hay un taquero en una esquina y antes jamás veías algo así. Ahora hay algunos vendiendo hot dogs, otros en las tardes o durante el día andan juntando su cartón, latas de aluminio, plástico; han buscado otra forma de hacer dinero para poder poner comida en la mesa de su familia.

Estamos hablando de diversificación. La gente tiene que empezar a pensar diferente y pueden ver que siempre hay una manera de sobrevivir, porque siempre hay oportunidades.

El mayor orgullo que tengo es mi familia, ellos son la mejor construcción de mi vida. Todos trabajamos en conjunto, nadie trabaja para nadie más, trabajamos para nosotros mismos.

El espíritu de México es muy familiar. Cuando vamos a México son reuniones grandes, donde están todos los primos, los nietos, los tíos y para todo hay una fiesta, que es lo más bonito.

Creo que la vida en Estados Unidos es muy rápida. Lo he escuchado en inglés y lo voy a tratar de decir en español: dicen que en Estados Unidos vives para trabajar y en México trabajas para vivir.

Margarita Chaidez

Presidenta de la Organización Duranguense en las Vegas y recepcionista del Casino Circus Circus en Las Vegas, Nevada.

"Donde quiera que vayas, si te portas bien, vas a recibir recompensa, si te portas mal tienes que pagar consecuencias."

Hay muchas otras personas que han llegado aquí y, prácticamente de la nada, han logrado levantarse, levantar su familia, levantar un patrimonio. Y este es el ejemplo a seguir.

La gente está preguntando también cómo poner negocios en México. Mucha gente piensa irse y quisiera poner una fabriquita, un negocio. Se necesita información sobre qué proyectos son los que se pueden llevar a cabo o qué proyectos está promoviendo el gobierno.

No nos vinimos aquí porque queremos conocer, sino buscamos mejores oportunidades para la familia.

Llegué aquí en 1981, me casé y me trajeron. Yo venía con los ojos cerrados sin saber a dónde venía. Nosotros creamos una nueva cultura en Estados Unidos, porque trajimos aquí la cultura de nuestras raíces, de nuestro México, de nuestra familia y nos adaptamos aquí.

Nuestros hijos ya empiezan a tomar la cultura de la gente de la ciudad, pero sin dejar nuestras raíces. Así se crea una nueva cultura que nos enriquece mucho más, y eso hace más grande este país.

Vino la recesión económica y empezó a hacer repercusión en muchas personas, en especial de la clase media. Muchas familias se vieron afectadas y mucha gente ha tenido que regresar a México a sus lugares de origen. Ahora esto es un problema, porque la gente ya no se adapta allá. Esa es la gran problemática que México va a tener muy pronto.

Nosotros cuando llegamos aquí vinimos con un enorme deseo de trabajar y de hacer algo, de aprovechar las oportunidades, trabajar, superarnos, ahorrar, tener una casa, un carro, tener lo indispensable.

Las mujeres aquí nos dedicamos a la casa, al hogar, al trabajo, a la vida social, a todo, somos como *wonder woman*. El hombre sigue siendo machista, sigue siendo mexicano y uno tiene que cocinar, lavar, planchar.

Muchos de ellos siguen siendo igual que en México, van a su trabajo y vienen; puede que algunos ayuden en la casa un poco, pero un poco. El hogar sigue siendo de la mujer y ellos no se quieren inmiscuir mucho.

En la Federación Duranguense yo hago tres o más eventos al año. Eventos sociales para invitar a la comunidad. Ahí informamos a lo que nos dedicamos, en lo que podemos apoyar a la comunidad. Al mismo tiempo, invitamos a otros negociantes a venir a exponer sus productos y entre los mismos hispanos apoyarnos. Ya no digamos duranguenses, sino de cualquier estado. Si tengo que comprar una *aseguranza* a alguien, que sea hispano; hay que apoyarnos los unos a los otros para crecer.

Somos mexicanos, nos sentimos orgullosos de ser mexicanos, aunque vivamos de este lado de la frontera. No es que estamos acá porque quisimos estar, sino por las circunstancias de la vida, pero del mismo modo somos mexicanos allá o aquí.

María Contreras

Fundadora y presidenta de Promerica Bank, un banco comercial centrado en pequeñas y medianas empresas con una especialidad en la comunidad latina. Fue secretaria de Comercio, Transporte y Vivienda en el Estado de California, con el Gobernador Gray Davis.

> "Fui la primera mujer de origen mexicano en ocupar esa posición. Tenemos que hacer sacrificios, ya sabemos que a los que trabajan para el Estado no les pagan mucho."

Nací en Guadalajara, mi papá tenía unas farmacias y mi mamá era indígena, mis abuelitos eran campesinos y eran migrantes.

Tres de sus hijos nacieron aquí; y mi mamá venía a visitar a sus hermanas. Fue así que se animó, hace casi 55 años, a venir a Estados Unidos con sus seis hijos. Se vino sola, con una educación de tercer grado de primaria.

Mi madre llegó y trabajó en un lugar donde partían y preparaban pollitos para los mercados, estaba en una congeladora parada todo el día, con unas máquinas que si se quedaba dormida le cortaban la cabeza. Le salió artritis y sus piernas se le inflamaron. Así nos sacó adelante, todos fuimos a la escuela y nos graduamos de la universidad.

Yo estaba trabajando medio tiempo en una joyería para pagar mi universidad. Ahí conocí a un señor que era el ayudante del presidente de la Asamblea.[5] En esos días yo era secretaria, me dijo que iban a abrir una oficina en Los Ángeles y que necesitaba una secretaria, y le dije: "Ah, perfecto." Fui a trabajar ahí.

Después de graduarme de la universidad, un senador me reclutó y me preguntó que si quería trabajar manejando su oficina.

De ahí, Westinghouse me reclutó para que me encargara de ciertos mercados de California, de Nevada, de Arizona, entre otros. Me encargué de relaciones públicas, *marketing*, comunicación, y así pude conseguir una posición más importante.

Mientras que estaba manejando esta compañía de Westinghouse, siempre pensaba en mi abuelita que me decía: "No son las posiciones, mi hija, sino lo que haces con las posiciones."

Luego me invitaron a ser la secretaria de Transportes. Siempre pensaba en todo lo que hizo mi mamá, cómo sufrió, cómo trabajó limpiando casas, todo lo que hizo.

En una ocasión, cuando estaba en el gabinete con el gobernador, siendo secretaria de Transportes, le dije que había estado en mesas directivas de varias corporaciones, que ya había aprendido mucho del sistema de salud y me dijo: "¿Sabes qué? Dame tus ideas, escribe eso en papel y escribe todo lo que piensas que debemos estar haciendo con la salud de nuestra gente." Así que escribí sobre mi posición y se lo mandé. Me dijo: "Me encanta tu posición, tus ideas sobre cómo debe ser el sistema de salud, así que quiero que hagas mi nuevo departamento que se va a encargar de todo el reglamento y que lo manejes."

Por otro lado, organicé un grupo de veinticinco mujeres en Sacramento, el año siguiente fueron 100, el año siguiente fueron 200, el año siguiente fueron 300; y ahora van como de 800 a mil cada año, le llamamos la "Acción Latina". Empezó nada más con un día en Sacramento y ahora es algo muy grande. Proponemos cuáles deben ser las leyes desde nuestra perspectiva y cómo afecta a nuestras familias.

---

5. Congreso.

De todas esas mujeres, formamos un grupo muy especial, seleccionamos a las mejores veinte y las ponemos en procesos que duran de seis a nueve meses, así medimos su lado ejecutivo, las sacamos del trabajo. Es un entrenamiento caro, tienen que aplicar, nosotros pagamos por él, el propósito es incrementar su liderazgo. Cada año están con nosotros durante nueve meses. Ellas van a Washington DC y regresan a Sacramento van al Ayuntamiento, tienen tareas y también hacen trabajo voluntario. Es un programa excelente, nos involucran en todos los sectores. Ellas se vienen a formar y no importa si coinciden más con un partido que con otro, eso no importa, ellas llegan y tienen una formación.

Yo dije: "Voy a ayudar más a la comunidad para que consiga préstamos, pero les tengo que ayudar también a prepararse." Así empezó el banco con nuestra comunidad. Entre nosotros había un socio que no era latino y yo le dije: "Quiero que los latinos sean dueños del banco." Él quería comprar el banco y que yo lo manejara, le dije que la comunidad tenía que ser mayoría. Él es dueño como de 19 por ciento y la comunidad es dueña de la otra parte.

María Gaeta

Vendedora nivel Platinum en la empresa Ardyss International.

"Yo no use zapatos los primeros 6 años de mi vida."

Me casé a los 25 años, me conseguí un galán que era mi vecino, también de Zacatecas y él se vino primero a Estados Unidos. Cuando lo alcancé en California estuvimos viviendo en un garage donde había siete adultos y dos niños. Fue muy fuerte, se me hizo muy pesado, porque sentía que retrocedía. Sentía que ya había avanzado mucho, en México ya ganaba dinero y traía mi carrito.

Me embaracé y me llegó una nostalgia impresionante, porque sentía que todo retrocedía. Yo no venía a tener un embarazo a Estados Unidos, no venía a vivir donde vivía. Tenía la creencia de que venir a Estados Unidos era llegar y barrer los dólares, pero me encontré con problemas bien fuertes, pues era indocumentada y en California era invierno.

Salí a tocar puertas y me encontré con el problema del idioma. Mi sentimiento era de ya no regresar a México, porque pensaba que si me regresaba era una fracasada.

Poco a poco las cosas se iban dando de una manera muy bonita, nació mi bebé en octubre de 1991 y renté un departamentito. Ahí ya me sentía la reina. En ese tiempo conocí al licenciado Díaz de León, en 1992. Me decía: "Tú puedes, le vas a echar ganas", y yo le contestaba: "Sí, tengo mucha necesidad" y un deseo enorme de saber quién estaba dentro de mi cuerpo, esa alma tan deseosa de ser alguien.

No había una persona a lo largo de una calle a la que no le ofreciera prendas de Ardyss. En aquel entonces era muy difícil, porque era hablar de ropa interior y a la medida de su cuerpo.

Moldear un cuerpo era algo muy profesional. Y ahí fue cuando me dije: "Voy a ser profesional." Descubrí que para serlo no sólo debía tener una escolaridad o haber ido a la universidad, descubrí que ser profesional es saber lo que haces.

Es maravilloso decir que ya pasaron casi veintiún años, que los primeros cinco años fueron pesados, pero actualmente estoy llena de satisfacciones.

He conocido Europa, Sudamérica, todo Estados Unidos, gracias a Ardyss y he sacado a mis hijos adelante.

Hay miles de personas en la organización en Estados Unidos. Mi cheque mínimo es de 25 o 27 mil dólares al mes.

A mí, Ardyss me da de comer. Es mi marido y hay que respetarlo, quererlo y cuidarlo. Hasta la fecha vivimos bien.

Les diría a las personas que aprendan que ser responsables es un valor maravilloso, porque simplemente basta con que estiremos la mano con responsabilidad para pagar el precio maravilloso de decir: "Yo puedo y la voy a hacer" y hacerlo porque, a final de cuentas, a nuestras propias anclas les ponemos tanto peso. El licenciado Díaz de León veía en mí lo que yo no veía, nosotros no nos valoramos.

María Pesqueira

Presidenta y CEO de Mujeres Latinas en Acción.

"Sueñen alto, sueñen grande y no pidan permiso. Nuestra filosofía es fortalecer a una mujer para fortalecer a una familia y a una comunidad."

Fue durante un tiempo económico muy difícil en México; mi padre no encontró otra alternativa, ya que con la devaluación del peso y los intereses altísimos, no pudo seguir con su negocio, entonces decidió venir a Estados Unidos.

Mi hermana nació en el 73, cuando mi mamá estaba en Estados Unidos. Por eso, tuvimos la oportunidad de tener una visa, en ese entonces las leyes eran diferentes. Un hermano o hermana o un hijo podía representarte para tener tu residencia en este país.

Me trajeron a Estados Unidos con la idea de que iba a ser por un corto periodo. Eso fue en el año de 1973, ahora estamos en el año 2013: cuarenta años después y todavía seguimos con la idea y con el orgullo de ser mexicanos. Mi hijo hace poco declaró su ciudadanía mexicana y ese día fue muy especial para él y para nuestra familia, porque seguimos orgullosos de ser mexicanos y, al mismo tiempo, nuestra vida en Estados Unidos nos hace orgullosos de lo que este país nos ha brindado.

Cuando se pensaba en el migrante, se pensaba en un hombre, pero ahora también son mujeres. La mujer viene con la idea de traerse a su familia. No es que para los hombres no sea importante la familia, sino que la mujer llega con la idea de "me voy a traer a mis hijos."

En 1973, el mismo año en que yo llegué a Estados Unidos, se fundó Mujeres Latinas en Acción. Tuve la dicha de integrarme a este proyecto. Ahí realmente hay mujeres inspiradoras, que llegan con un deseo de seguir adelante, en especial por su familia.

Las mujeres de esta organización vieron la necesidad de dar herramientas útiles para las mujeres. Herramientas en su idioma, con su cultura, en su comunidad; para poder crecer, apoyar a sus familias y darles los servicios necesarios, tanto sociales como de liderazgo, y saber cómo trabajar o, más bien, cómo navegar los sistemas en este país. Muchas veces llegamos sin saber a dónde ir, cómo se trabaja, o cómo son las leyes.

Tenemos a mujeres que trabajan con nosotros de voluntarias, ellas son un ejemplo de lo que es la mujer migrante. Por ejemplo, Doña Chuy, quien está muy comprometida en entrenar a otras mujeres en el tema de salud, ahora es la promotora. Ella está haciendo trabajo en la ventanilla de salud, en el consulado general donde vemos a cientos de personas al día. Doña Chuy les dice: "No tengan miedo, vamos a apuntarnos, regístrense y tomen los cursos."

Lo que hemos visto en nuestra organización es el tema de violencia doméstica, no creo que la violencia doméstica sea algo cultural de nuestra gente, sino que muchas veces es el tema de poder. La crisis en que las familias muchas veces viven, los obstáculos que tienen, las ponen en situación más vulnerable. La mujer busca el apoyo para vivir sin la violencia doméstica por sus hijos.

Muchas mujeres llegan con el espíritu de empresarias y a veces ni cuenta se dan de que son empresarias, que han empezado un negocito o cosen o hacen tamales, o venden pozole, venden productos de belleza, vitaminas; es increíble cómo es que salen adelante. Empezamos un programa para apoyar a estas mujeres.

Ahora que se eligió a nuestro presidente Obama, una de las cosas que nos dimos cuenta en las elecciones es que fueron las mujeres las que salieron a votar en niveles más altos, o sea, el voto latino. La mayoría es de ascendencia mexicana, el voto latino incluyó a la mayoría de esas personas que salieron a votar y fueron mujeres.

En la actualidad, hay mil cuatrocientas deportaciones diarias y los hijos, de un día para otro, se quedan sin un padre o una madre. Esta situación está dividiendo a familias, está destruyendo el futuro de muchos de nuestros jóvenes.

Creo que las elecciones que acaban de suceder fueron un despertar, los sacudieron, pero también la comunidad hispana tomó conciencia de su poder. Y creo que lo hemos visto.

Mario Pastrana

Asesor de Servicios Médicos MHS-Health en SanAntonio, Texas.

"Primero hay que tener fe y educación."

A los 18 años decidí irme a estudiar economía a Monterrey. Mis papás estaban bien mortificados, pues no tenían para pagar la colegiatura. Fui solo a la universidad con el director de Finanzas en ese entonces y le dije: "Oiga yo soy Mario Pastrana, tengo estas calificaciones y me quiero graduar en Economía." Yo iba de huaraches y de morral, porque era medio *hippie*, me dieron una beca del 50 por ciento y era la que yo necesitaba, luego ese mismo semestre Fomento Económico Mexicano (FEMSA), que es una empresa que fabrica y comercializa productos de consumo en América Latina, inició un programa de líderes y de gente con cierto perfil e iba a elegir nada más a tres para pagarles toda la carrera, para formar ejecutivos. De los cinco mil escogieron a doce y, de los doce no me quedé entre los tres, así que lloré toda una semana.

Eso fue en 1995, luego los rotarios me ayudaron. En el 2000 me gradué con los máximos honores, no sólo de mi carrera, sino de toda la universidad; lo logré gracias a Dios y por el buen corazón y respaldo de muchas personas.

Me contrataron en FEMSA como asistente del número uno por tres años y medio, y luego estuve otros tres años, en la parte de procesos y sistemas. Me iba muy bien, pero la parte de realización no estaba allí.

En 2010, Heineken compró a FEMSA, me liquidaron y, con eso me vine a San Antonio. Al principio fue muy difícil. Yo tengo seis niños, ya tenía cinco y el sexto nació aquí. Me vine con los cinco y con mi esposa apostándole al futuro, porque recordaba que cuando era niño nunca nos faltaron los frijoles. Así qué dije: "Yo tengo dos manos y si no es aquí, pues en otro lado."

Traté de empezar mi empresa. Hay muchos apoyos aquí, pero tienes que conocer el mercado. Tienes que hacer redes, pues es un mercado muy competitivo, con márgenes muy reducidos. Los mexicanos todavía pensamos que podemos tener una secretaria y pagarle, todavía pensamos que el mercado acá es mexicano, nos venimos acá creyendo que la podemos hacer.

Aquí tienes que ser muy analítico, porque está el turismo, el sector salud, la biotecnología, la institución financiera y la militar y, un poquito de energía, de petróleo, eso es todo, no hay nada más.

En los equipos deportivos [infantiles] el papá es quien hace el voluntariado para ser *coach*. Los papás son voluntarios en los *boy scouts*, pertenecen a un montón de comités, eso lo hace el americano, pero no lo hace el mexicano que viene aquí. Seguimos pensando que eso es una pérdida de tiempo y que es responsabilidad del gobierno.

Mis hijos cantan el himno nacional mexicano, hacen el saludo a la bandera y al mismo tiempo cantan el himno estadounidense, porque ellos aprendieron que deben respetar sus dos países, porque tienen que amar las dos tierras: es su realidad.

A los mexicanos les diría que debemos aprender a ser subsidiarios. Creo que esa es la realidad, no está mal saber de dónde vienes, amar tus orígenes, pero tampoco está mal leer cómo fue fundado Estados Unidos, bajo qué criterios, qué dijeron los padres fundadores de esta nación.

Magdaleno "Mike" González

Empresario en la industria de la construcción en Chicago, Illinois.

"La cultura es la que abre todas las puertas del mundo."

El último día de diciembre de 1973 llegué aquí a Chicago a celebrar el Año Nuevo. Por casualidad, jugaba futbol y me invitó a jugar un equipo, a cambio de eso me ofrecieron un empleo. Gracias a eso, hoy en día tengo una empresa de tabla roca para levantar muros y paredes, tengo un oficio.

Debemos reconocer que el problema está en nosotros mismos. Nuestra gente no tiene una cultura de educación política, mucho menos cívica. Muchos años trabajamos y se promovió la organización de los clubes, pero en muchos casos empezaron de arriba para abajo, empezó a haber protagonismos. Nos hemos olvidado de la raíz, del servicio, del compromiso con nuestra comunidad.

Mucho de esta pérdida tiene que ver con el mismo gobierno mexicano, porque no estableció desde un principio el desarrollo de liderazgos y hoy en día son pocos los líderes que nos quedan vigentes. También nos ha desgastado a nosotros como líderes, que hemos trabajado mucho, hemos invertido mucho dinero, mucho de nuestro tiempo, hemos sacrificado nuestros negocios, nuestras vidas, y llegamos y chocamos contra la pared.

Los clubes se fundaron por dos razones: porque había la necesidad de tener contacto con la gente de nuestros estados, de nuestros pueblos, y para apoyar a nuestras familias en México.

Me tocó la suerte de que en mi ramo fui el único que califiqué para construir el estadio de los Bulls de Chicago. Fue un trofeo, aunque me dio muchos problemas porque me convertí en un círculo de dardos, todo mundo me tiraba, sobre todo, los anglosajones estaban muy molestos porque estaba haciendo el estadio. Me querían tumbar de ahí donde estaba. Fue un gran desafío porque cuando empezamos, fui a presentarme con el superintendente del proyecto general y me dijo: "Cuando termines este trabajo, vas a estar quebrado. Yo me voy a encargar de eso."

Pero por fortuna lo sobrevivimos y hoy en día es un trofeo, no es el proyecto más grande que he hecho, pero como trofeo fue muy importante porque era cuando Michael Jordan estaba viviendo su mejor momento y era un proyecto que todo el país estaba viendo.

Cuando les queremos enseñar de México a nuestros hijos, no tenemos los recursos para enseñarles nuestra cultura. Perdemos a los muchachos, una vez que cumplen los 16 o 17 años.

La generación que ha mandado remesas, que ha sostenido los pueblos y las familias en México ya se está retirando. Ahorita ya están a cuatro o cinco años de retirarse de la vida activa, de la vida productiva. Mi hijo no va a mandar dinero para México, aunque ya se lo inculqué, no viene dentro de su ser porque no tiene lazos allá.

Nicolás Aguilar

Reconocido comerciante de productos mexicanos.

"Lo que nosotros vendemos es nostalgia."

Tuve la fortuna de que el dueño del negocio se pusiera nervioso un día y necesitara un chofer. Me preguntó que si tenía licencia y de inmediato le dije que sí. Lo llevé a Nueva York y le gustó, así que me volvió a llevar por una semana. Entonces le pregunté al *manager* que quién iba a entregar los pedidos y él me dio esa responsabilidad. Así fue como conocí la calle. Me dio la oportunidad de conocer las pocas tiendas mexicanas que había hace doce años en Nueva Jersey.

En ese entonces había más fraternidad entre los mexicanos. A los tres años de estar repartiendo quesos con los clientes, me independicé y puse una pequeña distribuidora. Empecé a empacar el epazote y otros productos, ahora tengo doce años con un nombre y una buena marca, ahora todo mundo nos conoce.

Vendo todos los chiles secos, todo lo que se necesita para elaborar alimentos como pimienta, ajo molido, todas las especias, todas las hierbas aromáticas, aquí hay todos los productos que mi paisano quiere.

La mayor dificultad es que se ha ido perdiendo ese compañerismo de hace algunos años; pero por otro lado, éste es otro México, porque todo lo que buscamos se encuentra y eso nos hace sentir bien.

El principal problema acá es el inglés y que a algunas personas ya mayores nos cuesta trabajo aprender. Nosotros somos de las comunidades que menos nos preparamos, somos una comunidad que no le da suficiente importancia a la educación. Yo insisto, este país me ha hecho ver que la base es la educación.

Nosotros somos de trabajo, somos los mejores trabajadores, cuando te contratan, te preguntan: "¿Eres mexicano? Porque esos son los buenos."

Hay mexicanos en los mejores restaurantes, somos muy responsables, muy inteligentes, con mucha iniciativa, pero no nos preocupamos por transmitir a nuestros hijos la importancia de la educación.

A pesar de que soy indocumentado, yo le doy trabajo a trece personas y pago mis impuestos personales y de mis negocios. Hasta que no cambien la ley es que podré arreglar mis papeles, pero aun así, eso para mí no ha sido obstáculo.

Antes de que se cayeran las Torres el 11 de septiembre, todo era muy fácil. Si no se hubieran caído o si no las hubieran tirado, todos los indocumentados ya tendríamos documentos.

Yo registré a tiempo mi negocio y puse una corporación totalmente a mi nombre, de ahí que todo está bien establecido. Tengo una pequeña línea de crédito, porque tengo el respaldo de mi compañía: una empresa que no se cae durante diez años tiene una buena historia. Me dieron camiones a crédito y he tenido acceso a otros apoyos.

A los políticos mexicanos les quiero decir que por culpa de ellos estamos acá, que somos un país muy rico pero tenemos más de 400 años que han saqueando las riquezas.

Vienen políticos mexicanos, gobernadores y nos hacen una estatua y se gastan mucho en eso. Yo me pregunto, ¿para qué? Si quisieran ayudar a los inmigrantes tienen que venir y entrevistar a los líderes de la comunidad para ver de qué manera podrían ayudar. En un edificio hubieran podido gastar diez veces menos que en una estatua que no sirve para nada.

Otra cosa que nos hace falta es poder votar. Los políticos mexicanos nos vienen a ver, mejor que no nos vengan a dar ni a prometer, porque eso les hace más falta a muchos allá en nuestros pueblos.

Patricia Pliego

Presidenta de TEE Álamo Travel Group. En San Antonio, Texas.

"A mí lo que más me gusta es mandar, nunca encontré algo mejor que mandar."

Creo que los líderes se hacen en la casa. Empecé a trabajar con la familia y me encantó la idea de manejar dinero, empecé yo sola a prepararme.

Cuando me vine a Estados Unidos en 1974 lloré un año completo. Al divorciarme me di cuenta de que tenía que crecer como mujer, y que lo podía hacer. Lo único que me quedó del divorcio fue una agencia de viajes chiquita, en un lugar no muy bueno. Pero me dediqué a aprender y la vendí a los dieciocho meses. Ya estaba yo muy bien económicamente, y dije: "Bueno, ¿qué voy hacer?" Entonces mi ex marido me dijo: "Salva mis empresas y vamos a la mitad." Las salvé en dos años y en ese momento me di cuenta de que a mí me gustaba encontrar problemas, resolverlos y salir adelante.

Los empresarios mexicanos que venimos a Estados Unidos tenemos unas agallas que son increíbles.

Empecé otra compañía, mi agencia de viajes otra vez volvió a salir, la tercera vez. Entonces me dediqué a ser contratista federal del

Departamento de Defensa y de las bases aéreas de Estados Unidos. Una persona en Washington, que se había fijado que siempre me paraba y le hacía preguntas a los senadores, a todo mundo, me dijo: "Tú tienes absolutamente todos los puntos que yo necesito para hacer crecer tu negocio en el área federal, ¿estás dispuesta?" Acepté, aunque es difícil para la mujer en México, y también es difícil en Estados Unidos.

Por eso no me volví a casar, porque vi que tenía un apostolado y el hombre, perdón, te toma tiempo, te saca el oxígeno, requiere atención, requiere de todo.

La mujer tiene un futuro increíble por la paciencia y dedicación que tenemos, por la entrega, esa es la palabra. Somos las madres, somos las que creamos vida, somos las que sacamos adelante a los niños, buscamos algo que sea bueno para todos los demás, algo bueno para toda la familia, algo bueno para el país, algo bueno para nuestra ciudad.

Las latinas somos las que más crecemos en Estados Unidos, ni mujeres americanas, ni hombres americanos crecen como nosotras. Hay perseverancia para salir adelante, somos como una flecha que nadie puede detener.

Ramón Ponce

Director del Instituto de Música Real de México, en Nueva York.

"La música es el lenguaje del mundo y llega hasta el alma, vale la pena porque este tipo de trabajo te da la satisfacción personal y te sientes contento de saber que tu trabajo está ayudando a otras personas."

A mi papá lo invitaron a formar parte de un mariachi aquí en Nueva York, hace veinticinco años. Estuvo como trompetista seis meses y a los doce años me trajo a Nueva York para estudiar inglés y música. Supuestamente nos íbamos a quedar un año aquí y regresarnos a México.

El idioma era algo que me ponía una barrera, porque al principio no hablaba inglés. Me recomendó una de mis maestras que para aprender inglés me hiciera amigo de las personas que no hablaran español, que así me obligaría a aprender inglés.

Mi papá y yo decidimos formar nuestra propia agrupación, El Mariachi Real de México. Desde entonces, desde los 16 años, me metí de lleno a la música profesionalmente.

Personas que en verdad conocen la tradición y la música, fueron los que me guiaron personalmente para poder crear un programa y un currículo de lo que es la música tradicional.

La primera fundación que nos dio el dinero para empezar el programa fue una las más prestigiosas en Estados Unidos y de ahí vino todo, otras fundaciones nos ayudaron.

Comenzamos con el programa de La Academia de Mariachi de Nueva York en el 2002. El consulado mexicano nos apoyó a difundir, y muchas otras organizaciones que les gustaba la idea de promover la música y la cultura tradicional.

Las primeras alumnas eran niñas, yo creo que entre 80 y 90 por ciento. Estábamos muy asombrados, porque usualmente la tradición del mariachi es de hombres.

En nuestros cursos, la mayoría son mexicanos, porque nos hemos dado cuenta de que los papás como que añoran México y extrañan sus raíces y sus tradiciones, entonces quieren que los niños conozcan más de su cultura a través de la música y del baile. Al principio es más cosa del papá que del niño; una vez que el niño experimenta tocar un instrumento y cantar, les empieza a gustar y ya después es algo de ellos.

Ya es nuestro onceavo año. Muchos de nuestros primeros alumnos ya se casaron, tienen hijos y tocan en diferentes grupos.

Somos una organización sin fines de lucro. Nosotros mismos recaudamos nuestros fondos para que el programa sea gratis. Somos el único programa en todo el país que ofrece clases de música gratis, y lo pensamos mantener de esa manera. Muchas veces por falta de recursos hay personas que no tienen la oportunidad de estudiar música, muchos de ellos tienen talento y sería desafortunado no poder explorar estos talentos y reconocerlos. Por eso siempre estamos viendo la manera de hacer eventos o cualquier cosa para recaudar fondos. Somos siete maestros para 200 niños.

Siempre existe el sueño de querer ir a México. Muchos papás hasta lloran cuando ven a sus hijos tocar, porque sienten esa emoción y creen que están en México.

Me gustaría tener apoyo por parte de los gobiernos, ya sea mexicano o estadounidense, porque tenemos grandes sueños, grandes metas, pero muchas veces por falta de apoyo económico se quedan ahí. Entonces es muy importante que pongan atención a la comunidad mexicana en especial aquí en Nueva York, ahora que está creciendo, porque puede haber grandes líderes políticos, maestros y muchos otros. Tienen el sueño de poder hacer más y de no quedarnos como una comunidad donde todos piensan que estamos lavando platos.

Esperemos que pronto exista esa reforma migratoria para que puedan regresar a su tierra a disfrutar, porque uno disfruta vivir aquí, pero tienes el sueño de regresar a ver a tu familia.

Raúl Bastarrachea

Graduado de la Facultad de Medicina de la Universidad Autónoma de Yucatán. Después de su postgrado en Estados Unidos, en Metabolismo del tejido adiposo, fue invitado a trabajar en el Departamento de Genética de la Texas Biomedical Research Institute (TexBiomed) en San Antonio.

"En mi instituto de genética en San Antonio, Texas, es donde se hacen los estudios más importantes a nivel poblacional, familiar y cuantitativo; somos los únicos en el mundo."

Me rechazaron cien universidades en Estados Unidos, 103 para ser exactos. Hasta que me llegó un ofrecimiento de Ohio University y me decidí, porque el sueldito era un poco mejor y había nieve, y siendo de Yucatán yo no la conocía. Lo que yo quería estudiar era el metabolismo.

Como buen yucateco, a las pocas semanas le hablé a mi madre para decirle que me regresaba, que ya no aguantaba el frío. Pero ella me respondió: "¿Cómo que te vuelves? Si ya te hicimos la fiesta de que te vas a ser especialista, ahora te quedas."

En Yucatán no había alguien que hablara el idioma del metabolismo, cuando yo llegué con Hugo Laviada hicimos un dúo dinámico y creamos la Licenciatura en Nutrición.

No estaba contento porque sentía que sólo estábamos recomendando y la gente si quería lo hacía y si no, lo ignoraba; entonces me vine a San Antonio a aprender genética metabólica y no he parado.

Yo era el clásico que los sábados en Mérida no podía faltar a la cochinita o a misa los domingos. Ahora tengo la fortuna de viajar a México dos veces al mes, porque asesoro a diez universidades, ya no me doy abasto…

En México, la manera en que surge la ciencia es al revés de como sucede en los países como Estados Unidos, Alemania o los países de la Europa del Oeste: los que están en la punta en ciencia y tecnología, los que producen medicamentos, los que hacen pruebas súper específicas para ver que el medicamento sea seguro, los que están haciendo que la ciencia avance.

En México van de los institutos de salud, a tratar de presentar cómo se lleva la ciencia y se olvidan de nuestra materia prima: las universidades. Aquí cada vez que vas a un congreso médico de biomédica, infectología, genética o lo que sea, los que están presentando avances e investigaciones son departamentos universitarios. Las universidades tienen fondos suficientes para que sus estudiantes de maestría y doctorado y sus jefes, lleven este conocimiento a las instituciones oficiales, para que así la ciencia pueda progresar. Y los institutos nacionales de salud en Estados Unidos están para facilitar eso; en México es justamente al revés.

En mi instituto de genética se hacen los estudios más importantes a nivel poblacional, familiar y cuantitativo. Tenemos bases de datos de esquimales nativos, americanos, méxico-americanos, entre otros grupos.

Nosotros tenemos el departamento de genética cuantitativa poblacional en San Antonio. Yo manejo a mucha gente. Han trabajado conmigo alemanes, hindúes. Gracias a Dios tengo una muy buena posición de jefe y nosotros administramos el Centro Nacional de Primates en Estados Unidos. Tenemos 4 000 papiones sagrados[6] viviendo alrededor de nosotros. Yo vivo rodeado de changos. ¡Me lleva la changada todos los días!

6. Es una especie de primate que vive en los semidesiertos, sabanas secas y zonas rocosas de Egipto, Sudán, Eritrea, Etiopía y Somalia.

Raúl Murillo

Director de la organización Hermandad Mexicana, en Los Ángeles California.

"Hay que ser más proactivos y que se pierda el miedo."

En el año 2000 nos vinimos a vivir a Los Ángeles, para unirnos con nuestra familia, con nuestros padres.

Mis papás trabajaban en una organización que se llama Hermandad Mexicana. Me ofrecieron trabajo cuando estaba en Chihuahua y tomé la decisión.

En ese entonces había una serie de redadas que pasaban diariamente en el Aeropuerto de la ciudad de Los Ángeles. Estaban sucediendo en la terminal uno, que es una terminal de vuelos domésticos. Nosotros decidimos hablar con el Departamento de Inmigración y no logramos nada.

Iniciamos un boicot en contra de la aerolínea Southwest para llamar la atención que necesitábamos para detener este tipo de redadas. Después de tres meses, luego de presentarnos todos los lunes, miércoles y viernes, los ejecutivos de la aerolínea hablaron con nosotros. Nos pidieron que por favor dejáramos de hacer eso, que estaba afectando a su imagen. Nosotros les dijimos que hablaran con Inmigración y que detuvieran las deportaciones en esa terminal. Después de tres meses lo logramos.

Pero teníamos que ir más allá, no era nada más detener las deportaciones. A lo largo de la ciudad de Los Ángeles había decomisos de vehículos, se le quitaba el patrimonio a los trabajadores inmigrantes por no traer una licencia de manejar.

En la primera campaña del presidente Barack Obama, la gran mayoría de la comunidad de inmigrantes estaba apoyando la candidatura de Hillary Clinton. Pero Obama visitó Los Ángeles y tuvo una reunión con un grupo pequeño de organizaciones y representantes sindicales en la placita Olvera, que es muy conocida aquí. Ahí Obama nos convenció, nos habló y vimos sinceridad en él. Obama nos prometió que en los primeros cien días iba a haber noticias sobre la reforma migratoria. Lo demás es historia, en el primer término no pasó absolutamente nada; vino la elección pasada y el presidente en una manera de demostrar su compromiso con la comunidad y de ser diferente al candidato del Partido Republicano, dio este alivio a los jóvenes, aprobó la acción diferida para que pudieran tener un permiso de trabajo. Ahora sí, muchos mexicanos en Estados Unidos tenemos el poder de votar.

Mitt Romney y el Partido Republicano erróneamente tomaron una posición antiinmigrante y lo que prometían era un clima de autodeportación. Barack Obama, aunque sea el presidente que ha roto récord en deportaciones, nos estaba prometiendo una reforma migratoria. Los latinos ganamos no sólo por la reelección del presidente, sino por la posición que tomaron los republicanos después de las elecciones.

Nosotros no dejamos de ser mexicanos, hemos demostrado la responsabilidad, la unión que tenemos hacia nuestro país. Pero también vemos la necesidad de levantar la voz para exigir ciertos derechos que como mexicanos se nos han prometido, pero que no se han cumplido y no podemos ejercer esos derechos al 100 por ciento.

Es indispensable la evolución de programas como el 3x1, para que la gente pueda desarrollar proyectos productivos o personales con fines patrimoniales y crear la oportunidad para estos migrantes.

Actualmente, tenemos doce centros de ayuda a la comunidad latina en los cinco condados de Los Ángeles. En estos centros ayudamos a la gente a integrarse dentro de la comunidad estadounidense. En procesos de inmigración, si son residentes, a hacerse ciudadanos. También les inculcamos la importancia cívica de participar políticamente, de hablar por medio del voto.

Ya es momento de que los liderazgos mexicanos y méxicoamericanos empiecen a buscar la representación dentro de este país. Como mexicanos tenemos que empezar a actuar. La necesidad de promoción de liderazgos es inminente y el acercamiento a la educación está siendo definitivo.

En mi casa se habla español, con toda la familia se habla español y les inculcamos a mis hijos el orgullo de ser mexicanos, aun si nacieron en Estados Unidos. También les inculcamos el orgullo de ser norteamericanos.

Una reforma migratoria sería un mensaje de Estados Unidos de reconocer las aportaciones que tienen los inmigrantes. Ya muchos trabajadores tienen más de dos décadas trabajando y pagando impuestos aquí en Estados Unidos. Todos pagamos impuestos aquí.

El seguro social, si sigue vivo aquí en Estados Unidos, es por todas aquellas contribuciones de los trabajadores indocumentados, que no reciben ni un cinco a cambio.

Es falso que los trabajadores indocumentados sean una carga para el gobierno, porque por su misma situación legal no pueden obtener ningún beneficio público, aun trabajando para él.

El migrante no pide mucho en México, es más lo que da. Es momento de retribuirle. Para enfrentar de mejor manera estos momentos necesitamos que la red consular trabaje para el mexicano. No se le debe decir al mexicano: "No traes tu acta, no te podemos atender, no te podemos dar tu matrícula." Al contrario, se le debe ayudar a obtener esos documentos, el gobierno de México tiene que resolverlo.

Ya es hora de reconocer los derechos de los mexicanos en el exterior. Si no hay una credencialización, pues que utilicen otro tipo de documentos para votar.

También el acceso a la oportunidad de regresar a nuestro país, con seguridad. Que los tres niveles de gobierno participen juntos para ser tolerantes, responsables y amistosos con el inmigrante. Hemos visto una mejoría definitivamente, pero necesitamos crear espacios, programas y sistemas que conduzcan a un regreso del migrante a México, si así lo desea, programas de inversión a nivel personal.

Somos ciudadanos de segunda aquí y ciudadanos de segunda para México, no vamos a sentirnos al 100 por ciento hasta que no tengamos ese reconocimiento pleno en ambos países.

Los mexicanos somos como los novios y las novias. Tenemos una memoria histórica muy cortita, se nos olvidan rápido las cosas y perdonamos. También es por eso que somos un pueblo noble. Pero aquí tenemos que recordar bien que nos deben mucho, los republicanos nos deben mucho.

Raúl Ramos

Médico reconocido a nivel internacional dedicado al diagnóstico y tratamiento de enfermedades del colon.

"La educación es el reto más grande de todos, educar al mexicano para que tenga confianza y no vea la educación como algo que le estorba."

Estudié en la Universidad de Nuevo León. Era una de las mejores, porque tenía hospital en la escuela. Había que especializarse y por coincidencias de ese tiempo, hubo una huelga de médicos en México así que vine a estudiar cirugía a San Antonio.

Mi familia ha crecido aquí [en San Antonio], mis hijos nacieron aquí. Tengo cuatro; tres de ellos se educaron en escuelas del noreste de Estados Unidos. Son gente de provecho, un hombre y tres mujeres, todos orgullosamente mexicanos.

No me he sentido discriminado en ningún momento, pero creo que llegué en un periodo muy diferente, con un equipaje muy diferente al resto de muchos mexicanos que llegan a Estados Unidos.

El desafío primero es sin duda la educación. Segundo, se necesitan líderes, no tenemos suficientes líderes de origen méxico-americano.

Hay un problema con todos los recursos de México que están acá: 45 000 doctorados y maestrías de mexicanos que están acá en Estados Unidos no se aprovechan. Hay dos países que lo han aprovechado en situaciones similares: uno es Israel y el otro es Corea, que paga a las universidades de Estados Unidos para que les eduquen a sus ingenieros y que no se regresen a Corea. Se queden aquí para ayudar a Corea. Lo usan como un recurso muy poderoso, los aprovechan.

Lamentablemente, si como mexicano te fuiste a Estados Unidos, para mucha gente ya no existes, ya no eres.

Queremos identificar en México a las enfermeras que van a ser líderes. Traerlas aquí a maestrías y doctorados en enfermería. La enfermera en México está sedienta, las enfermeras aquí en Estados Unidos son muy reconocidas y muy iguales al médico, para nosotros tener una buena enfermera es oro molido.

Si traemos a esas muchachas o muchachos y les enseñamos un doctorado, una maestría y se regresan como maestras de otras enfermeras, con respeto, con reconocimiento, entonces podemos hacer algo importante.

Reynaldo Robledo

Fundador y dueño de Robledo Family Winery, en la región de
Napa Valley, California.

"Yo tenía la ambición de seguir adelante, porque sufrí mucho y quería sobresalir;
yo creo lo que más le ha atraído a la gente es ver una familia unida."

Empecé a trabajar a los 16 años, ganando un dólar con 10 centavos
la hora. Tenía dos empleos y trabajaba catorce horas diarias, hasta la
fecha lo sigo haciendo. A los tres meses de estar aquí, ya era mayordomo y me encargaba de dicisiete personas. A la edad de 18 años tenía
a mi cargo hasta 300 personas.

Me vine con muchas ganas, porque soy el hermano mayor de trece
y de uno por uno me los traje para Estados Unidos. Ya todos están aquí.

Tengo catorce hijos y todos están trabajando para el negocio,
poco a poco fui comprando mis terrenos de uvas.

Los primeros trece acres que compré, me llevaron de 1968 a
1984, y del 84 al 94 empecé a comprar más. Ahora cuento con 400

acres. Tenía la ambición de seguir adelante, porque sufrí mucho y quería sobresalir: a la fecha embotello 20 mil cajas.

Tengo 27 etiquetas, 27 vinos diferentes. Tengo una botella que le dediqué a los primeros mexicanos que vinieron aquí en 1942, los braceros. Y ese vino ha sido muy popular por la historia que le puse atrás de las botellas. Se llama bracero que significa "brazos fuertes".

Lo más difícil es que se empiecen a reconocer los vinos, mis vinos están como en unos 25 o 30 estados de la Unión Americana.

Lo que más le ha atraído a la gente es ver una familia unida. Mis hijos deben trabajar unidos, porque es nuestro negocio familiar. De lo que estoy más orgulloso es de la cultura de nuestro México, porque no la tiene ningún otro país.

Me siento muy orgulloso de ser un mexicano, creo que en ningún país ha llegado gente tan trabajadora como somos los mexicanos. Como nosotros no hay dos.

Estuve con Obama, hablé un poco de lo que significaba el bracero. Y le dije: "Estamos volviendo a los tiempos de antes y Estados Unidos nos necesita, se reía muy amable aunque no tuve muchas respuestas."

A mí no me gustaría que los mexicanos se vinieran a la aventura a Estados Unidos y sufrieran un mal rato. En el tiempo de la amnistía arreglé más de 300 personas, y a ver si en este tiempo puedo arreglar y ayudar a más personas, para que ellos estén seguros.

Romualdo Camarena

Dueño de la cadena de Restaurantes Cocula, en Chicago Illinois.

"No se logra la primera vez, sería muy fácil poder lograrlo a la primera, pero hay que insistir y siempre ir por el buen camino."

Llegué a Estados Unidos en 1972 y en realidad no era lo que yo buscaba, me fui quedando aquí y ya tengo cuarenta años. Ya se pasó el tiempo, se acostumbra uno, más ahorita con la situación de la inseguridad en México, pues más queremos quedarnos.

Mi primer trabajo fue en una empacadora y el fin de semana trabajaba en un restaurante de mesero, donde me hice amigo del cocinero. Le dije que pusiéramos un negocio, que juntos podíamos abrir un restaurante. Si le echamos ganas no hay nada que sea difícil, poniéndole ganas todo lo podemos lograr.

Gracias a Dios hasta ahorita tengo mi socio y lo hemos sido por cuarenta años, tengo seis restaurantes, una panadería y un salón para eventos.

Cada uno de mis hijos al graduarse de la universidad, en vez de irse a trabajar en lo que estudiaron, mejor se ponen de encargados en el restaurante y me dicen: "Si a ti te ha ido tan bien sin preparación, ¿por qué no me va a ir mejor?"

Tengo alrededor de 220 empleados, mexicanos, guatemaltecos, colombianos, todo el que ocupa trabajo, y si hay la fuente de trabajo, ahí lo ocupamos.

Muchas de las veces quería hasta soltar la toalla, pero seguíamos insistiendo y hasta ahorita qué bueno que seguimos adelante, porque nos ha ido bastante bien. Insistiendo, todo se logra; no se logra a la primera vez. En Estados Unidos y en la vida, Dios nos deja a cada uno de nosotros insistir en lo que queramos lograr y lo vamos a tener.

Sonia Rubio

Directora ejecutiva de la Casa Hidalgo en Houston.

"Llegué a trabajar a un McDonald's, ganando 5.15 dólares la hora, que era el mínimo hace once años. Aprendí a manejar y empecé a involucrarme."

Llegué a Houston a los 18 años de edad, recién graduada del bachillerato. Como muchos, llegué como asustada porque crucé por el río la primera vez.

"No, yo no nací para esto", volteaba para acá, volteaba para allá. "No, mi capacidad es más." Ahora sí que me daba ánimos yo sola, estaba decidida a hacer algo por mí.

Como antes aquí la construcción tenía muy buen nivel, hice una compañía de construcción. Invité a unas amigas y se fueron a trabajar conmigo y así formé mi primera compañía de limpieza.

Mientras que estaba trabajando y embarazada de mi primer hijo, me fui a la escuela de inglés, a la escuela de computación, casi me cuesta el divorcio porque estaba en todas partes menos en mi casa. Pero siempre era por superarme.

En ese tiempo me di cuenta de que éramos mucha gente de mi municipio, pero todos desorientados. Hicimos una organización sin fines de lucro para tener información sobre cosas básicas en relación a una matrícula consular y a cómo enviar dinero a México.

Seguí trabajando, seguí estudiando y seguí con la Organización. Los hidalguenses nos fuimos encontrando y organizando, entonces ya éramos doce grupos, hicimos una federación y empezamos a trabajar con el Proyecto 3x1 y la gente se emocionaba. Ese programa, para mí, es el que logró que los hidalguenses nos uniéramos. En Houston, la gente decidió hacer algo por sus pueblos de origen. Comenzamos a pavimentar carreteras, apoyamos la electrificación, se hicieron auditorios. La gente estaba emocionada porque estaban involucrados con su comunidad en México.

Mucha gente perdió sus casas en la crisis económica, por eso dicen que "la ruina de unos es la fortuna de otros". Y se escucha feo, pero desgraciadamente así es. Las casas las remataba el banco, a veces hasta un 30 por ciento del valor, así que las comprábamos, les hacíamos remodelación y las vendíamos.

Me tocó el honor de ser la directora de la primera Casa Hidalgo. Lo hago con mucha entrega, con mucho orgullo, con mucha responsabilidad. Las necesidades son demasiadas. Es increíble que haya mexicanos que nunca se registran al llegar aquí y no existen. Desde conseguir un acta de nacimiento, hasta la localización de gente que cruzando se desaparece, son parte de nuestras tareas.

La generación que ya nació aquí o que llegaron aquí de 2 o 3 años de edad y se acaban de dar cuenta de que no tienen documentos, están desesperados porque los necesitan para conseguir una beca o entrar a la universidad, ahí está muy fuerte la necesidad.

Les damos pláticas a los padres, les digo que debemos empujar a nuestros hijos, que ellos ya no pueden ocupar nuestros trabajos. Ellos tienen la preparación para ocupar muchos mejores niveles, ellos dominan el idioma, los que nacieron aquí ya tienen la documentación.

Con lo de la acción diferida, los muchachos tienen una oportunidad para poder salir adelante, pero en ocasiones también es desinformación de los padres. Creo que la segunda generación ya no está tan dispuesta a enviar sus remesas, que eso se va a ir perdiendo poco a poco. También eso es culpa de la falta de orientación de nuestra gente allá en México. En ocasiones, veo que las mujeres allá en sus pueblos ya no quieren ni cuidar gallinas, les digo que cuiden las remesas que les mandan sus maridos.

Quiero destacar el esfuerzo de las mujeres: son muy chambeadoras, todas trabajan, porque aquí para salir adelante tienen que trabajar papá y mamá, no nos queda de otra más que entrarle. Algunas ya tienen sus compañías.

A nosotros en México nada más nos ven como un apoyo, y somos el segundo potencial en entrada de dinero a México, queremos que nos den la importancia que tenemos.

Hay una falta de entendimiento a los migrantes aquí en Estados Unidos y allá en México. Nos falta mucha comprensión, orientación, no queremos políticos que vengan y después se desconecten por completo de nuestros problemas. Yo le digo a un legislador aquí en Estados Unidos, que tengo un registro de cinco mil hidalguenses y él me responde que son indocumentados, pero cada uno de ellos tiene un primo, un tío, un sobrino que sí es ciudadano americano, entonces estos cinco mil ya no son cinco mil, son 20 mil.

Nos enseñaron a ver el poder que tenemos con nuestros votos, los policías aquí sí te respetan y sí te respaldan. La gente se está despertando y se está involucrando en la política americana también. Los republicanos y los demócratas ya se dieron cuenta de que el voto que definió la reelección del Presidente Obama fue el hispano; no lo dicen abiertamente, pero lo saben.

Estoy convencida de que definitivamente la reforma se va a dar, porque ya no nos pueden detener, ya somos demasiados. Aquí en Houston por ejemplo somos el 44 por ciento, para el siguiente año vamos a ser la mayoría.

Vicente Ortiz

Empresario restaurantero, dueño de la cadena Don Chente en Los Ángeles, California.

"Enseñarle a nuestra comunidad que si no votan, nos van a botar."

Nací en el municipio de Degollado, Jalisco. Llegué a Estados Unidos por iniciativa de mi mamá, que me mandó. Yo ya tenía cuatro hermanos en Los Ángeles.

Llegué a Estados Unidos, me recibieron mis hermanos, me llevaron a una de sus casas y al día siguiente, a las siete de la mañana, me llevaron directito a trabajar lavando platos.

Así empezó mi vida, de lavaplatos en el restaurante de mi hermano. Era un restaurante pequeñito llamado El Pescador, no había mucho dinero para nosotros. En vez de cuarenta horas a la semana, trabajábamos como 120 horas, los siete días de la semana.

Ese fue el principio, pero obviamente, no me quería quedar ahí en los platos. El proceso era que el siguiente: el hermano que iba llegando entraba a los platos y el que estaba en los platos comenzaba a cocinar. La presión nos ayudó a aprender a cocinar, a atender a la gente, porque yo no tenía ninguna experiencia en el trabajo.

Como al año y medio de que había llegado, salió la oportunidad de un restaurancito, en sociedad con mi hermano Horacio. Y así empezó la historia, un restaurante pequeñito.

En este momento todos mis hermanos tienen restaurante. Son más de veinte restaurantes los que tenemos en la familia y casi mil trabajadores. Yo tengo cuatro restaurantes y para mí es una lucha, en especial en esos tiempos que pasamos de recesión, que tuvo mucho impacto en la economía de muchos de nosotros.

A veces nosotros nos sentimos, como decía la India María:[7] "Ni de allá ni de acá." A veces vemos que de parte de México nos han tenido un poco relegados, no nos dan importancia. México debería tener una representación más fuerte en el extranjero. Esto para darle respeto y ayuda a muchas de las personas que se necesitan.

En Estados Unidos, siempre nos usan para sus campañas y al final quedan en deuda. Obama ha quedado en deuda con los latinos.

Vemos un México con problemas de violencia, nos causa un poco de inseguridad poder invertir allá. A veces hasta poder ir y gastar en nuestras áreas turísticas.

A los mexicanos que estamos en Estados Unidos nos duele ver eso, que cuando vamos tenemos que andar con cuidado, cosa que antes no sucedía.

Tenemos un gran amor a nuestro México y lo podemos ver cuando juega la selección aquí en Los Ángeles o en otras comunidades de Estados Unidos. El amor por México es muy grande.

---

7. Personaje popular de la televisión mexicana.

Víctor Varela

Productor de tortilla y alimentos, de la empresa Guerrero, en Las Vegas, Nevada.

"En un día vendemos miles de kilos de tortillas, tenemos ganancias de millones de dólares al año."

Aquí en Estados Unidos todo se hace honestamente, se hace derecho. En cambio, en México hay mucho amiguismo, mucho compadrazgo, mucha palanca, que si no las tienes, pues no haces nada. Y ésa es la verdad: si no tienes amigos influyentes, la gente se desespera, no avanza.

Aquí la oportunidad es igual para un millonario que para un pobre. El que quiere sobresalir lo hace, pero honestamente, sin palancas de nada. En México, si no tienes, no te prestan; y aquí si no tienes, sí te prestan.

Yo soy como todos los inmigrantes de este país que cruzó la frontera por el monte. Crucé hace ya como 33 años y desde que llegué empecé a trabajar. El primer trabajo que conseguí fue en una tortillería. Uno de mis hermanos trabajó haciendo tortillas y así fue como me empezó a gustar. De hecho, mi papá siempre ha sido tortillero de profesión y aquí me tocó lo mismo.

Veo con mucho optimismo el futuro para nosotros, pues siempre se produce más y más tortilla. Como cada día somos más latinos, obviamente comemos más tortilla y el mercado cada año crece. La tortilla ya está en la dieta de los americanos, de los afroamericanos, de los orientales, ya no es un producto exclusivo de los mexicanos. Según estudios que he hecho, el americano la incluye una o dos veces por semana en su dieta; hace años ni sabían lo que era la tortilla…

Hoy tenemos de maíz, de harina, de trigo, las de multigrado, que son las nuevas de dieta. Aparte del negocio de la tortilla tenemos una tienda, una carnicería, un mercado, un taller mecánico y un *dealer* de autos.

Invito a las empresas mexicanas a que sigan invirtiendo, porque aquí también hay mucho negocio, mucha prosperidad y al invertir acá generarán más empleos en México. Y así la gente no tiene que venir a Estados Unidos; no es que no quiera que vengan, pero arriesgan la vida al cruzar la frontera, y habiendo mejores oportunidades en México, no tenemos nada que venir a hacer acá. Si yo hubiera tenido la oportunidad en México, nunca hubiera pisado Estados Unidos.

Pienso que los jóvenes deben vivir como mejor les parezca, pero con honestidad. La mayoría de los jóvenes quieren vivir la vida aprisa y no es así. Lo más importante es que estudien. De los 14 a los 18 años piensan que se van a acabar el mundo, y no es cierto; después de que cumplen 22 o 23 años se arrepienten de todo lo que hicieron.

Apoyos especiales

Queridos lectores:

La oportunidad de felicitar a mi amiga Josefina Vázquez Mota, por su obra *El sueño que unió la frontera: Mexicanos que triunfan en Estados Unidos*, con la que aborda uno de los temas más sensibles del devenir de México y su gente, los migrantes mexicanos en los Estados Unidos, es un privilegio que valoro ampliamente.

Josefina es un activo de nuestro país, es una mexicana excepcional que ha dejado huella como escritora, asesora de organismos empresariales, conferencista, legisladora, secretaria de estado e incluso, como la primera candidata a la presidencia de la República por el Partido Acción Nacional.

Me congratulo al constatar que continúa con el empuje de siempre y que aún tiene mucho que dar a nuestro país, al que ha servido con la pasión que le despierta el amor a nuestra tierra y a su gente.

Normalmente, quienes trascienden en la vida, quienes luchan por alcanzar sus sueños, han de cruzar las fronteras que obstaculizan sus aspiraciones; tal es el signo distintivo de aquellos que no se quedan pasivos ante sus circunstancias.

No obstante, cuando las fronteras que se deben cruzar son las de nuestro país, es menester reconocer que además del arrojo de nuestros paisanos por seguir sus sueños, el hecho evidencia uno de los aspectos más crudos de la realidad económica del país: que no hemos sido capaces de generar aquí las oportunidades suficientes para que nuestros compatriotas tengan la opción de quedarse en su tierra y con los suyos, obteniendo con el fruto de su trabajo, los recursos necesarios para una vida digna, de manera tal, que la migración a los Estados Unidos fuese una opción, no una necesidad.

Pero más allá del hecho que ha forzado a los millones de migrantes mexicanos a arriesgar su vida cruzando la frontera; es de reconocer el empuje que han tenido para lograr en un país extraño, lo que el propio no ha podido ofrecerles.

El esfuerzo monumental de tantos compatriotas ha generado sin duda un empuje a la economía más poderosa del mundo y al mismo tiempo, el impulso a la nuestra con las cuantiosas remesas que incorporan a la economía de nuestro país, a través de sus familias.

Celebro que Josefina haya decidido concretar esta obra, en la que se reconoce a la comunidad de mexicanos en los Estados Unidos; es un acto de justicia que se plasma de manera magistral, en cada una de las páginas de este libro.

Ingeniero Eduardo Tricio Haro

Estimado lectores:

En Gruma nos enorgullece ser parte de este esfuerzo editorial que tiene como propósito fundamental contar, por primera vez, historias de éxito representativas del esfuerzo, sacrificio y trabajo que millones de mexicanos han llevado a cabo a lo largo de muchos años para mejorar sus condiciones de vida y las de sus familias.

Son historias admirables de muchos connacionales que tuvieron que dejar su lugar de origen, familias y amigos para buscar un mejor futuro, el cual lograron con gran voluntad y determinación.

Gruma está muy orgullosa de los millones de migrantes que han tenido la valentía de tomar la decisión de cruzar la frontera y que han forjado su nueva historia en Estados Unidos, sin olvidar sus raíces. Los hemos acompañado desde 1977 llevándoles el alimento nacional por excelencia que es la tortilla, símbolo de nuestra identidad cultural.

Desde ese año, Gruma confió en que las tortilla serían bienvenidas en Estados Unidos por todos nuestros connacionales y tomó la decisión de arriesgarse a invertir en una pequeña planta productora de tortilla en California para estar más cerca de sus paisanos. En la actualidad, Gruma cuenta con 29 plantas estratégicamente ubicadas en Estados Unidos.

Nos da mucho gusto haber recibido la invitación por parte de la autora de este libro, de estar cerca de todos ustedes. Les hacemos llegar a nuestros paisanos en los Estados Unidos de América nuestro reconocimiento y admiración de parte de toda la familia Gruma.

Gruma